21世纪本科应用型经管规划教材

物流与供应链管理

电子商务物流

（第4版）

刘萍 主编

王淑云 李岩 副主编

E-Business Logistics

电子工业出版社

Publishing House of Electronics Industry

北京·BEIJING

未经许可，不得以任何方式复制或抄袭本书之部分或全部内容。
版权所有，侵权必究。

图书在版编目（CIP）数据

电子商务物流 / 刘萍主编. —4 版. —北京：电子工业出版社，2021.1
21 世纪本科应用型经管规划教材. 物流与供应链管理
ISBN 978-7-121-39878-0

Ⅰ. ①电… Ⅱ. ①刘… Ⅲ. ①电子商务－物流管理－高等学校－教材 Ⅳ. ①F713.365.1

中国版本图书馆 CIP 数据核字(2020)第 209930 号

责任编辑：刘淑丽
印　　刷：涿州市般润文化传播有限公司
装　　订：涿州市般润文化传播有限公司
出版发行：电子工业出版社
　　　　　北京市海淀区万寿路 173 信箱　邮编 100036
开　　本：787×1092　1/16　印张：15.5　字数：358 千字
版　　次：2006 年 1 月第 1 版
　　　　　2021 年 1 月第 4 版
印　　次：2025 年 2 月第 5 次印刷
定　　价：56.00 元

凡所购买电子工业出版社图书有缺损问题，请向购买书店调换。若书店售缺，请与本社发行部联系，联系及邮购电话：(010) 88254888，88258888。
质量投诉请发邮件至 zlts@phei.com.cn，盗版侵权举报请发邮件至 dbqq@phei.com.cn。
本书咨询联系方式：(010) 88254199，sjb@phei.com.cn。

前言

近年来，随着知识经济的发展和信息高速公路的建设，电子商务活动已经成为一股浪潮迅速在 Internet 上蓬勃开展起来。电子商务正在迅速渗透到每一个行业和领域，连接起企业、社团、政府和个人。在电子商务改变着传统产业结构的同时，物流业也不可避免地受到影响。

时至今日，电子商务与物流的关系愈加紧密。一方面，电子商务对物流活动产生了重大影响。在电子商务迅速发展的形势下，物流业应采取新的发展策略。另一方面，物流业对电子商务的影响更是不可忽视。可以说，物流业是电子商务的支点。没有物流，电子商务只能是一张空头支票。因此，电子商务物流及其管理是需要特别研究的领域。在此时代背景下，系统性、实用性强的电子商务物流管理教材成为管理类专业急需用书。

本书自 2005 年第 1 版出版已来，共出版 3 版，印刷 23 900 册，并获得第十三届黑龙江省社会科学优秀科研成果奖。在此次新版修订中，本书侧重于从管理角度介绍与电子商务密切相关的物流问题的分析与设计方法，以电商企业的物流运作为核心，在介绍电子商务与现代物流关系的基础上，从电商企业的采购管理入手，系统展开电商企业物流活动的各个关键环节，着重更新、阐述 9 个方面的内容，分别为电子商务与物流管理、电子商务采购管理、电子商务仓储管理、电子商务运输与配送管理、电子商务物流信息管理、电子商务与第三方物流、电子商务与供应链管理、电子商务物流成本管理和跨境电商物流管理。同时，结合电子商务物流管理近几年的实践与发展趋势，大量更新案例及实训等内容，有助于解决现实中的电子商务物流管理问题，培养学生理论与实践相结合的能力。

本书第 4 版在写作上突出以下特色：

- 理论与实践并重。本书在写作风格上将进一步突出理论适中、案例丰富与实操性强的特色，使学生在使用本教材学习后，能够结合理论，实现实际动手操作。
- 结构布局合理，益于激发读者的学习兴趣。本书每章开头有学习目标、关键术语和引导案例，正文中穿插精辟的微型案例，并做适当点评，形成了本书新版"引例—分析—总结"的风格。
- 内容新颖，案例丰富。新版教材中将引用反映当前电商物流动态的实际案例，通过更新时效性强的案例，引导读者学习电子商务物流管理新知识。

- 同时，为强化学习效果，在各章引入典型案例及实践操作的基础上，进一步修订及丰富评估练习题；在每章章尾设有本章评估测试（包括能力测验、关键术语回顾、关键概念回顾、练习题）、网上冲浪、案例讨论等。
- 为了方便教师的教学及学生的学习，本书还配有每章主要内容及相关图表的 PowerPoint、习题参考答案等，有需要者可登录电子工业出版社的华信教育资源网（http://www.hxedu.com.cn）下载。

本书共9章，主要编写人员为天津师范大学刘萍（第1、第7章）、杨肖（第6、8章）、胡柯（第2、9章）、张奇（第5章），厦门大学嘉庚学院王淑云（第3章），哈尔滨商业大学陈化飞（第3章）、代碧波（第5章），黑龙江工程学院李岩（第4章）。

由于时间仓促及编者水平有限，书中难免有不妥之处，敬请专家和读者批评指正。

编　者

目录

第 1 章　电子商务物流概述 ... 1
1.1　电子商务概述 ... 2
1.2　物流概述 ... 6
1.3　物流与电子商务的关系 ... 13
1.4　电子商务物流的作用与特点 ... 15
1.5　电子商务物流的组建方式 ... 18
1.6　电子商务下我国物流业发展的现状与对策 ... 23
本章评估测试 ... 25
案例讨论 ... 26

第 2 章　电子商务物流系统 ... 28
2.1　电子商务物流系统的基本概念 ... 29
2.2　电子商务物流系统的模式 ... 32
2.3　电子商务物流系统的构建设计方法和合理化 ... 45
本章评估测试 ... 48
案例讨论 ... 50

第 3 章　电子商务物流的过程 ... 52
3.1　起点：商品包装 ... 53
3.2　动脉：商品运输 ... 57
3.3　中心：商品仓储 ... 62
3.4　接点：商品装卸搬运 ... 72
3.5　关键：物流配送 ... 81
3.6　中枢神经：物流信息 ... 86
本章评估测试 ... 90
案例讨论 ... 91

第 4 章　电子商务物流技术 ... 94

4.1　电子商务物流技术的概念 ... 95
4.2　电子商务物流信息技术 ... 97
4.3　电子商务中的物流自动化技术 ... 110
本章评估测试 ... 129
案例讨论 ... 131

第 5 章　电子商务下的物流配送 ... 134

5.1　电子商务物流配送概述 ... 135
5.2　电子商务物流配送的路径与流程优化 ... 138
5.3　面向电子商务的配送中心的规划设计 ... 145
本章评估测试 ... 150
案例讨论 ... 152

第 6 章　电子商务物流模式及创新 ... 155

6.1　电子商务下的第三方物流 ... 156
6.2　电子商务下第三方物流企业联盟 ... 162
6.3　电子商务下的第四方物流 ... 165
6.4　电子商务环境下物流模式的创新 ... 169
本章评估测试 ... 175
案例讨论 ... 177

第 7 章　电子商务与供应链 ... 179

7.1　电子供应链管理概述 ... 180
7.2　电子商务化供应链管理的典型模式 ... 184
7.3　电子商务供应链物流管理 ... 201
7.4　电子商务与供应链管理系统的整合 ... 203
本章评估测试 ... 207
案例讨论 ... 208

第 8 章　跨境电子商务物流管理 ... 210

8.1　跨境电子商务物流的概况 ... 211
8.2　跨境电子商务物流的模式 ... 215
8.3　跨境电子商务物流系统 ... 220
本章评估测试 ... 222
案例讨论 ... 223

第 9 章　电子商务物流的发展..226
 9.1　电子商务物流的发展趋势 227
 9.2　电子商务下物流的发展对策 231
 本章评估测试 235
 案例讨论 236

参考文献 238

第1章 电子商务物流概述

学习目标

- 了解电子商务的基本概念
- 描述电子商务与物流的关系
- 掌握电子商务环境下物流的作用及特点
- 预测电子商务环境下物流业的发展趋势
- 熟悉组建电子商务物流的几种方式

关键术语

电子商务，EDI，物流，社会物流

引导案例

时下物流业发展态势

2019年12月16日，国家邮政局邮政业安全监管信息系统实时监测数据显示，我国快递业2019年第600亿件快件诞生。国家邮政局新闻发言人、市场监管司司长冯力虎介绍，"十三五"以来，我国快递包裹量每年以新增100亿件的速度迈进，已连续6年超过美国、日本、欧洲等发达经济体。

经过近30年的发展，国内市场已经成长为全球发展速度最快的快递市场。据测算，我国平均每个包裹的价值约为137元，这意味着2019年间接推动经济增量1.37万亿元。此外，国家邮政局表示我国已经成为世界上发展最快、最具活力的新兴寄递市场，也已经成为世界邮政业的动力源和稳定器，对世界邮政业增长贡献率超过50%。

作为对比，国家邮政局在2019年1月公布的数据显示，2018年我国快递服务企业业务量累计达507.1亿件，同比增长26.6%；业务收入累计6 038.4亿元，同比增长21.8%。

因此，可以预见2019年快递行业的业务累计量增速还将超过2018年，继续维持高速增长的势头，业务累计收入也将突破7 000亿元。整体而言，国内快递行业的业务量及业务收入方面都将在2019年持续高速增长，市场潜力仍在，发展空间巨大，未来可期。

然而，同济大学中国交通研究院表示，面对复杂严峻的国际环境和艰巨的改革发展稳定任务，物流业面临着结构调整、产业升级、降本增效等挑战，也迎来了信息技术、智慧物流、市场升级等发展机遇。

资料来源：物流报，http://www.56tim.com/archives/129521

❓ 辩证性思考
1. 快递行业的飞速发展与电子商务有着怎样的联系？
2. 你知道物流包含哪些类型吗？

曾有人用"成也配送，败也配送"来形容电子商务与物流的密切关系。可以说，电子商务是信息传播的保证，而物流是执行的保证。没有物流，电子商务就是一张空头支票。物流是衡量一个企业经济实力的重要指标。

1.1 电子商务概述

1.1.1 电子商务的概念与特点

电子商务引起人们的普遍关注，细究起来也不过是最近几年的事情。目前，人们对电子商务还没有一个统一和规范的认识。众多的计算机制造商（电子商务的主要推动者）为追求商业利益，各执一词，使本就对电子商务知之甚少的人更是迷惑。实际上，电子商务并不神秘。它在全球各地，包括中国在内，已经有着许多成功的实践，人们可以通过这些成功的实践来了解和熟悉它。虽然人们对电子商务的概念有不同的认识，但从计算机与商业结合的角度出发，还是可以对电子商务下一个较为科学的定义的。

综合各方面的不同看法，结合我国电子商务的现状，可以将电子商务的概念做如下表述：电子商务指交易当事人或参与人利用计算机技术和网络技术（主要是Internet）等现代信息技术所进行的各类商务活动，包括货物贸易、服务贸易和知识产权贸易。这里的"利用计算机技术和网络技术"和"进行商务活动"都具有丰富的含义。

（1）电子商务是一种采用先进信息技术的买卖方式。交易各方将自己的各类供求意愿按照一定的格式输入电子商务网络，电子商务网络便会根据用户的要求，寻找相关信息并提供给用户多种选择。一旦用户确认，电子商务就会协助交易双方完成合同的签订、货物分类、物流传递和款项收付等全套业务。这就为卖方以较高的价格卖出产品、买方以较低的价格购入商品和原材料提供了一条非常好的途径。

（2）电子商务实质上形成了一个虚拟的市场交换场所。它能够跨越时空，实时地为用户提供各类商品和服务的供应量、需求量、发展状况及买卖双方的详细信息，从而使买卖双方能够更方便地研究市场，更准确地了解市场和把握市场。

（3）对电子商务的理解，应从"现代信息技术"和"商务"两个方面着手。一方面，"电子商务"概念所包括的"现代信息技术"应涵盖各种以电子信息技术为基础的通信方式；另一方面，对"商务"一词应做广义解释，使其包括契约型和非契约型的一切商务性质关系所引起的种种事项。如果把"现代信息技术"看作一个子集，"商务"看作另一个子集，则电子商务所覆盖的范围应当是这两个子集所形成的交集，即"电子商务"标题之下可能广泛涉及 Internet、Intranet 和电子数据交换（Electronic Data Interchange，EDI）在贸易方面的各种用途，如图 1-1 所示。

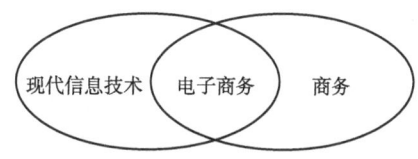

图 1-1　电子商务是"现代信息技术"和"商务"两个子集的交集

（4）电子商务不等于商务电子化。真正的电子商务绝不仅是企业前台的商务电子化，更重要的是包括后台在内的整个运作体系的全面信息化，以及企业整体经营流程的优化重组。也就是说，建立在企业全面信息化的基础上，通过电子手段对企业的生产、销售、库存、服务及人力资源等环节实行全方位控制的电子商务，才是真正意义上的电子商务。

狭义的电子商务仅仅包括通过 Internet 进行的商业活动，广义的电子商务是指利用包括 Internet、Intranet、LAN（局域网）等各种不同形式的网络在内的一切计算机网络进行的所有商贸活动。从发展的观点看，在考虑电子商务的概念时，局限于利用 Internet 进行的商业贸易是不够的，将利用各类电子信息网络进行的广告、设计、开发、推销、采购、结算等全部商贸活动都纳入电子商务的范畴则较为妥当。所以，美国学者瑞维·卡拉可塔和安德鲁·B.惠斯顿提出：电子商务是一种现代商业方法，这种方法以满足企业、商人和顾客的需要为目的，通过提高服务传递速度，改善服务质量，降低交易费用。今天的电子商务通过少数计算机网络进行信息、产品和服务的买卖，未来的电子商务则可以通过构成信息高速公路的无数网络中的任一网络进行买卖。

传统企业要进行电子商务运作，重要的是优化内部管理信息系统（Management Information System，MIS）。MIS 是企业进行电子商务的基石，其本质上是通过对各种内部信息的加工处理，以实现对商品流、资金流、信息流、物流的有效控制和管理，最终达到扩大销量、降低成本、提高利润的目的。

1.1.2　电子商务的分类

1. 按照交易对象分类

按照交易对象的不同，电子商务可以分为三种类型。

1）B2C（Business to Customer）电子商务

B2C 电子商务即企业与消费者之间的电子商务。它类似于在联机服务中进行的商品买卖，是利用计算机网络使消费者直接参与经济活动的高级形式。这种形式基本等同于电子化的零售，随着万维网的出现迅速发展起来。目前，在 Internet 上遍布各种类型的 B2C 商业中心，提供从鲜花、书籍到计算机、汽车等各种消费商品和服务。

2）B2B（Business to Business）电子商务

B2B 电子商务即企业与企业之间的电子商务。B2B 包括非特定企业间的电子商务和特定企业间的电子商务。非特定企业间的电子商务是在开放的网络中为每笔交易寻找最佳伙伴，与伙伴进行从订购到结算的全部交易行为。这里虽说是非特定企业，但由于可以加入该网络的只限需要这些商品的企业，所以可以设想是限于某一行业的企业。不过，它不以持续交易为前提，不同于特定企业间的电子商务。特定企业间的电子商务是在过去一直有交易关系或今后将继续进行交易的企业，为了相同的经济利益，共同进行的设计、开发或为全面进行市场及库存管理而开展的商务交易。买方企业可以使用网络向供应商订货、接收发票和付款。B2B 在这方面已经有了多年运作历史，运作得也很好，特别是在专用网络或增值网络上运行的 EDI。

3）B2G（Business to Government）电子商务

B2G 电子商务即企业与政府之间的电子商务，这种商务活动覆盖企业与政府间的各项事务。例如，在美国，政府采购清单可以通过 Internet 发布，企业可以以电子化方式回应。同样，在企业税款的征收上，政府也可以通过电子化方式来实现。尽管目前在这方面的应用还不多，但随着政府对电子商务发展的推进，B2G 一定会迅速增长。

2．按照商务活动内容分类

按照商务活动内容的不同，电子商务可以分为两类商业活动：一是间接电子商务，即有形货物的电子订货，仍然需要利用传统渠道如邮政服务和商业快递车送货；二是直接电子商务，即无形货物和服务，如计算机软件、娱乐内容的联机订购、付款和交付，或者全球规模的信息服务。直接电子商务和间接电子商务均提供特有的机会，同一公司往往二者兼营。间接电子商务要依靠一些外部要素，如运输系统的效率等。直接电子商务能使双方越过地理界限直接进行交易，充分挖掘全球市场的潜力。

3．按照使用网络类型分类

根据使用网络类型的不同，电子商务目前主要有三种形式：EDI 商务、Internet 商务和 Intranet 商务。

1）EDI 商务

按照国际标准化组织的定义，EDI 商务是"将商务或行政事务按照一个公认的标准，形成结构化的事务处理或文档数据格式，从计算机到计算机的电子传输方法"。简单地说，EDI 商务就是按照商定的协议，将商业文件标准化和格式化，并在贸易伙伴的计算机网络系统之间进行数据交换和自动处理。

EDI 商务主要应用于企业与企业、企业与批发商、批发商与零售商之间的批发业务。相对于传统的订货和付款方式，EDI 商务大大节约了时间和费用。相对于 Internet 商务，EDI 商务较好地解决了安全保障问题。这是因为使用者均有较可靠的信用保证，并有严格的登记手续和准入制度，加之多级权限的安全防范措施，从而实现了包括付款在内的全部交易工作的安全电子化。

但是，由于进行 EDI 商务必须租用 EDI 网络上的专线，即通过购买增值网（Value Added Network，VAN）服务才能实现，费用较高，而且还需要专业的 EDI 操作人员，并且需要贸易伙伴也使用 EDI，因此阻碍了中小企业对其的使用。加之早期计算机昂贵，商品软件少，许多应用程序需要自行开发，只有大型企业才有能力使用 EDI。所以 EDI 商务虽然早在 20 多年前就出现了，但至今仍未普及。近年来，随着计算机降价，Internet 迅速普及，基于 Internet，使用可扩展标识语言（Extensible Mark Language，XML）的 EDI，即 Web-EDI 或 Open-EDI 正在逐步取代传统的 EDI。

2）Internet 商务

按照美国互联网协会的定义，Internet 是一种"组织松散、国际合作的互联网络"。该网络通过"自主遵守计算的协议和过程"，支持主机对主机的通信。具体说，Internet 就是让一大批计算机通过一种叫作 TCP/IP 的协议来即时交换信息。

Internet 商务是国际现代商业的最新形式。它以计算机、通信、多媒体、数据库技术为基础，通过 Internet，在网上实现营销、购物服务。它突破了传统商业生产、批发、零售及进、销、存、调的流转程序与营销模式，真正实现了少投入、低成本、零库存、高效率，避免了商品的无效搬运，从而实现了社会资源的高效运转和最大节余。消费者可以不受时间、空间、厂商的限制，广泛浏览，充分比较，模拟使用，力求以最低的价格获得最为满意的商品和服务。

3）Intranet 商务

Intranet 是在 Internet 基础上发展起来的企业内网。它在原有的局域网上附加了一些特定的软件，将局域网与 Internet 连接起来，从而形成企业内部的虚拟网络。Intranet 与 Internet 之间最主要的区别在于，Intranet 内的敏感或享有产权的信息受到企业防火墙安全网点的保护，只允许有授权者进入内部 Web 站点，外部人员只能在获得许可的条件下才可进入企业的 Intranet。Intranet 将大中型企业分布在各地的分支机构及企业内部有关部门和各种信息通过网络予以连通，使企业各级管理人员能够通过网络读取自己所需的信息，利用在线业务的申请和注册代替纸张交易和内部流通的形式，从而有效地降低了交易成本，提高了经营效益。

EDI 商务、Internet 商务和 Intranet 商务之间的关系如图 1-2 所示。

鉴于 EDI 商务的特殊性和 Intranet 商务的局限性，有关内容需要专门的篇幅加以阐述。由于 Internet 商务在电子商务中占据越来越重要的地位，本书在后面将不再详细讨论有关 EDI 商务和 Intranet 商务的问题，而将主要笔墨放在讨论 Internet 商务的基本原理及其应用方面。因此，本书后面所提到的电子商务主要指 Internet 商务。

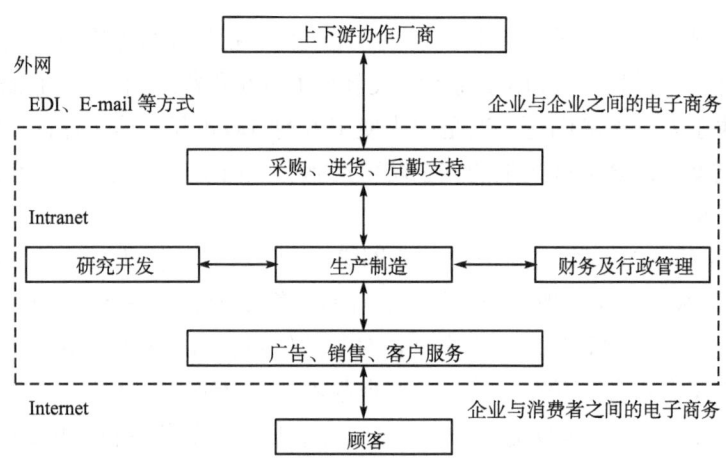

图 1-2　EDI 商务、Internet 商务和 Intranet 商务之间的关系

 评估练习题

1. 关键概念

（1）按照交易对象分类，电子商务可分为（　　　）。
A. B2C　　　　B. B2B　　　　C. C2C　　　　D. B2G

（2）根据使用网络类型的不同，电子商务可分为（　　　）。
A. EDI 商务　　B. Internet 商务　　C. Intranet 商务　　D. Extranet 商务

（3）判断正误：对电子商务的理解，应从"现代信息技术""商务"两个方面考虑。（　　　）

2. 实训题

联系实际，列举间接电子商务与直接电子商务的主要区别。

1.2　物流概述

1.2.1　物流的概念

不同时期、不同国家对物流概念的理解有所不同。

虽然物流的存在已经有几千年的历史，但从其概念的产生至今也仅仅经历了一个世纪而已。一般可以将物流在这一个世纪间的发展划分为以下几个阶段。

1. 第一阶段，初期阶段

1901 年，约翰·F. 格鲁威尔（John F. Crowell）在《农产品流通产业委员会报告》中讨论了农产品流通方面的问题，从理论上开始了对物流的探索。

1905 年，美国少校琼斯·贝克（Chauncey B. Baker）认为："那个与军备的移动和供应相关的战争艺术的分支就叫物流（Logistics，国内也翻译为"后勤"）。"

1915 年，阿奇·萧（Arch Shaw）在《市场流通中的若干问题》一书中指出："创造需求与实物供给的各种活动之间的关系说明存在平衡性和信赖性两个原则。""物流是与创造需求不同的一个问题……流通活动中的重大失误都是创造需求与物流之间缺乏协调造成的。"英国克兰菲尔德物流与运输中心（Cranfield Center for Logistics and Transportation，CCLT）主任、资深物流与市场营销专家马丁·克里斯多夫（Martin Christopher）教授认为，阿奇·萧是最早提出物流概念并进行实际探讨的学者。

1916 年，韦尔达（L.D.H.Weld）在《农产品的市场营销》中指出，市场营销的效用中包括时间效用、场所效用、所有权效用和营销渠道的概念，从而肯定了物流在创造产品的市场价值中的时间价值及场所价值中的重要作用。

1918 年，英国犹尼利弗的哈姆勋爵成立了"即时送货股份有限公司"，该公司宗旨是在全国范围内把商品及时送达批发商、零售商及用户手中。这一举动被一些物流学者认为是有关物流活动的"最早文献记载"。

1922 年，美国著名的营销专家斐莱德·E.克拉克（Fred E.Clark）在《市场营销原理》一书中将市场营销定义为"影响商品所有权转移的活动和包括物流的活动"。这使 Physical Distribution 一词与物流联系起来，真正把物流活动提升到了理论高度进行讨论和研究。

1935 年，美国销售协会将物流定义为"物流是包含于销售之中的物质资料和服务从生产场所到消费场所的流动过程中伴随的种种经济活动"。

在第二次世界大战期间，物流对于盟军的胜利起到了关键的作用，在当时被称为 Logistics Management（后勤管理）。"后勤"是指将战时物资的生产、采购、运输、配给等活动作为一个整体进行统一布置，以求战略物资补给的成本更低、速度更快、服务更好。第二次世界大战后，Logistics 的运作方法及理念在企业中被广泛采用，又有"商业后勤""流通后勤"的提法，这时的后勤包含了生产过程和流通过程中的物流，因而是一个包含范围广泛的物流概念。上述阶段被物流界普遍认为是物流的初期阶段。

2. 第二阶段，综合物流阶段

1962 年，著名管理大师彼得·德鲁克（Peter F.Drucker）在《财富》杂志上发表的题为"经济领域的黑暗大陆"的文章中指出："我们对物流的认识就像拿破仑现在对非洲大陆的认识一样浅薄。我们知道它确实存在，而且很大，但除此之外，我们一无所知。"这篇文章首次提出物流领域的潜力，具有划时代的意义。企业的决策者对物流的认识也得到了提高，并开始把寻求成本优势和差别化优势的视角转向物流领域，物流成为企业的"第三利润源"。从此，企业物流管理领域的研究正式启动。

1963 年，美国的《韦氏大词典》把后勤定义为"军事装备物资、设施与人员的获取、供给和运输"。

日本是在 20 世纪五六十年代引入"物流"这一概念的。

1956 年，日本生产性本部向美国派出了"搬运专业考察团"（也称"流通技术考察团"），考察美国的流通技术。此举对日本物流的发展起到了积极的作用。

20世纪60年代，日本正式引进了"物流"这一概念，并将其解释为"物的流通""实物的流通"。

日本通商产业省物流调查会将物流定义为"制品从生产地到最终消费者的物理性转移活动，具体由包装、装卸、运输、保管及信息传播等活动组成"。

日本通商产业省运输综合研究所认为，物流是"商品从卖方到买方的场所转移过程"。到了20世纪70年代，日本物流业进入世界领先行列。

1970年，美国空军在一份技术报告中对后勤学下的定义是"计划和从事部队物资的输送、补给和维修的科学"。

日本将引进的后勤学译为"兵战学"，其含义表述为"除了军需资料的订购、生产计划、采买、库存管理、配给、输送、通用，还包括规格化、品质管理等军事作战行动所必需的资材管理"。

这时，"后勤"一词已不仅仅是军事上的含义了，人们已经认识到产品物流与原材料物流可以综合起来进行管理，使企业能够系统地分析物流水平，降低成本和改进服务。这一认识大大改进了对物流系统的管理，使物流的发展进入了综合物流阶段。

3. 第三阶段，供应链管理阶段

1974年，美国学者唐纳德·鲍尔索克斯（Donald J.Bowersox）在其出版的《后勤管理》一书中，将后勤管理定义为"以卖主为起点，将原材料、零部件与制成品在各个企业间有策略地加以流转，最后达到用户其间所需要的一切活动的管理过程"。

1976年，美国国家物流管理委员会在对物流管理的定义中指出："物流活动包括，但不局限于为用户服务、需求预测、销售情报、库存控制、物料搬运、订货销售、零配件供应、工厂及仓库的选址、物资采购、包装、退换货、废物利用及处置、运输及仓储等。"

1981年，在美国出版的《后勤工程与管理》一书中，引用了美国物流工程师学会（The Society Of Logistics Engineers, SOLE）对后勤学的定义，即"对于保障的目标、计划及其设计和实施的各项要求，以及资源的供应和保持等有关的管理、工程与技术业务的艺术与科学"。

1985年，加拿大物流管理协会（Canadian Association of Logistics Management, CALM）对物流进行了定义："物流是对原材料、在制品库存、产成品及相关信息从起源地到消费地的流动和储存进行计划、执行和控制，以满足顾客要求的过程。该过程包括进向、去向和内部流动。"

同年，美国物流管理协会正式将名称由 National Council of Physical Distribution Management 更改为 National Council of Logistics Management，标志着现代物流理念的确定。与此同时，随着科学技术的发展、政策的放开和市场竞争的加剧，现代物流管理思想进一步发展，一体化物流管理的思想逐步形成。

1994年，欧洲物流协会（European Logistics Association, ELA）将物流定义为"在一

个系统内对人员及商品的运输、安排及与此相关的支持活动的计划、执行与控制,以达到特定的目的"。

1998年,美国物流管理协会(Council of Logistics Management,CLM)将物流重新定义为"供应链运作中,以满足客户要求为目的,对货物、服务和相关信息在产出地和消费者之间实现高效率、低成本的正向和反向的流动和储存所进行的计划、执行和控制的过程"。该协会对物流的定义增加了供应链的概念。

2001年,美国物流管理协会重新给出了如下定义:"物流是供应链运作中以满足客户要求为目的,对货物、服务及相关信息在原产地和销售地之间实现高效率和低成本的正向和反向的流动和储存所进行的计划、执行和控制的过程。"明确地指出了物流是供应链流程的一部分,使物流和供应链概念之间的关系更加清晰。美国物流管理协会对物流的定义在世界上影响较大,具有代表性,许多国家和地区对物流的定义都是在其基础上的翻版或变种。

至此,物流管理逐渐扩大到整个供应链范围,不仅要考虑原材料供应商及产品分销商直至客户在供应链上的所有物流活动,还要关注它们之间的协调与配合,物流的发展也就进入了供应链管理阶段。

随着科学技术及经济的发展,物流业逐渐朝着信息化、网络化、智能化方向演进。20世纪90年代,电子商务在美国的发展如火如荼,促使现代物流上升到了前所未有的重要地位。据相关记录显示,电子商务交易额中80%是B2B商家交易。1999年美国物流电子商务的营业额超过80亿美元。电子商务是在开放环境下一种基于网络的电子交易、在线电子支付的新型商业运营方式。电子商务带来的这种交易方式的变革,使物流朝着信息化、网络化方向发展。此外,专家系统和决策支持系统的推广使美国的物流管理更趋于智能化。

综上可见,不同时期、不同国家对物流概念的理解尽管有所不同,但都反映出以下几个基本特点。

(1)物流概念的形成和发展与社会生产、市场营销、企业管理的不断进步密切相关。

(2)物流概念与物流实践最早始于军事后勤,而"物流"一词没有限定在商业领域或军事领域。物流管理对公共企业和私人企业活动都适用(见唐纳德·鲍尔索克斯的《物流管理》,1986)。

(3)物流的功能主要有运输、储存、装卸、包装等。

(4)物流无论是Physical Distribution还是Logistics的内涵中都强调了"实物流动"的核心。

我国从20世纪90年代初开始积极借鉴发达国家物流发展的成功经验,以推动物流业在国内的迅速发展。1992年,原国内贸易部印发了《关于商品物流(配送)中心发展建设的意见》,在上海、广东确定了试点企业。为了进一步推动物流业的发展,1996年原国内贸易部草拟了《物流配送中心发展建设规划》,提出了发展建设物流配送中心的指导思想和原则,确定商业储运企业向现代物流配送中心转变,建设社会化的物流配送中心,以发展现代物流网络为主要方向,并对物流配送中心的建设提出了总体构想。

20世纪70年代以前，我国的经济研究几乎没有使用过"物流"一词。1997年原国内贸易部产业发展司决定对物流的定义展开研究，因物流术语关系很多其他行业，经原国家科学技术委员会、原国家技术监督局批准设立国家标准研究项目，进行《中华人民共和国国家标准物流术语》的编制工作。

2007年2月1日批准颁布的《中华人民共和国国家标准物流术语》（GB/T 18354—2006）对物流的定义为："物品从供应地向接收地的实体流动过程。根据实际需要，将运输、储存、装卸、搬运、包装、流通加工、配送、回收、信息处理等基本功能实施有机的结合。"

至此，我国终于有了标准化的物流概念。对物流概念进行标准化有利于人们正确地理解物流，对我国的物流实践也有重要的指导意义。

1.2.2 物流的分类

物流概念虽然产生于20世纪初，至今也不过百年的历史，但是，作为企业生产与国民经济重要组成部分的物流活动却是源远流长，与人类共生的。而且，以"物的流动"为本质特征的物流活动存在于各个领域，具有不同的表现形式和不同的种类与层次。因此，为了全面认识物流，有必要对存在于各个领域的不同层次、不同表现形式的物流进行分类，这也是进行物流研究的基本前提。通常，物流可以按以下几种方法进行分类。

1. 按物流空间范围的不同分类

可分为国际物流、国内物流或国民经济物流、区域物流、城市物流、企业物流等。

（1）国际物流是指不同国家之间的物流。这种物流是国际贸易的一个必然组成部分。世界经济的发展主流是国家与国家之间的经济交流越来越频繁，国际、洲际的原材料和商品相互流通，各国之间的相互贸易最终通过国际物流来实现。国际物流研究已成为物流研究的一个重要分支。

（2）国内物流或国民经济物流是指发生在一国之内的物流，是存在于一国国民经济各个领域的物流。

（3）区域物流较国际物流的范围小，指在某一地区内所进行的物流活动。区域可以有不同的划分标准：可以按行政区域划分，也可以按地理区域位置划分。一些区域性组织内部的物流，如欧盟的内部物流、北美自由贸易区内部的物流活动等，都是典型的区域物流。另外，还可以把区域限定在一个国家，或者国家的局部等范围内，如东北区域物流、长江三角洲区域物流、珠江三角洲区域物流、沿海区域物流、内陆区域物流、东部或西部物流等。

（4）城市物流是指发生在一个城市范围之内的物流，如北京市物流、上海市物流、广州市物流等。

（5）企业物流是指发生在一个企业内部，或者由企业组织的物流。

2. 按物流主体的不同分类

可分为第一方物流、第二方物流、第三方物流、第四方物流、第五方物流。

（1）第一方物流（First Party Logistics，1PL）是指由卖方、生产者或供应方组织的物流，这些组织的核心业务是生产和供应商品，为了满足自身生产和销售业务需要而进行物流网络及设施设备的投资、经营与管理。

（2）第二方物流（Second Party Logistics，2PL）是指由卖方、需求者或消费者组织的物流，这些组织的核心业务是物资采购，为了满足采购业务需要，投资建设物流网络和设施设备，并进行具体的物流业务运作、组织和管理。

（3）第三方物流（Third Party Logistics，3PL）是指物流活动由供方和需方之外的第三方完成，即专业物流企业在整合了各种资源后，为客户提供包括设计规划、解决方案及具体物流业务运作等全部物流服务的物流活动，是企业物流业务外包的产物。第三方物流也叫契约物流或合同物流（Contract Logistics）。

（4）第四方物流（Fourth Party Logistics，4PL）是指在第三方物流基础上发展起来的供应链整合，是供应链的集成者与职能互补的服务提供商一起组合和管理组织内的资源、能力和技术，提出整体的供应链解决方案。

（5）第五方物流（Fifth Party Logistics，5PL）是指专门从事物流业务培训的一方。随着现代综合物流的开展，人们对物流的认知需要一个过程。因此，对掌握现代综合物流的新理念及实际运作方式等专业知识的物流人才的培养便成为物流行业中的重要一环。还有另一种提法，认为第五方物流是指专门为其余四方提供信息支持的一方。

3．按物流服务对象的不同分类

可分为社会物流与企业物流。

（1）社会物流是指以一个社会为范围来考虑，面向社会的物流。所以有人也称之为大物流或宏观物流。这种范围广、社会性强的物流活动往往由专门的物流承担人承担其研究规划工作。其研究内容包括社会再生产过程中随之发生的物流活动，国民经济中的物流活动，如何形成服务于社会、面向社会又在社会环境中运行的物流，社会中物流的体系结构和运行情况等。

（2）企业物流是指从企业角度研究与之有关的物流活动。企业物流必须依靠管理层、控制层和作业层三个层次的协调配合才能有效实现其总体功能。它是具体、微观的物流活动的典型领域。按照企业性质，可以把企业物流分为如下几类（见图1-3）。

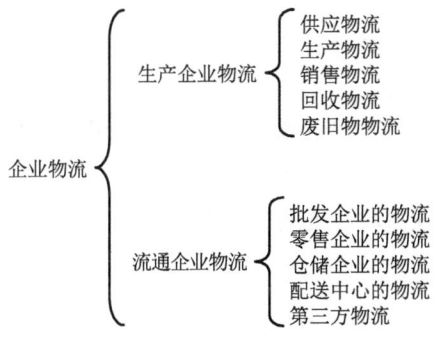

图1-3　企业物流分类

4. 按物资的流向不同分类

可分为正向物流和逆向物流。

（1）正向物流指的是物资从生产到消费的过程中，在实际方向上的物流，也就是说，从原材料的采购、运输、存储到产品的生产、加工、存储、运输、配送直至销售到消费者手中，以及商品的售后服务等整个过程。

（2）逆向物流是相对于正向物流而言的，是与正向物流的物资流向相反的物流。逆向物流是由消费者对不满意的产品或不合格的材料和残次品的退货、包装的回收复用、废弃物的处理等原因引起的。逆向物流与正向物流相比，其控制与生产规划更为困难、复杂，其中也掺杂了许多不确定因素，因此，它是影响供应链中物流系统运作效率的重要因素。

1.2.3 物流的功能

物流是一种综合能力，是若干经济活动系统的、集合的、一体化的组成，其目的是用最低的总成本创造顾客价值。

物流是物的物理性流动，最终为用户服务。它包括以下两方面。

（1）组织"实物"进行物理性流动。这个物理性流动的动力来自5个方面：①生产活动和工作活动的要求；②生产活动和消费活动的要求；③流通活动的要求；④军事活动的要求；⑤社会活动、公益活动的要求。

（2）实现对用户的服务。这是物流总体功能的另一方面。虽然在物流的某些领域内存在"利润中心""成本中心"等作用，但是所有的物流活动都无一例外地具有"服务"这个共同的功能特性。

评估练习题

1．关键概念

（1）物流的功能主要由（　　　）等构成。

A．运输　　　　B．储存　　　　C．装卸　　　　D．包装　　　　E．信息

（2）按物流服务对象的不同可分为（　　　）。

A．社会物流　　B．企业物流　　C．国内物流　　D．国际物流

（3）判断正误：物流的目的是用最低的总成本创造顾客价值。　　　　（　　　）

2．实训题

试结合实际，按照企业性质将企业物流进行分类。

1.3 物流与电子商务的关系

1.3.1 物流是电子商务的重要组成部分

随着 Internet 在全世界的飞速发展，电子商务作为在 Internet 上最大的应用活动，已经引起了世界各国政府的广泛重视和支持，以及企业和民众的密切关注，并得到了快速的发展。

在电子商务发展初期，人们对电子商务内涵的认识还不深入，往往强调电子商务中信息流和资金流的网络化和电子化，并不重视物流过程的电子化，认为对于大多数在网络上销售的商品和服务来说，物流的过程仍然可以由传统的经销渠道来完成，从而不必对其做更多的研究。但随着电子商务的进一步推广与应用，在电子商务活动中物流的重要性及其所产生的影响日益显著。电子商务的任何一笔网上交易，都必然涉及信息流、商流、资金流和物流等几种基本的"流"，而物流作为整个交易的最后一个过程，其执行结果的好坏对电子交易的成败起着十分重要的作用。例如，在 1999 年 9 月，有关媒体为了测试当时国内网上购物的环境，组织了一次"72 小时网上生存试验"。试验的结果并不理想，出现了不少问题，而物流配送是最大的问题之一。有些参试者在网上下的订单在两个月甚至半年后才收到。在此后进行的一次市场调查也证实，人们最关注的恰恰是网上交易的送货时间与安全问题，这再次使人们认识到物流在电子商务活动中的重要地位，认识到现代化的物流过程是电子商务活动不可缺少的部分。

在许多关于电子商务的定义中，对电子交易过程中信息流和资金流的电子化有较多描述，但大多没有提到物流的概念。这是因为电子商务的概念首先由美国提出，美国的物流管理技术经过 80 多年的发展已经较完善，故在对电子商务进行定义时对物流的电子化就定义得比较简单。而在我国，物流业的起步较晚，所以在发展电子商务时，必须注意配备现代化的物流管理模式，否则电子商务活动就难以开展。因此，我国学者在对电子商务进行定义时将物流电子化包含了进去，即认为电子商务中不仅包括信息流、资金流，还包括物流；电子化的工具也不仅仅指计算机和网络通信技术，还包括叉车、自动导向车、机械手臂等自动化工具。

可见，从根本上说，物流电子化是电子商务的基本组成部分，缺少了现代化的物流过程，电子商务的过程就不完整。

1.3.2 电子商务概念模型中物流的基本地位

在认识了电子商务概念的基础上，可以将实际运作中的电子商务活动过程抽象地描述成电子商务的概念模型，如图 1-4 所示。电子商务的概念模型由电子商务实体、交易事务、电子市场和信息流、商流、资金流、物流这些基本要素构成。

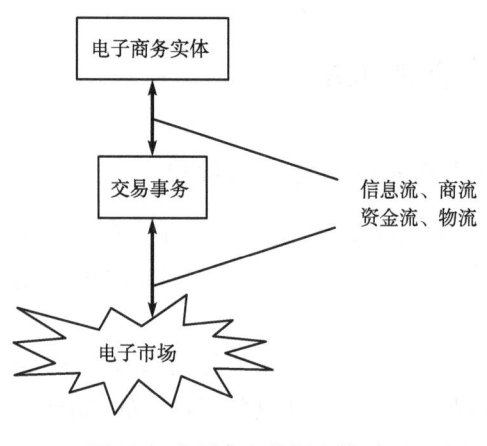

图1-4 电子商务的概念模型

（1）在电子商务的概念模型中，企业、银行、商店、政府机构和个人等能够从事电子商务的客观对象被称为电子商务实体。

（2）交易事务是指电子商务实体之间所从事的如询价、报价、转账支付、广告宣传、商品运输等具体的商务活动。

（3）电子市场是电子商务实体在网上从事商品和服务交换的场所。在电子市场中，众多商务活动的参与者利用各种通信装置，通过网络连接成一个统一的整体。

（4）电子商务的任何一笔交易都由信息流、商流、资金流、物流4个基本部分组成。其中信息流既包括商品信息的提供、促销推销、技术支持、售后服务等内容，又包括询价单、报价单、付款通知单、转账通知单等商业贸易单证，以及交易方的支付能力和支付信誉信息。商流是指商品在购销之间进行的交易和商品所有权转移的运动过程，具体是指商品交易的一系列活动。资金流主要是指交易的资金转移过程，包括付款、转账等。物流是指交易的商品或服务等物质实体的流动过程，具体包括商品的运输、储存、配送、装卸、保管、物流信息管理等各种活动。

在电子商务中，由于产品的形式不同，配送分为两种方式：交易的少数无形商品（主要是数字化产品）和服务，如各种有价信息软件、数据、游戏、电子图书、电子报刊和新闻、电子研究报告及信息咨询服务等，可以直接通过网络传输的方式进行配送；而对于大多数有形的商品和服务来说，物流仍然要由物理方式（借助运输工具）进行配送。在电子商务环境下，通过机械化和自动化工具的应用和准确、及时的物流信息对物流过程进行监控，使物流的速度加快，准确率提高，从而能有效地减少库存，缩短生产周期。

在电子商务的概念模型中，强调信息流、商流、资金流和物流的整合，而信息流作为一个纽带，在电子商务交易的整个过程中，起着串联和监控的作用。

评估练习题

1. 关键概念
(1) 判断正误：物流是电子商务的重要组成部分。   （   ）
(2) 判断正误：缺少了现代化的物流过程，电子商务的过程就不完整。 （   ）

2. 实训题
联系实际，谈一谈物流在电子商务活动中的作用。

1.4 电子商务物流的作用与特点

不论是哪一种模式的电子商务，其交易的流程都可以大致归纳为 6 个步骤，如图 1-5 所示。

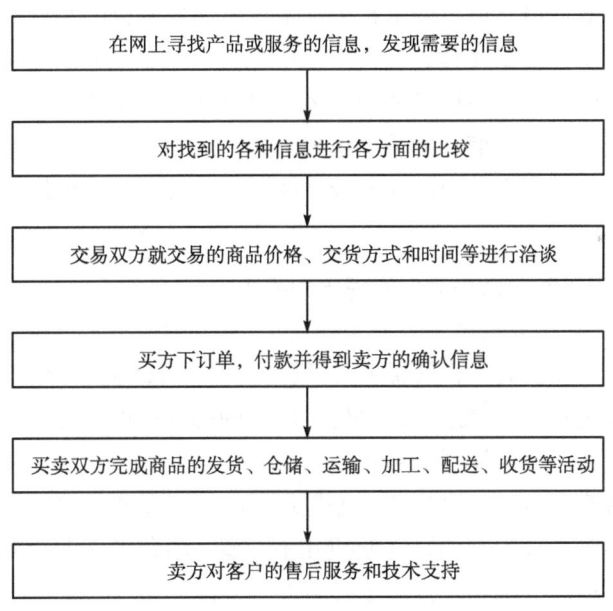

图 1-5　电子商务流程

在上述步骤中，第 5 步实际上就是电子商务物流过程，这一过程是完成电子商务流程的重要环节和基本保证。

1.4.1 电子商务物流的作用

1. 物流是生产过程的保障

无论是在传统的贸易环境还是电子商务环境下，生产都是商品流通的开始，而商品生产的顺利进行需要各类物流活动的支持,整个生产过程实际上就是一系列的物流活动。

- 供应物流从生产过程最早的原材料采购开始,只有将生产所需的材料采购到位,才能保证生产的进行。
- 生产物流涉及的原材料、半成品的物流贯穿于生产的各工艺流程之间,以实现生产的流动性。
- 回收物流对生产过程中的部分余料和可重复利用的物资进行回收。
- 废弃物物流完成对生产过程中废弃物的处理。

在商品的生产过程中,现代化的物流活动可以降低生产成本,优化库存结构,减少资金占压、缩短生产周期,最终保障生产的高效进行。相反,如果没有现代物流的支持,商品的生产将难以顺利进行,电子商务交易模式将先天不足,优势将不复存在。

2. 物流服务于商流

商流活动的最终结果是将商品所有权由供方转移到需方,但是,实际上在交易合同签订后,商品实体并没有立即移动。在传统交易环境下,商流的结果必须由相应的物流活动来执行完成,也就是卖方按买方的需求将商品实体以适当的方式和途径进行转移。在电子商务的环境下,买卖双方虽然通过网上订购完成了商品所有权的交割过程,但必须在通过物流的过程将商品和服务真正转移到消费者手中之后,电子商务的交易活动才算完成。因此,物流是电子商务的商流的后续者和服务者,没有现代化物流,电子商务的商流活动将无法完成。因此,物流是电子商务的重要组成部分。我们必须摒弃原有的"重信息流、商流和资金流的电子化,而忽视物流的电子化"的观念,大力发展现代化物流,以进一步推广电子商务。

3. 物流是实现"以客户为中心"的理念的根本保证

电子商务的出现,在很大程度上方便了最终消费者。他们不必再跑到拥挤的商业街上,一家一家地挑选自己所需的商品,只需坐在家里,在 Internet 上进行搜索、查看、挑选,就可以完成他们的选购过程。但试想,如果他们所购的商品迟迟不能送到,或者商家所送并非自己所购,那消费者还会选择网上购物吗?

物流是电子商务实现以"以客户为中心"理念的最终保证,缺少了现代化的物流技术的支持,电子商务给消费者带来的购物便捷几乎为零,消费者必然会转向他们认为更安全的传统购物方式,那样网上购物就失去了存在的必要性。

综上所述,电子商务作为网络时代一种全新的交易模式,相对于传统交易方式是一场革命。但是,电子商务必须有现代化的物流技术的支持,才能体现出其所具有的无可比拟的先进性和优越性,在最大限度上使交易双方得到便利,获得效益。因此,只有大力发展作为电子商务重要组成部分的现代化物流,电子商务才能得到更好的发展。

1.4.2 电子商务物流的特点

电子商务时代的来临,给全球物流带来了新的发展,使物流具备了一系列新特点。

1. 信息化

在电子商务时代，物流信息化是电子商务的必然要求。物流信息化表现为物流信息的商品化，物流信息收集的数据库化和代码化，物流信息处理的电子化和计算机化，物流信息传递的标准化和实时化，物流信息存储的数字化等。因此，条形码技术、数据库技术、电子订货系统、电子数据交换、快速响应及有效客户反应、企业资源规划等技术与观念在我国的物流行业中将会得到普遍的应用。信息化是一切的基础，没有物流的信息化，任何先进的技术设备都不可能应用于物流领域。信息技术及计算机技术在物流中的应用将会彻底改变世界物流的面貌。

2. 自动化

自动化的基础是信息化，核心是机电一体化，外在表现是无人化，效果是省力。另外，自动化还可以扩大物流作业能力，提高劳动生产率，降低物流作业的差错率等。物流自动化的设施非常多，如条形码/语音/射频自动识别系统、自动分拣系统、自动存取系统、自动导向车、货物自动跟踪系统等。这些设施在发达国家已普遍应用于物流作业流程，而在我国由于物流业起步较晚，发展水平较低，自动化技术的普及还需要较长的时间。

3. 网络化

物流领域网络化的基础也是信息化。这里的网络化有两层含义。一是物流配送系统的网络化，物流配送中心与供应商或制造商的联系要通过计算机网络，与下游客户之间的联系也要通过计算机网络通信。例如，物流配送中心向供应商提出订单这个过程，就可以使用计算机通信的方式，借助增值网上的电子订货系统和电子数据交换技术来自动实现；物流配送中心通过计算机网络收集下游客户的订单的过程也可以自动完成。二是组织的网络化，即所谓的企业内网。例如，我国台湾的计算机行业在 20 世纪 90 年代创造出了"全球运筹式产销模式"，这种模式的基本点是按照客户订单组织生产，生产采取分散形式，即将全世界的计算机资源都利用起来，采取外包的形式将一台计算机的所有零部件、元器件、芯片外包给世界各地的制造商去生产，然后通过全球的物流网络将这些零部件、元器件和芯片发往同一个物流配送中心进行组装，由该物流配送中心将组装完成的计算机迅速发给客户。这一过程就需要高效的物流网络提供支持。

物流的网络化是物流信息化的必然，是电子商务下物流活动的主要特征之一。当今世界 Internet 等全球网络资源的可用性及网络技术的普及，为物流的网络化提供了良好的外部环境，物流网络化趋势不可阻挡。

4. 智能化

这是物流自动化、信息化的一种高层次应用。物流作业过程大量的运筹和决策，如库存水平的确定、运输（搬运）路径的选择、自动导向车的运行轨迹和作业控制、自动分拣机的运行、物流配送中心经营管理的决策支持等问题，都需要借助大量的知识才能解决。在物流自动化的进程中，物流智能化是不可回避的技术难题。目前，专家系统、机器人等相关技术已经有比较成熟的研究成果。物流的智能化已成为电子商务物流发展的一个新趋势。

5. 柔性化

柔性化本来是为实现"以顾客为中心"理念而在生产领域提出的，但要真正做到柔性化，就要真正地根据消费者需求的变化来灵活调节生产工艺，没有配套的物流系统，是不可能实现柔性化的。20世纪90年代，国际生产领域纷纷推出弹性制造系统、计算机集成制造系统、制造资源规划、企业资源规划，以及供应链管理的概念和技术。这些概念和技术的实质是要将生产、流通进行集成，根据需求端的需求组织生产，安排物流活动。因此，柔性化的物流正是为适应生产、流通与消费的需求而发展起来的一种新型物流模式。这就要求物流配送中心要根据消费需求多品种、小批量、多批次、短周期的特色，灵活组织和实施物流作业。

另外，物流设施、商品包装的标准化，物流的社会化、共同化也都是电子商务物流的新特点。

 评估练习题

1. 关键概念

（1）下列不属于电子商务物流特点的是（　　）。

A. 网络化　　　　B. 信息化　　　　C. 智能化　　　　D. 集成化

（2）判断正误：电子商务活动下的物流消费需求具有"多品种、小批量、多批次、短周期"的特色。　　　　　　　　　　　　　　　　　　　　　　　　　（　　）

2. 实训题

电子商务的交易流程在现实中是如何体现的？

1.5 电子商务物流的组建方式

1.5.1 电子商务中物流方案的重点考虑因素

推行电子商务的关键是制订一套合理的物流方案并科学执行。在制订物流方案时，应该重点考虑以下因素。

1. 消费者的地区分布

Internet是电子商务的最大信息载体，其物理分布范围正在迅速扩展。是否凡是Internet所覆盖的地区都是电子商务的销售区域呢？在电子商务发展的初级阶段这是不可能的。一般商务活动的有形销售网点资源多按销售区域来配置，每个销售点负责一个特定区域的市场。如把全国划分为7个销售大区，每个大区内有若干销售网点，再设立一个配送中心，负责向该大区内的销售网点送货，销售点向配送中心订货和补货，配送中心则在规定的时限内将订货送达。电子商务也可以按照这种方式来操作，但问题在于，电子商务的客户在地理分布上是十分分散的，送货地点不集中，物流网络并没有像 Internet 那样广的覆盖范围，无法经济合理地组织送货。所以，提供电子商务服务的公司也需要像有形店铺销售一样，对销售区域进行定位，对消费人群集中的地区提供物流承诺，否则是不经济的。还有一种处理办法，就是对不同的销售区域采取不同的物流服务政策。例如，在大城市，因为电子商务普及，订货可能比较集中，宜按不低于有形店铺销售的送货标准组织送货；但对偏远地区的订单则要进行集中送货，送货期限肯定要比大城市长得多，这些地区的电子商务消费者享受的物流服务就要差一些。从电子商务的经济性考虑，宜先从上网用户比较集中的大城市起步，这样建立基于一个城市的物流配送体系也比较好操作。

2．销售商品的品种

是否所有的商品都适合采用电子商务这种形式？在电子商务发展初期，答案是否定的。有没有最适合采用电子商务进行销售的商品？当然有。

回答以上两个问题要考虑不同商品的消费特点及流通特点。音乐、电影、游戏、图片、图书、计算机软件、E-mail、新闻、评论、教学节目、医疗咨询、汇款等可以通过信息传递完成物流过程的商品最适合采用电子商务销售。因为，不仅商品信息查询、订货、支付等商流、信息流、资金流可以在网上进行，而且物流也可以在网上完成，也就是这些品种可以实现商流、物流、信息流、资金流的完全统一。例如，消费者可以在网上听流行音乐，单击音乐名称即完成订货和付款，收听音乐的过程就是进行物流的过程，音乐听完了，这个音乐的物流过程也就完成了。所以无论是亚马逊网上书店（http://www.amazon.com）还是珠穆朗玛网站（http://www.8848ed.com），都是从销售这些商品开始的。当然，如果消费者除了需要满足视听需求，还要拥有这些商品的载体本身，如发烧友要珍藏歌星的 CD，要满足多次重放功能等，那还是需要完成单独的物流过程，将 CD 及其他载体本身送到消费者手中。从理论上讲，没有什么商品特别不适合采用电子商务的销售方式，但从流通本身的规律来看，需要有商品定位。现在的商品品种有 40 万~50 万种，一个大型百货商店充其量经营 10 万种商品，没有一家公司能够经营所有的商品，总是要确定最适合自己销售的商品品种。电子商务也一样，为了将某一商品的销售批量累积得更大，就需要筛选商品品种。同时，电子商务也要有一定的销售渠道配合，不同的商品进货和销售渠道可能不同，品种越多，进货渠道及销售渠道越复杂，组织物流的难度就越大，成本也就越高。因此为了在物流环节不增加过多的费用，也需要将品种限制在一定的范围之内。也就是说，对于一个推行电子商务的公司来说，要考虑哪些商品不适合采用电子商务的方式销售。一般而言，商品如果有明确的包装、质量、数量、价格、验收、安装等要求，对储存、运输、装卸等作业无特殊要求，就适合采用电子商务的方式销售。

3．配送细节

同有形市场一样，电子商务这种无店铺销售方式的物流方案中的配送环节，是完成物流过程并产生成本的重要环节，需要精心设计配送方案。一个好的配送方案应该考虑以下内容：库存的可供性、反应速度、首次报修修复率、送货频率、送货的可靠性，同时还要设计配套的投诉程序，提供技术支持和订货状况信息等。

4．服务提供者

Internet 服务提供商（Internet Server Provider，ISP）、Internet 内容提供商（Internet Content Provider，ICP）、传统零售商店、传统批发企业、制造企业等均有条件开展电子商务业务，但不同的电子商务服务供应商具有不同的组织商流、物流、信息流、资金流的能力。从物流的角度来看，传统的零售商、批发商的物流能力要优于纯粹的 ISP、ICP，也优于一般的制造商，但从商流、信息流和资金流的角度来看可能正好相反。因此，设计物流方案时，要根据电子商务服务供应商的不同，扬长避短，发挥各自的优势，实现供应链集成，共同完成向消费者提供电子商务服务的工作。

5．物流成本

电子商务的物流成本可能比店铺销售方式的物流成本高。因为电子商务的物流虽具有多品种、小批量、多批次、短周期的特点，但由于很难单独考虑物流的经济规模，因而物流成本较高。例如，消费者到一个商店购买一台电视机，商店提供免费送货服务。一次送货的成本是 50 元，这时商店一般会将顺路的其他消费者购买的商品装在一个送货车里一次完成送货。如 5 台电视机同时送货，则每台电视机的送货成本是 10 元。采用电子商务时，公司有时很难这样恰好将消费者的订货在一个比较短的时间内集中起来并配装在一台送货车里，这样就会造成送货次数的分散，送货批量的降低，直接导致物流成本的提高。因而，电子商务服务商必须扩大在特定的销售区域内消费者群体的基数，如果达不到一定的物流规模，物流成本肯定会居高不下。

6．库存控制

在库存控制上，电子商务经营者也面临挑战，因为经营者很难预测某种商品的销售量，库存控制历来就是销售管理中最难的课题。回避库存问题的最佳办法就是像戴尔公司那样搞直销，先拿到订单，按照订单组织生产，再将货物送到消费者手中。但是，在直销过程中，消费者处于不利地位，因为他要等待，要多花钱，有时还要预先付款等。如果经营者不给消费者提供特殊的附加价值，消费者就不会去冒这些风险。同时，直销对生产环节要求更加严格，一般制造企业不具备进行按单生产的条件，因此并非任何经营者都可以成功地采取直销的方式来避开库存风险。

大多数制造和销售企业普遍采用的库存控制技术还是根据对历史数据、实时数据的分析，按照一定模型预测未来的需求。有的企业进行长期预测，有的只进行短期预测或侧重于对实时数据进行分析，有的则不进行预测或不相信预测结果。这样，它们采取的库存政策就会有很大的区别，库存对销售的保障程度及库存成本也各不相同。因此，电子商务经营者将遇到比店铺销售更加复杂的库存控制问题。

此外，在设计电子商务的物流方案时，还应该规划好运输工具、运输方式及运输方案等。

> **相关链接**
>
> **国外电子商务物流解决方案**
>
> **1. 美国的物流中央化**
>
> 物流中央化的美国物流模式强调"整体化的物流管理系统",这是一种以整体利益为重,突破按部门分管的体制,从整体进行统一规划的管理方式。在市场营销方面,物流管理包括配送计划、运输、仓储、市场研究和为用户服务5个过程;在流通和服务方面,物流管理包括需求预测、订货、原材料购买和加工,即从原材料购买直至送达顾客的全部物资流通过程。
>
> **2. 日本的高效配送中心**
>
> 日本的物流过程主要包括生产—流通—消费—还原(废物的再利用及生产资料的补足和再生产)。在日本,物流是非独立领域,由多种因素制约。物流(少库存多批发)与销售(多库存少批发)相互对立,必须利用统筹来获得整体成本最小的效果。物流的前提是企业的销售政策、商业管理、交易条件。销售订货时,交货条件、订货条件、库存量条件对物流的结果影响巨大。流通中的物流问题研究已转向研究供应、生产、销售中的物流问题方向。

辩证性思考

美国及日本的电子商务物流解决方案对我国有什么启示?

1.5.2 组建电子商务物流的几种方式

电子商务的具体实施有多种模式可以选择。结合我国国情,中国的电子商务物流体系可以有以下几种组建方式。

1. 制造商、经销商的电子商务与普通商务活动共用一套物流系统

制造商、经销商(批发商、零售商)可以建立基于Internet的电子商务销售系统,同时可以利用原有的物流资源,承担电子商务的物流业务。制造商从专业分工角度看,其核心业务是商品开发、设计和制造,但越来越多的制造商不仅有庞大的销售网络,还有覆盖整个销售区域的物流网、配送网。这些制造企业完全可以利用原有物流网和设施支持电子商务业务的开展,不需要新增物流、配送的投资。对企业来说,要做的主要是物流系统的设计和物流资源的合理规划。经销商比制造商更具有组织物流的优势,因为他们的主业就是流通。

2. ISP、ICP自己建立物流系统或利用社会化物流、配送服务

ISP、ICP在组织商流、信息流、资金流方面有绝对的优势,但在物流方面还需大量投入。国内一些企业与国外的信息企业合资组建电子商务公司时,解决物流、配送问题的方法有两种。

1）自己组建物流公司

对于国内的 ISP、ICP 来说，采用这种方式，投资方十分慎重，因为电子商务的信息业务与物流业务是截然不同的两种业务，企业必须对跨行业经营产生的风险进行严格的评估，新组建的物流公司必须按照物流的要求来运作才有可能成功，还要避免"大而全、小而全"。如果企业只擅长信息服务，则最好不要涉足物流配送这一领域。在电子商务发展的初期和物流、配送体系还不完善的情况下，不要把电子商务的物流服务水平定得太高。另外，可以多花一些精力来培养、扶持物流服务供应商，让专业物流服务商为电子商务提供物流服务。

2）外包给专业物流公司

将物流外包给第三方物流公司是跨国公司管理物流的通行做法。按照供应链的理论，将不是自己核心业务的业务外包给专门从事该业务的公司去做，即从原料供应到生产，再到产品的销售等各个环节的各种职能，都是由在某一领域具有专长或核心竞争力的专业公司相互协调和配合来完成的。这样形成的供应链具有最大的竞争力。

3．物流企业建立自己的电子商务系统

区域性或全球性的第三方物流企业具有物流网络上的优势，它们大到一定规模后，也想将其业务沿着主营业务向供应链的上下游延伸，向上延伸到制造业，向下延伸到销售业。1999 年，世界最大的快递公司美国联邦快递公司（FedEx）决定与专门提供 B2B 和 B2C 解决方案的 Intershop 通信公司合作开展电子商务业务。FedEx 一直认为它所从事的不是快递业而是信息业，公司进军电子商务领域的理由有 3 个：第一，FedEx 是全球领先的物流企业；第二，公司已经有覆盖全球 211 个国家的物流网络；第三，公司内部已经成功地应用了信息网络，这一网络可以使消费者在全球通过 Internet 浏览服务器跟踪其发运包裹的状况。FedEx 认为，这样的信息网络和物流网络的结合完全可以为消费者提供完整的电子商务服务。像 FedEx 这样的第三方物流公司开展电子商务销售业务，其能力无须质疑，因为该公司是全球最大的快递公司，完全有可能利用现有的物流和信息网络资源，使两个领域的业务经营都做到专业化，实现公司资源的最大利用。

 评估练习题

1．关键概念

（1）判断正误：从理论上讲，所有的商品都适合采用电子商务这种形式。　（　　）

（2）判断正误：电子商务的物流成本可能比店铺销售方式的物流成本低。　（　　）

2．实训题

结合我国国情，简述我国的电子商务物流体系有哪几种组建方式。

1.6 电子商务下我国物流业发展的现状与对策

1.6.1 电子商务物流发展的现状

1．企业信息化、自动化程度不足

高效的物流必须有高度的物流信息化、自动化。而我国目前的物流只有部分仓储中心采用了高度自动化的分拣技术，很多分配中心仍是依靠人工，效率有待进一步提高。这与我国物流业起步晚，初期物流业没有得到足够重视有关。近几年，自动化技术已经逐步运用到电子商务物流作业中，我国的电子商务物流也取得了飞速的发展。

2．网络基础设施平台逐步完善

电子商务物流是物流的电子化，即物流的每个环节都离不开通信。电子商务是"鼠标"商务，更离不开通信。通信主要依靠通信网络，近些年我国的网络基础设施发展迅速，网络覆盖范围已达全国绝大部分地区，正是网络的发展与普及，使得网上购物和网上售卖也逐步走进村镇居民的生活，农村电商及物流配送也成为当下电商企业和物流企业竞争的一块新领地。

3．缺乏完善的法律法规

近年来我国电子商务市场在保持快速增长的同时，网络购物的投诉量也与日俱增。目前，我国物流管理体制还处于区域、部门分割管理的状态下，区域之间缺乏协调统一的发展规划和协调有序的协同运作，归口管理不一致，这些都制约了电子商务物流配送的效率。由于缺乏一体化的物流系统，电子商务很难发挥其应有的突破空间、快捷交易的功能。此外，与电子商务物流配送相适应的财税制度、社会安全保障制度、市场准入与退出制度、纠纷解决程序等还不够完善，这些制度和法规的缺陷阻碍了电子商务物流的发展。

4．严重缺乏专业人才

电子商务物流是一门综合性学科，电子商务物流人才是既懂电子商务又熟悉物流的复合型人才。电子商务物流配送在我国的发展时间较短，大多数从传统物流企业转型而来的企业在人才的储备和培育方面显然还不能适应电子商务时代的要求，有关电子商务方面的知识和操作经验不足，这直接影响了企业的生存和发展。与国外形成规模的物流教育系统相比，我国在物流和配送方面的教育还相对落后，尤其在电子商务物流配送方面的教育。实践中运行成功案例的缺乏和熟悉电子商务的物流配送人才的匮乏，制约了电子商务物流配送模式的推广，也影响了电子商务物流配送的成功运营。

5．配送中心分布不合理

目前，我国配送中心选址布局与最优的配送中心选址布局存在着较大差距。这与房地产价格较高及城市用地紧张有重要关系。

1.6.2 电子商务物流发展的对策

1．提高全社会对电子商务与电子商务物流的认识

加大对电子商务的宣传力度，发掘电子商务潜力，扩大电子商务市场，为电子商务物流的发展奠定基础。同时要把电子商务与电子商务物流放在一起进行宣传，电子商务是商业领域内的一次革命。我们也可以吸取别国电子商务物流管理研究的成果，向电子商务物流发达的国家学习发展经验。

2．培育现代电子商务物流主体，积极发展第三方物流

发展第三方物流，可以选择以下途径：发展专业化物流，结合电子商务实现电子商务物流供应社会化、集约化，积极引进国内外知名的第三方物流企业及物流中介服务机构，大力发展新兴的电子商务物流服务企业，加强与传统储运业的嫁接和联合。

3．加强物流企业配送手段机械化、自动化和现代化

我国现有的物流配送系统远远落后于国外发达国家，同时也无法满足现代物流的需求。因此，我国应加强物流企业配送手段的机械化、自动化和现代化。如货物的包装实现标准化、通用化、机械化；货物的分拣搬运过程实现机械化、自动化；社区或学校等用户密集型场所可配置智能取物柜，提高配送效率，方便用户灵活提取快递。

4．加快完善物流标准规范，开放物流业市场，完善政府引导功能

物流行业的标准化、规范化是提高物流效率，降低物流成本的重要基础。国家有关部门应加强物流行业标准化、规范化的建设，促进我国电子商务物流业形成统一的标准。政策的出台要求各级政府部门要认真研究电子商务物流发展的特点和规律，制定有利于快速、高效地发展现代物流的政策措施。

5．加大物流专业人才的培养力度

通过高校物流专业课程改革、调整专业培养方向、校企联合办学"工学交替"等方式来培养电子商务物流专门人才。可通过物流行业协会来开展物流职业教育，传播物流知识，对于师资的培养，可以采取"走出去，引进来"的模式，将国内相关专业的人才送到国外去学习、深造，同时，引进国外的一些优秀人才来工作、教学等。

6．提高服务水平，增强服务类型

在电子商务时代，物流发展到集约化阶段。一体化的配送中心不单单提供仓储和运输服务，还必须开展配货、配送和各种提高附加值的流通加工服务项目。电子商务要求物流提供多种运输模式的配送，出现了更多的配送产品与标准。

7．充分利用大数据，优化配送方案，重视物流配送中心的建设与应用

在当前大数据时代，可以充分利用大数据，通过各种途径获取消费者的信息，包括购物习惯、购物频率、购物喜好、所处区域等基本信息，通过对这些大数据进行分类整理、数据挖掘获取有价值的信息，为电商企业和物流企业的配送方案决策提供一定的参考。

评估练习题

实训题
（1）电子商务环境下我国发展物流服务现存的主要问题是什么？
（2）针对我国国情，提出发展我国电子商务物流服务的建议。

本章评估测试

1. 能力测验

完成本章学习之后，请根据对本章电子商务物流概念的理解回答下列问题，并将所得分数记录下来。

1=完全不理解；3=理解一些；5=深刻理解

如果你的分数为 42~50 分，则说明你可以继续参加接下来的评估测验；如果你的分数为 33~41 分，则说明你应该再复习一下得分为 1~3 分的营销概念和内容；如果你的分数为 32 分及以下，则应重新认真学习本章内容，并与同学共同探讨不理解的地方。

你是否能够：

- 从不同的角度说出电子商务如何进行分类。
- 理解物流概念的由来。
- 定义电子商务物流系统。
- 说出电子商务与物流的关系。
- 联系实际说明电子商务物流系统如何构建。
- 举例说明电子商务下的物流具有什么特点。
- 结合实际说明我国电子商务物流发展过程中存在的问题。
- 列举我国目前主要的电子商务物流模式。
- 通过查阅网站 http://www.fedex.com，总结出美国联邦快递公司的运作模式。
- 预测电子商务物流业的发展趋势。

2. 关键术语回顾

电子商务指交易当事人或参与人利用计算机技术和网络技术（主要是 Internet）等现代信息技术所进行的各类商务活动，包括货物贸易、服务贸易和知识产权贸易。从不同的角度，可以将电子商务进行类型划分，按交易对象不同来看，可将电子商务分为 B2B、B2C、B2G 等；从商务活动内容分类，电子商务主要包括间接电子商务和直接电子商务；根据使用网络类型的不同，电子商务主要有三种形式：EDI 商务、Internet 商务、Intranet 商务。其中，EDI 商务是"将商务或行政事务按照一个公认的标准，形成结构化的事务处理或文档数据格式，从计算机到计算机的电子传输方法"。从根本上来说，物流电子化是电子商务的基本组成部分，《中华人民共和国国家标准物流术语》（GB/T 18354—2006）对物流的定义为："物品从供应地向接收地的实体流动过程。根据实际需要，将运输、储存、装卸、搬运、包装、流通加工、配送、回收、信息处理等基本功能实施有机的结合。"电子商务时代的来临，给全球物流带来了新的发展，使物流具备了信息化、自动化、网络化、智能化、柔性化等一系列新特点。

3. 关键概念回顾

（1）电子商务中的瓶颈是（　　）。
A. 信息技术　　　B. 管理方法　　　C. 配送体系　　　D. 商务标准

（2）（　　）是电子商务的最大信息载体。
A. Internet　　　B. 电信　　　C. 配送网　　　D. 管理系统

（3）判断正误：电子商务系统信息化必将提高整个物流系统的运作效率，从而提高整个电子商务企业的运作效率。（　　）

（4）判断正误：电子商务物流要求物流管理人员具有较高的物流管理水平和电子商务知识水平。（　　）

4. 练习题

请你谈谈对"物流是实现电子商务的重要环节和基本保证"这一观点的看法。

 网上冲浪

物流与信息流的紧密结合是电子商务物流的特点，也是其发展的关键，物流综合解决方案的设计和实施与改进工作是现代电子物流系统中的工作重点。中国物流网（http://cnw56.com/）是电商物流行业中的综合网站，通过访问这一网站，可以了解我国电商物流行业的发展情况及最新资讯。

 案例讨论

电子商务时代的物流困境

自跨入互联网时代后，中国电子商务市场的竞争就从未停止过，也不断将市场推向一个又一个高峰。尤其在淘宝崛起之后，京东、唯品会、当当、苏宁等知名电商纷纷找准切入点并在市场立住脚跟，此外本来生活网、聚美优品等小众电商也凭借自身的优势拥有了一席之地。

拼多多的出现，打破了电商市场渐趋稳定的格局。据相关统计数据显示，截至2018年6月，淘宝（阿里巴巴）仍然占据了中国电商零售市场58.2%的份额，京东商城以16.3%位列第二，第三则是于2015年成立的拼多多。尽管拼多多只有5.2%的市场份额，但其强势杀入的态度和迅速增长的市场份额不得不让阿里、京东担忧，尤其是拼多多背后有腾讯这样的大投资者。加之目前中国市场流量新增有限，用户数量已经趋于稳定，这意味着为了争夺更多的市场，各路"诸侯"将迎来更加激烈的厮杀。

除了更为复杂的让利措施和更频繁的促销活动，购物体验也是电商一直关注的重点和竞争的利器，其中物流更像是保证"诸侯"在战场无往不利的辎重粮草。例如，京东商城在诞生之初就确定了自营物流的经营策略，这一举措受到了消费者们的好评，此后各路电商在物流领域的动作不断。例如，阿里创建菜鸟并重资入股"通达系"，再到如今的京东快递独立、拼多多推出电子面单。可以说，每个电商平台都没有放过任何一个能够提升服务水平、服务效率的领域。

电商对物流的重视自然也带动中国物流的发展，尤其是在电商物流领域，快递产业作为代表在短短时间便达成了包裹量世界第一的壮举，但是在这背后，也有着"成也萧何败也萧何"的无奈。

电商庞大的业务量在带动物流相关的如快递、仓储、设备等领域企业快速成长的同时，电商企业为了降低物流成本，一定程度上对物流服务企业在价格方面形成了打压，而且在电商市场高速发展的过程中，物流服务企业为了赢得更多的订单也不得不采取"价格竞争"等手段。此外，电商们为了保证物流服务质量也纷纷开始自建物流，进一步压缩了第三方物流企业的生存空间。

在电商自建物流、对物流效率要求提升，以及人工成本、发货量增多等多重因素的影响下，电商物流开始谋求更多自动化和智能化。尤其是菜鸟智仓、京东"亚洲一号"等标杆性智能物流中心，更是掀起了电商物流企业对智能化的探索热潮。这股热潮在推动智慧物流装备领域发展的同时，也令该领域的企业产生些许盲目心理。

首先，不少企业盲目追求和鼓吹自动化、智能化的优势，导致部分企业提供的服务和解决方案与需求不匹配。其次，由于起初不少用户企业对智能化和自动化投入处于观望阶段，所以装备企业纷纷选择与知名用户企业合作来获得背书，继而梳理自身在市场中的品牌影响力。在这个过程中，由于头部客户的需求量大，导致不少企业认为头部客户是更值得开发的客户而忽略了中小型客户市场。

但是，随着头部客户如阿里巴巴、京东等的业务量逐渐稳定和投资逐渐饱和，加之此类企业自身孵化了不少物流装备企业服务于自身和市场，所以对于物流装备企业而言，紧盯头部企业的做法已经不那么合时宜。那么，应该往哪个方向看呢？

资料来源：现代物流，http://www.materialflow.com.cn/pindao/2019/1104/1453.html

? 问题讨论

联系生活实例，谈谈对文中"成也萧何败也萧何"的理解。

第 2 章

电子商务物流系统

学习目标

- 了解电子商务物流系统的概念、构成
- 掌握电子商务物流系统的模式
- 掌握电子商务物流系统的分析方法
- 掌握电子商务物流系统的设计流程
- 掌握电子商务物流系统的评价指标和方法

关键术语

电子商务物流系统，第三方物流，国际物流，新型物流

引导案例

自改革开放以来，我国物流业一直保持着高速发展，作为支撑国民经济发展的基础性、战略性和先导性产业，物流业在国民经济的健康发展过程中起到关键性作用。但是相比国际现代化物流企业，我国物流企业在运营管理上有待进一步向集约型转变，并通过新型的信息科技赋能来优化资源配置，从而实现降本增效。随着大数据、云计算、人工智能等一系列前沿科技的发展和技术积累，物联网技术将进入全面爆发阶段，并通过促进物流企业的数字化转型和推动新商业模式衍生，来提升物流企业经营效率和客户体验。因传统的物流商业模式及基础设施很难再适应现代化物流产业的发展需求，一批有前瞻性的物流企业已经着手在运输、仓储、配送、信息互通共享平台建设等多个环节中，率先开始采用物联网技术，逐步迈向数字化、智能化的发展道路，进而构筑起基于物联网的新一代智能物流系统。

资料来源：物流报，http://www.56tim.com/archives/103159

> **? 辩证性思考**
> 1. 物联网在物流系统中发挥了哪些作用?
> 2. 你知道电子商务物流系统有哪些模式吗?

通过第 1 章的学习,我们已经知道电子商务的概念,电子商务与物流的关系、特点及未来的发展趋势。在本章里,我们将系统地介绍电子商务物流系统的相关内容,以及如何运用这些知识来解决现实中的问题。

2.1 电子商务物流系统的基本概念

电子商务是一种先进的技术和营销方法,在未来几年,电子商务将以其市场规模大、信息传递快、商品品种多、可靠性强、流通环节少、交易成本低而风靡全球。它代表着未来的贸易方式、消费方式和服务方式,是信息化、网络化和服务要求日益提高的必然产物。然而,由于电子商务涉及计算机网络和商务运作两大领域,使得许多习惯于传统商业运作的企业感到无从下手。如何利用 Internet 开展网上经营,成了人们苦苦研究的课题。尽快了解电子商务物流系统的运行方式,已成为一个非常现实的要求。

电子商务需要解决电子支付、网络安全、金融认证体系、安全体系、产品品种和经营模式创新等一系列问题。它是商流、物流、信息流和资金流的结合,其中尤以建立高效可靠的电子商务物流系统最为重要,并已在很多领域成为企业竞争的关键。可以这么说,电子商务在线服务背后的物流系统支撑能力的强弱,已成为企业在商业领域竞争成败的关键所在。

2.1.1 电子商务物流系统的概念

狭义的物流仅指作为商品的物质资料在生产者与消费者之间发生的空间位移,属于流通领域内的经济活动。广义的物流,还包括物质资料在生产过程中的运动,既包括流通领域又包括生产领域。

物流是除人员以外所有货物流通的全过程,包括从原材料到制成品直至最后到消费者手中为止所发生的所有空间位移。

结合第 1 章的介绍,可以认为,电子商务物流系统是信息化、现代化、社会化和多层次的物流系统。该系统主要针对电子商务企业的需要,采用网络化的计算机技术和现代化的硬件设备、软件系统及先进的管理手段,严格地、守信用地进行一系列分类、编配、整理、分工和配货等理货工作,定时、定点、定量地把商品交给没有范围限制的各类用户,满足其对商品的需求。

现代社会用户对商品的需求早已不再局限于使用价值,优质的服务已成为 21 世纪用户对商品的必然要求。通过新型的电子商务物流系统,可以使传统商品流通环节中的物流和配送方式更容易实现信息化、自动化、社会化、智能化、合理化和简单化，在降低库存成本的同时提高了物流效率，加速了资金的周转，可以让企业在更低成本的运作中完成高效的商品营销。

2.1.2 电子商务物流系统的构成

如前所述，物流的主要功能包括运输、存储和配送。与运输相比，配送有如下特点。
- 配送的距离较短，是到最终消费者的物流。
- 配送还包含其他的物流功能（如装卸、存储、包装等），是多种功能的组合。
- 配送是物流系统的一个缩影，是一个小范围的物流系统。

物流的辅助功能则包括包装、装卸、搬运、流通加工、物流信息处理。

作为物流系统的一个分支，电子商务物流系统本质上也包括了上述功能，只是在信息化、自动化技术的采用及准确及时的要求上更为严格，尤其强调了物流速度、物流信息的流畅性和整体系统的合理化。充分合理地将整个物流环节整合起来，才形成了现代的电子商务物流系统，如图2-1所示。

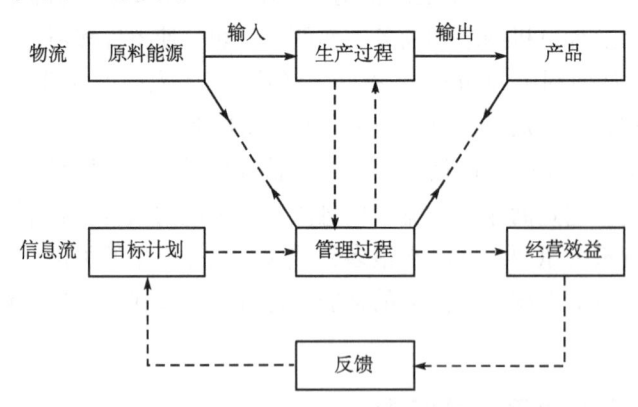

图2-1 电子商务物流系统的结构

电子商务对物流系统结构的影响主要表现在以下几个方面。

1．中间环节减少

通过网络可以使网上客户直接面对产品的制造商，并且可以直接通过网络完成所需的交易和个性化服务，因此，基于传统物流渠道的批发商和零售商等中间环节将被逐步取代，网络直销形式有可能在未来几年里大行其道。但是，区域销售代理有可能提高其在渠道和地区性市场中的地位，作为制造商产品营销与服务功能的直接延伸。

2．运输空间的扩大与高速服务的要求

由于电子商务所面对的消费群体是一个极其广泛的范围，客户对产品的可得性的心理预期加大，随着电子商务业务的拓展，将推动运输空间的扩大和交货速度的提高。因此，在电子商务物流环境下，物流系统中各个配送中心、运输路线等设施的布局、结构和任务等都将面临较大的调整，以满足客户的需要。与此同时，采用高效率的优化理论与自动化、信息化技术来完成这样的工作，已成为一种趋势。另外，随着更多专业化的分工与合作，有可能出现更大的、更全面地提供各种物流业务的物流公司，同时也会出现更加专业化的、提供特色服务和个性化服务的物流公司。

3．物流系统结构趋于分散

由于信息的共享和信息处理的容量扩大与即时性提高，制造商会在全球范围内进行合理的资源配置与优化，客观上对物流营销与配送提出了更高的要求。与此同时，也正是这种变化，导致物流系统组织结构分散并逐步趋向于虚拟化。不过，能发生这样变化的企业一般是那些正规的、拥有品牌的、具有核心竞争力的大型企业，它们已经在管理和组织上实现了模块化和标准化。

4．某些特殊物流环节趋于隐形化

许多具有特色的产品，如书报、音乐、软件、资讯等，由于其自身的特殊性，会作为特殊的产品在网上直接进行销售和配送，这些产品无须通过传统的物流配送环节，可以直接通过网络送到客户手中。这些数字化产品的特殊物流方式将对传统的物流系统体系产生巨大的冲击，并导致电子商务物流系统出现巨大的整合与优化，以满足市场变化的需要。

> **相关链接**
>
> ### 戴尔别具一格的电子商务化物流
>
> 戴尔公司通过 Internet 和 Intranet 进行产品销售，在商用 PC 市场上已成为第一大供应商。戴尔往往仅保持两个星期的库存（行业标准一般超过 60 天），其存货一年可周转 30 次以上。基于这些数字，戴尔创造了极高的毛利率和资本回报率，分别是 21% 和 106%。这些都是戴尔实施电子商务化物流后取得的物流效果。
>
> 使用电子商务化物流后，戴尔一方面可以先拿到用户的预付款和运费，另一方面在货运公司将货运到后才与其结算运费。戴尔的电子商务型直销方式对用户来说具有特殊价值：一是可以满足个性化的用户需求；二是戴尔精简的生产、销售、物流过程可以省去一些中间成本，使价格在同类商品中相对偏低；三是用户可以享受完善的售后服务，包括物流、配送服务等。

辩证性思考

戴尔公司的电子商务化物流是如何降低其运作成本的？

评估练习题

1．关键概念

电子商务物流系统是（　　　）的物流系统。

A．信息化　　　　B．现代化　　　　C．社会化　　　　D．多层次

2. 实训题

了解某公司的电子商务物流系统由哪些部分构成，具体有什么作用。

2.2 电子商务物流系统的模式

电子商务能有效地减少业务中间环节，客户甚至只需直接面对产品制造商。这样，电子商务企业能有效地降低企业的运作成本，同时通过网络销售平台给顾客提供更加个性化的服务和丰富的产品信息。而电子商务下的企业要建立成本优势，必须依赖可靠和高效率的物流业务。服务的即时性、产品的及时性、信息的及时性和决策反馈的及时性，都必须以强有力的物流业务能力作为保证，因此研究电子商务物流系统的模式就成为一个非常重要的课题。电子商务物流系统的模式与传统的企业物流模式并无本质的区别，下面介绍几种模式。

2.2.1 第三方物流

20 世纪 90 年代，第三方物流业务随着供应链管理思想的演变获得快速发展。为了在激烈的市场竞争中求得生存和发展，企业必须扬长避短，把所有资源集中在能使企业取得竞争优势并能为客户和企业自身带来利益的核心业务上，而将传统上认为对于企业必不可少的但并非企业自身擅长或别人做得更好、费用更低的业务外包（Outsourcing）给其他专门企业。

第三方物流是指由物流交易的供需双方之外的第三方完成物流服务的部分或全部功能，体现了物流专业化发展趋势。

第三方物流包括一切物流活动及发货人可以从第三方获得的其他增值服务。增值服务的提供建立在发货人和第三方之间签订正式合同的基础之上，合同明确规定了服务项目、费用、期限及相互责任等事项。第三方负责代替发货人完成整个物流过程的服务功能，可能拥有固定的资产，也可能本身没有固定资产而是借助外界力量。由于第三方是专门提供物流服务的经营者，具有良好的社会关系，在物流服务上积累了丰富的经验，擅长从整体上对物流活动进行统筹规划并处理物流服务中的各种问题，因此，他们具有降低物流服务成本的能力和潜力。在降低物流服务成本的呼声日益高涨的形势下，一些企业为了提高供应链竞争优势，纷纷将物流服务外包给第三方经营。

第三方物流是在供（第一方）需（第二方）双方之间，由专业物流企业向全社会提供的物流服务。它是生产社会化、劳动分工专业化发展的结果。第三方物流由于专业化水平、规模效益、经营渠道、管理方式、运营手段等诸多方面的优势而得到产业化发展，并最终成为第三方利润源泉。

第三方物流的整体功能是实现商品实体由供方到需方的时空上的转移。在电子商务发展的时代背景下，物流已成为电子商务发展的瓶颈。电子商务对第三方物流提出了现代化、高效化、信息化的时代要求。

1．市场服务一体化

物流是一项系统工程。物流系统是由运输、包装、装卸、存储、管理等众多子系统组成的多目标函数的、动态的、庞大的、人机结合的复杂系统。对于这样一个系统工程，只有通过集中度较高、功能协调性较好、各行业相互联系的网络化的物流市场的一体化服务，才能提高其效率。

2．市场服务的个性化

电子商务的一项特殊功能就是"定制服务"。实现"定制服务"的前提是生产和物流的柔性化。它要求物流系统能够根据用户多品种、多批次、多流向、多方位、多价位、多周期的不同服务价格、方式，提供个性化物流服务。

3．市场服务标准化

现代市场交易与流通是建立在标准化基础上的。商品质量有标准，商品市场准入有标准，商品标识有标准，商品交易方式有标准，商品包装有标准，商品保存有标准，商品装卸有标准，商品运输也有标准，物流企业在服务过程中要保证每个环节都能按照标准进行服务。

4．市场服务信息化

电子商务要求物流系统具有较强的信息收集、处理及传输能力。它能及时收集、整理、反馈货物市场商品的供应状况及发展态势，能将收集的信息数据化、代码化及数字化，能保证物流信息传递标准化和适时化。这就要求物流企业拥有全球定位系统、电子订货系统、地理信息系统等，并能熟练运用条形码技术、电子数据交换技术、Internet 技术等。

5．市场服务代理化

综合物流代理是第三方物流的模式之一。这种模式是指由一家代理公司负责电子商务交易中供求双方实现商品使用权转移的全部物流业务。代理公司在服务经验、服务能力、服务理念、服务成本上的优势，能保证整个物流过程的优质、高效，从而不仅使供需双方摆脱了烦琐的多方委托物流业务，还可以有效地降低生产和消费成本。

6．市场服务的强效化

电子商务的交易方式使商流的时空大大缩短，进而要求物流时空也大大缩短。这就对商品流通的范围（空间）和速度（时间）提出挑战，从而对商品在较大范围内实现快捷、准确、及时、低成本的流通不断提出新的要求，促使其不断挑战极限，不断追求高效。

7．市场服务链条化

物流包含运输、包装、装卸、存储等诸多必不可少的环节，为发挥物流整体的功能与效率，必须打破部门、地区、行业互相分割的局面，实现相互合作，相互负责，共建现代化、市场化、产业化的物流产业。各环节（行业）紧密结合，为供需双方提供合理的链条式"一条龙"服务。这是电子商务物流的典型形式，是物流业从"粗放、分散"向"集约、集中"发展的必然产物,是产供销利益矛盾的统一。

8．市场服务理念现代化

没有现代化的市场服务理念,物流服务运作是难以跟上现代市场服务的。因此,在具体运作中,物流企业必须拥有比较先进的服务理念,才有可能在未来的电子商务运作中占得先机。

电子商务企业采用第三方物流模式对提高企业经营效率具有重要的作用。首先,可以通过将物流业务外包的方式使电子商务企业专注于自身的业务拓展,将资源配置在具有核心竞争力的业务上。其次,第三方物流企业作为专门的物流业务承担者,可以利用丰富的专业知识和经验,尽可能地提高电子商务企业的物流水平。第三方物流企业是面向社会众多企业提供物流服务的,可以站在比单一企业更高的角度,在更大的范围内扩展业务。随着市场外部环境的变化,企业的生产经营活动也变得越来越复杂,要实现物流活动的合理化,将物流系统范围局限在企业内部已远远不能满足需要。

发展第三方物流企业是促进电子商务企业物流活动合理化、效率化,提高整个社会物流合理化的重要途径。可以想象,随着电子商务业务的拓展,第三方物流企业必将随着电子商务企业的发展而逐步壮大。

2.2.2 国际物流

国际物流就是货物在国家之间的合理流动。国际物流的实质是按国际分工协作的原则,依照国际惯例,利用国际化的物流网络、物流设施和物流技术,实现货物在国家之间的流动与交换,以促进区域经济的发展和世界资源优化配置。

1．国际物流的发展历史

国际物流的概念虽然最近才被提出并受到人们的重视,但国际物流活动已随着国际贸易和跨国经营的发展经历了以下几个阶段。

1) 第一阶段（20世纪50年代至80年代初）

在这一阶段,物流设施和物流技术得到了极大的发展,建立了配送中心,广泛运用电子计算机进行管理,出现了立体无人仓库,一些国家建立了本国的物流标准化体系等。物流系统的改善促进了国际贸易的发展,物流活动已经超出了一国范围,但物流国际化的趋势还没有得到人们的重视。

2) 第二阶段（20世纪80年代初至90年代初）

随着经济技术的发展和国际经济往来的日益频繁,物流国际化趋势开始成为世界性的潮流。美国密歇根州立大学教授唐纳德·鲍尔索克斯认为,进入20世纪80年代后,美国经济已经失去了兴旺发展的势头,陷入长期倒退的危机之中。因此,必须强调改善国际性物流管理,降低产品成本,并且要改善服务,扩大销售,在激烈的国际竞争中获得胜利。

与此同时,日本正处于成熟的经济发展期,为了实现与其对外贸易相适应的物流国际化,采取了建立物流信息网络、加强物流全面质量管理等一系列措施,来提高物流国际化的效率。这一阶段物流国际化的趋势局限在美国、日本和欧洲一些发达国家。

3)第三阶段(20世纪90年代初至今)

这一阶段国际物流的概念和重要性已为各国政府和外贸部门所普遍接受。贸易伙伴遍布全球,必然要求物流国际化,包括物流设施国际化、物流技术国际化、物流服务国际化、货物运输国际化、包装国际化和流通加工国际化等。世界各国正广泛进行国际物流在理论和实践上的大胆探索。

人们已经形成共识:只有广泛开展国际物流合作,才能促进世界经济繁荣发展。物流无国界。

2. 国际货物的运输方式

国际物流的主体活动是国际货物运输,主要有以下两种运输方式。

1)大陆桥运输

大陆桥是连接两段海运的陆地运输,主要指国际铁路运输和海洋运输。经过中国陆地运输的大陆桥目前有两条,一条是新亚欧大陆桥,在中国境内长达 4 131 km,于 1990 年贯通。该大陆桥东起连云港,西至荷兰鹿特丹港,横跨亚洲、欧洲,与太平洋、大西洋相连,全长 10 800 km,途经中国多个省份。另一条是西伯利亚大陆桥,也称为亚欧大陆桥。该大陆桥全长 9 300 km,是从远东地区经过西伯利亚大铁路,一直到达欧洲的大陆桥。

大陆桥运输方式可以实现"门到门"的运输,由运输业者承担运输全程责任;运输速度快,运输、保管和装卸费用低;物流作业质量有保证,能满足货主要求。

2)国际多式联运

国际多式联运也称为国际综合一贯运输,是国际多种运输方式的联合运输。这种运输由一个承运人负责,签订一份国际多式联运合同,组织多种运输手段进行跨国联合运输。

1980 年公布的《联合国国际货物多式联运公约》,对多式联运做了如下定义:"国际多式联运是按照多式联运合同,以至少两种不同的运输方式,由多式联运经营人将货物从一国境内接收货物的地点,运至另一国境内指定交付货物的地点。"国际多式联运由于由一个承运人总负责,手续简便,各个运输环节衔接紧密,贯通一气,故能做到跨国"门到门"的物流服务。

与大陆桥运输一样,国际多式联运速度快,费用省,效率高。除了这两种国际物流方式,还有远洋运输、国际航空运输、国际货运代理、国际铁路联运等。

3. 国际物流系统

国际物流系统由商品的包装、存储、运输、检验、流通加工和其前后的整理、再包装及国际配送等子系统组成。运输和存储子系统是物流系统的主要组成部分。国际物流通过商品的存储和运输,实现其自身的时间和空间效益,满足国际贸易活动和跨国公司经营的要求。

1)运输子系统

运输的作用是将商品使用价值进行空间移动,物流系统依靠运输作业克服商品生产地和需要地的空间距离问题，创造了商品的空间效益。国际货物运输是国际物流系统的核心。商品通过国际货物运输作业由卖方转移给买方。国际货物运输具有路线长、环节多、涉及面广、手续繁杂、风险大、时间性强等特点。运输费用在国际贸易商品价格中占有很大比重。国际运输主要包括运输方式的选择、运输单据的处理及投保等有关方面。

2）存储子系统

商品储存、保管使商品在其流通过程中处于一种或长或短的相对停滞状态。这种停滞是必要的，因为，商品流通是一个由分散到集中，再由集中到分散的源源不断的流通过程。国际贸易和跨国经营中的商品从生产厂或供应部门被集中运送到装运港口，有时需临时存放一段时间，再装运出口，这是一个集和散的过程。它主要在各国保税区和保税仓库进行，涉及各国保税制度和保税仓库建设等方面。

从物流角度看，应尽量减少商品的储存时间、储存数量，加速货物和资金周转，实现国际物流的高效率运转。

3）商品检验子系统

由于国际贸易和跨国经营具有投资大、风险小、周期长等特点，使得商品检验成为国际物流系统中重要的子系统。通过商品检验，确定交货品质、数量和包装条件是否符合合同规定。如发现问题，可分清责任，向有关方面索赔。在买卖合同中，一般都订有商品检验条款，其主要内容有检验时间与地点、检验机构与检验证明、检验标准与检验方法等。

4）商品包装子系统

杜邦定律（美国杜邦化学公司提出）认为，63%的消费者是根据商品的包装来确定是否购买的，国际市场和消费者是通过商品来认识企业的，而商品的商标和包装就是企业的门面，反映了一个国家的科技文化水平。

5）国际物流信息子系统

该系统的主要功能是采集、处理和传递国际物流和商流的信息情报。没有功能完善的信息系统，国际贸易和跨国经营将寸步难行。国际物流信息的主要内容包括进出口单证的作业过程、支付方式信息、客户资料信息、市场行情信息和供求信息等。

国际物流信息系统的特点是信息量大、交换频繁、传递量大、时间性强、环节多、点多线长，所以要建立技术先进的国际物流信息系统。国际贸易中 EDI 的发展是一个重要趋势。我国应该在国际物流中加强推广 EDI 的应用，建设国际贸易和跨国经营的高速公路。

上述主要系统应该和配送系统、装搬系统及流通加工系统等有机联系起来，统筹考虑，全面规划，建立适应国际竞争要求的国际物流系统。

4．我国发展国际物流面临的问题

1）传统思维方式与发展国际物流的矛盾

这里讲的传统思维方式，主要是指与社会主义经济建设的大方向相反，与市场经济规律背道而驰，与我国加入 WTO 后的新形势要求不符的陈腐观念和传统思维。例如，"大而全、小而全"的小农经济思想，"闭关锁国，孤芳自赏"的旧观念等。这些顽症如得不到克服，国际化的大贸易、大流通、大市场就无法实现，顺畅的国际物流更无从谈起。

2）物流基础设施建设与现代物流管理

基础设施是事业发展的根本需要，物流的基础设施包括港口、码头、公路、仓库配送中心等。这些物流基础设施从某种意义上讲，好比物流的工具。叉车是工具，托盘是工具，升降机和传送带等都是工具，只不过与物流的基础设施相比，它们仅是某一方面的工具、局部性的工具而已；而港口、码头、公路、仓库和配送中心是全方位、全局性的工具，它们的重要程度和涉及的范围都有极大的区别。

道路承重力不够，质量有问题，就会发生严重交通事故，造成交通阻塞，影响一条线；港口码头设施能力不足，水平过低，就会造成滞船压港，影响一大片。

中国 20 世纪 80 年代中期曾由于港口设施吞吐能力不足，发生滞船压港的情况，严重影响了进出口贸易，损失惨重。中国加入 WTO 后，国际贸易得到了极大发展，国际货物进出口量大幅度增加，国际物流规模迅速扩大，各种物流基础设施能否适应要求，够不够用，中国目前的现代物流管理水平能不能应对国际物流高速发展的新形势，如何提前做好准备等问题，都需要我们认真思考。

尤其是现代化的物流管理，不是一朝一夕就能实现的，要整体提高、全面升级还要培养训练大批人才。这类问题都是发展国际物流必须要解决的问题，不可等闲视之。

3）发展国际物流的各项前期准备

为了适应世界经济发展和加入 WTO 后的新形势，发展国际物流必须做好各项前期准备工作。

- 做好充分的思想准备。据有关报道，中国加入 WTO 后，预计 GDP 每年平均增长率提高 1%，绝对值将提高近 2 000 亿元，中国贸易物流成本约占 GDP 的 16%。如此庞大规模的物流，我们是否已做好思想准备，政府和民间企业是否已意识到物流对中国物流市场乃至中国经济发展的影响；政府部门有没有物流发展远景规划和预测；如果发生巨大变化，国际物流超出我们的想象，能否立即调整和扭转局面等，这些问题都需要我们事先考虑，预先安排和早做准备。
- 在物流法律、法规和标准化等方面尽快与国际接轨。要了解、研究国际上通用的物流规则，在物流术语、物流器具等方面实行国际统一规格和标准，减少倒装、倒卸。
- 我们的道路、桥梁桥洞高度等要尽量符合国际标准。
- 抓好保税区、保税仓库、港口后方腹地、内陆公路、铁路、码头、车站，物流中心、配送中心、仓库、货场的建设，以确保国际物流大规模发展起来以后，从国外进来的货物能及时疏运开来，从国内向外出口的货物能及时集配、快速输出。
- 加强国际物流管理，提高国际物流运作水平。
- 重视国际物流人员资格培训，打造过硬的国际物流人才队伍。

2.2.3 基于 Internet 的物流配送

随着社会专业化分工水平的不断提高，以配送为核心服务内容的物流业逐渐兴起，而计算机网络及通信业的迅猛发展，把配送的单向管理模式变成双向、互动交流型管理模式，这种模式的转变又大大促进了配送效率和质量的提高。

1. 构建现代物流配送信息平台的要求

Internet 环境下的配送以计算机网络技术为基础，运用先进的优化技术手段，将商品需求、商品流通和商品生产有机地联系在一起，以实现在库存数量、存货地点、运货计划、配送运输、配送信息等几个方面的最佳选择，利用电子支付技术、网络通信技术、安全技术（防火墙技术和数据加密技术）、电子数据交换技术（EDI 或电子函件）、数据共享技术（数据库和 BBS）等计算机技术实现企业和消费者的远程对话。这样整个配送过程事实上就成为一个完整的信息网，它能够在准确的时间、准确的地点，以恰当的价格和便捷的方式将商品送到消费者手中，最大限度地满足消费者的需求。

正是因为现代物流配送具有上述几个鲜明的特点，单靠过去传统的配送管理已经不能满足现代物流配送的要求。因此，在设计适合现代物流配送的信息网络平台时，一般要满足以下几个要求。

- 物流配送信息系统中心同时也是本物流企业的 Web 站点。它可以让用户通过友好、易操作、可视性好的 Web 浏览器从任意网络平台或位置与服务器进行通信和交流，同时必须提供良好的人机对话功能。
- 用户与系统之间的连接应当安全、可靠且无间断，能够给用户提供动态的交互式网络对话或计算，并可提供快速、综合的信息服务。
- 能够实现订单下达、快速在线支持、在线帮助和在线实时查询业务。
- 企业通过 Web 方式发布及时、准确的企业信息，使普通用户可以在线查询简单的业务信息，了解企业的相关信息。
- 向经过认证的授权用户开放企业内部存储信息（如技术资料、技术支持信息、配送信息及客户信息等），并可提供条件检索功能。
- 要有面向注册用户的记忆功能，即备有用户数据库功能，记录相关用户的信息，以实现企业查询及用户跟踪。
- 条件允许的话，可以提供用户在线模拟配送。企业可以增加商品展示功能，支持在 Internet 上生成模拟订单，提交后可以为用户模拟出相关配送信息。

2. 配送信息网络业务流程

配送信息网络业务流程是基于 Internet 的网上业务，具体包括以下几个基本内容。

1）在线业务订单提交

用户通过 Internet 访问企业 Web 站点，在线填写申请送货单。由配送信息平台对客户的身份进行认证，一旦身份得到认证后，用户可通过输入银行卡账号和网上专用密码进行在线支付；企业配送信息网络平台将用户的支付信息提交网上银行；网上银行返回扣款结果，网上交易结束。然后，企业配送信息平台将客户申请的送货单通过 Intranet 通知各相关部门，要求做好验收准备工作。

2)制订配送计划

配送计划由调度部门制订,采用计算机作为编制计划的主要手段,依据网上订货合同副本,仓储配送合同,配送车辆,装货设备,运输条件,各配送据点的货物品种、规格、数量及分布情况等,来按日安排各用户所需物资的送货时间、送达地点和准备提前期等。

3)下达配送计划

配送计划确定之后,通过配送信息网络向各终端下达计划,从而调度车辆、机械及相关工作人员,并通知用户做好收货准备。

4)理货

理货部门按计划将各种所需货物进行分类,标明到达地点、用户名称等,并按流向、流量、距离将各类货物进行配载。货物到达目标地点后,送货人负责带回收货单位签名的费用单据。

5)订单派送优化

物流配送信息网络中要用到一个基本的优化模型。这个模型的目标函数为多目标规划,即一方面要实现系统总运营成本最小,另一方面要实现用户的满意度最大。约束条件包括实施配送必需的物质技术水平、资源水平和运输能力等。解决这类优化问题时可以用整数规划中的穷举法或分支定界法。

6)后期费用结算工作

现代化配送网络体系的先进性体现在它是以配送方和受配方的资信为基础进行的交易行为,由于配送交易的额度,不可能也没有必要逐笔进行即时结算,因此双方的资信就是结算的重要基础。所以有些订单处理后所遗留的未结算的费用需要利用配送信息网络通知受配方,以便尽快结算费用。

以上6个步骤周而复始,在信息的反馈过程中每步都不可忽略。

3. 物流信息系统结构框架

一般物流企业可以通过高速数据专用线连接 Internet 骨干网,通过路由器与自己的 Intranet 相连,再由 Intranet 内的主机或服务器为其内部各部门提供信息及数据存取服务。

在企业的物流信息系统中,计算机(个人 PC、工作站、服务器)既是 Internet 的节点,也是 Intranet 的节点,它们之间范围的界定由服务范围和防火墙限定。基于 Internet/Intranet 信息系统的网络平台框架如图 2-2 所示。

从图 2-2 中可以看出,物流配送信息网络包括两个层次。

第一层是外部信息交换。在这个层次中,企业建立一个自己的 Web 服务器,通过 Internet 一方面完成对企业在不同地域分销商、分销机构、合作伙伴的信息沟通与控制,实现对重要客户的及时访问与信息收集;另一方面可以实现企业的电子贸易,在网上进行售前、售中、售后服务与金融交易。这一层的工作主要通过企业外部的 Internet 信息交换来完成。企业需要与交换对象签订协议,规定信息交换的种类、格式和标准。

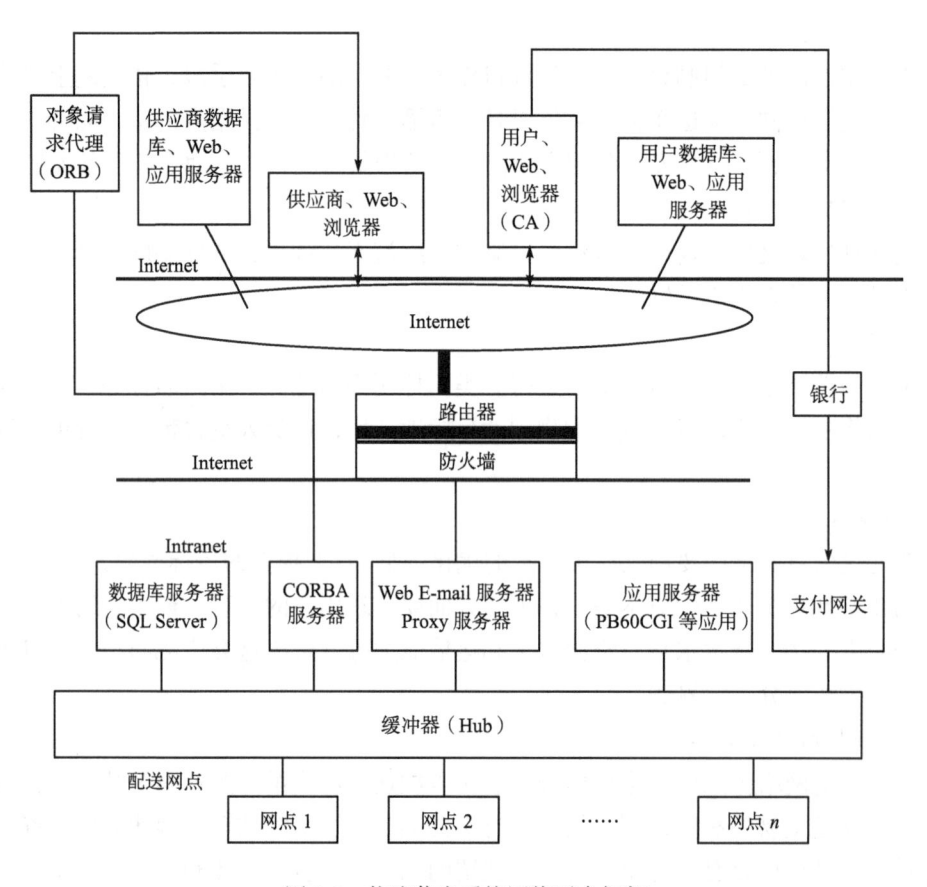

图 2-2　物流信息系统网络平台框架

第二层是内部信息交换。物流配送系统的核心是企业的 Intranet，因为企业内部的事务处理、信息共享、协同计算都是建立在 Intranet 上的，与外部交换信息也是以 Intranet 组织的信息为基础的。因此，企业建立硬件框架之后的关键工作就是决定在 Internet 上共享信息的组织形式。信息处理系统主要完成数据处理、状态统计、趋势分析等任务。以往这些工作大部分由企业内部独立的个人计算机应用系统完成，主要涉及企业内部所有部门的业务流程。它们所处理的信息是企业内部 Intranet 信息共享的主要对象。

第一层和第二层的关系是建立在相互作用、相互支持的基础上的。Internet 面对的是全球用户，是企业走向全球市场的"桥梁"；而 Intranet 主要面向企业内部，是企业内部凝聚各个部门、每个员工的"蜘蛛网"。

图 2-3 是系统信息处理流程示意图。当客户用浏览器浏览页面时，通过 Web 服务器 CGI 激活应用服务器，调用其中已定义好的应用处理（CGI 脚本或 PB60 应用等），处理完用户请求后，执行结果以 HTML 格式返回 Web 服务器，Web 服务器再将 HTML 文档发布给用户，客户端用浏览器接收物流企业反馈回来的结果。

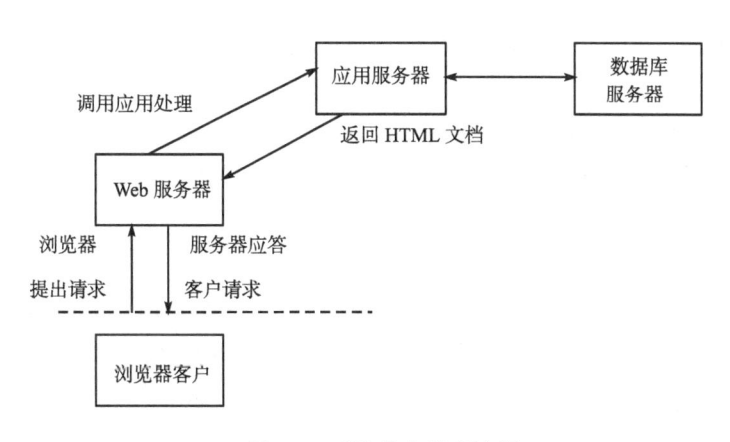

图 2-3 系统信息处理流程

4．安全机制

基于上面建立的信息平台，来讨论有关安全机制的问题。

1）认证和数字签名

在 Internet 中进行数字签名的目的是防止非法用户冒名进行信息发送和接收，以及防止合法用户事后否认已发生过的发送和接收活动。因此，数字签名能够防止配送企业伪造对已接收信息的签名，使企业能够核实用户的签名，以及经企业核实后用户不能否认已发送信息的签名。现在多采用公开密钥的方法实现数字签名。

2）防火墙技术

物流信息平台多通过建立防火墙来实现安全服务访问控制。数据通信安全服务是在应用层、传输层和网络层实现的。它可以用来控制网络和外部 Internet 的连接，主要用来选择可访问的 Internet 地址及被访问的 Internet 地址。另外，防火墙也可以禁止特定的协议通过相应的网络。

3）在线支付安全性

在线支付安全性是由网上银行提供的一类特殊服务，目前有两种主流的安全在线支付协议：安全套接层协议和安全电子交易。

4）访问控制与口令

Internet 访问控制可以分为两个方面：一方面是控制来自外部的不知名用户通过 FTP、TELNET、PING 等命令对 IP 地址及有关文件的访问；另一方面是控制组织内部人员对网络系统的访问。由于同一组织内部人员的身份和工作范围不同，允许访问的数据库或文件就有所不同，而口令是保护信息系统安全的关键。用户使用计算机系统之前，必须先输入口令，并经加密认证，确认与原注册的口令一致后方能进入系统进行相关操作。

2.2.4 新型物流

在新形势下建立以市场为导向的新型物流系统，是增强企业市场竞争能力、提高整体经济效益的保证。为此，企业必须充分利用现有优势打造物资部门的核心竞争力；依法完善招标采购管理体系，进一步规范招标采购行为；加强对物资专业人员的培训；建立供应链一体化管理体系，来构建企业新型的物流系统。

1．充分利用现有优势打造物资部门的核心竞争力

（1）物资部门多年来承担着企业生产、建设所需物资的供应工作，在全系统形成了一个多层次、全方位、互相关联的物资配送系统，并且熟悉企业的生产、运行过程及规律，保证企业所需物资的及时供应。

（2）物资部门熟悉市场行情，掌握市场动态，了解新技术、新产品的开发、使用情况，可以提供物资市场行情的波动情况，帮助企业制定合理的概预算，从而为企业节约成本。

（3）长年的物资供应工作，为物资部门积累了丰富的经验，使其可以轻松应付突发事件和市场行情波动，保证物资顺利配送。

（4）物资部门有良好的市场信誉及较好的资金保证，可以保证向供应商按时付款和向企业用户及时提供所需的物资，在流通过程中形成良性循环。

只要进一步发掘这些优势，就不难打造物资部门的核心竞争力。

2．依法完善招标采购管理体系，进一步规范招标采购行为

（1）招标投标是一项具有高度组织性、规范性、制度性和专业性的活动，招标人需要具有比较系统的信息知识、专业化的运作水平、精确细致的策划能力和科学的决策水平。作为企业物资归口管理部门，企业物资部门首先应该履行招标采购的职责，保证整个招标活动依法、规范进行。要健全招标采购的组织机构和内部管理规章制度，配备编制招标文件和组织评标的相应专业力量，建立技术、经济方面的专家库。

（2）为提高招标采购工作水平，节约采购成本，取得良好的经济效益，必须掌握市场信息，不断提高信息管理水平。因此，企业应当依据有关业务资料，建立自己的市场信息数据库，动态地掌握国内外市场信息，做好市场信息的收集、分析、整理、传递、存储和利用等工作，以提供决策、组织、协调、服务等智力密集型的管理信息，使企业做出正确的判断决策，制定规范化的工作流程。

（3）为满足信息管理的需要，信息系统应包括以下几个主要的数据库：政策法规数据库、项目信息数据库、价格信息数据库、投标人信息数据库、评委专家数据库、内部业务管理数据库。

- 政策法规数据库主要包括法律、行政法规、部门规章和管理制度、地方法规和规章、技术标准，这是企业在经营活动中必须遵循的基准。
- 项目信息数据库包括项目从立项开始到实施完毕的全部信息，直接关系企业的市场运作空间和水平。项目信息数据库应该包括项目的立项信息、项目概况、规模、总投资额、投资性质、实施地点、业主情况、招投标信息、进度情况、验收情况和项目使用跟踪信息等。企业可以通过对信息数据资料的分析评价，制定正确的决策和市场战略，增强市场竞争力。
- 价格信息数据库由价格信息的采集、存储、检索系统和处理系统组成。信息的采集除充分利用、收集公共的价格信息资源外，企业还必须建立自己的信息库，确保企业获得真实准确的市场价格信息。
- 投标人信息数据库包括投标人（供应商）的资质条件、技术水平、法人地位、财务状况、商业信誉和业绩等方面的内容，可以通过招标工作积累和招标资质预审来建立，这些信息可以使企业准确掌握供应商的基本资料，通过信息的纵向和横向比较分析，全面了解供应商的综合素质和动态发展水平，作为招标采购和建立供应链一体化管理的重要依据。
- 评委专家数据库的建立，是为了确保在招标采购时能够从中抽取专家组成评标委员会。
- 内部业务管理数据库主要是实现企业资料的管理，包括：主文件，指企业内部最重要、可共享、共用的文件，如业主文件、招标文件、工程项目文件、法律法规文件、竞争者信息文件等；处理文件，指需要分批处理更新的流动信息，如市场价格、采购单、库存明细等；索引文件，用以指明文件、档案的存储情况；表单文件，用以提供完整的有关统计资料或技术参数数据；历史文件，是对主文件的定期更新，用以对比分析并绘制发展曲线；备用文件等。通过对这些文件的管理和应用，完成企业内部业务管理数据库的建立，实现数据资源的优先控制和合理利用。

3．强化对物资专业人员的培训

通过业务培训，使专业人员掌握必要的专业技术、经济和法律知识，掌握实践操作经验。通过提高人员素质，储备人才资源，提高企业整体水平，进而强化企业竞争力。

4．建立供应链一体化管理体系

现在许多企业的物流形态实际上仍是传统的物流管理模式，它的内容及整个过程，无论是深度还是广度都不及现代供应链一体化管理体系。确切地说，它只是现代供应链一体化管理体系的一部分。

1）供应链的概念

供应链从客户开始，到客户结束，对客户实际需求的绝对重视是供应链发展的原则和目标。

供应链是一定流量的流程环环相扣形成的"链条"。供应链上各环节都有不同的利益和观念，因此冲突也是难以避免的。但是现代管理和现代技术可以提供总体的信息使各个链节共享，从而可大大扩展视野，使之能从总体上管理整个"链"，而不是同过去那样只能管理各链节之间的接口，或只能管理其中一部分链节。

供应链实际上就是把物流和在这条"链"上企业的全部活动作为一个统一的过程，把松散连接的独立企业群体，变成一股致力于提高效率和增强竞争能力的合作力量。

形成供应链的动机在于合作行为将会减小风险，通过分享信息和共同计划，大大提高整个过程的效率，同时避免浪费和重复劳动，增强竞争能力。

供应链的发展大致经历了3个过程：企业内部供应链、产业供应链（动态联盟供应链）

和全球网络供应链。

（1）企业内部供应链在 1960—1975 年是典型的"推式"时代，从原材料推到成品，直至客户一端。1975—1990 年企业开始集成自身内部的资源，企业的运营规则也从"推式"转变为以客户需求为源动力的"拉式"。

（2）进入 20 世纪 90 年代，工业化的普及使生产率和产品质量不再成为竞争的绝对优势，供应链管理逐渐受到重视。它越过企业的围墙，建立起一种跨企业的协作，以追求新的利润增长点和分享市场机会。因此供应链管理覆盖了从供应商的供应商到客户的全部过程，包括外购、制造、分销、库存管理、运输、仓储、客户服务等。

（3）在全球化大市场竞争环境下，任何一个企业都不可能在所有业务上成为最大受益者，必须联合行业中其他上下游企业，建立一条经济利益相连、业务关系紧密的行业供应链实现优势互补，充分利用一切可利用的资源来适应社会化大生产的竞争环境，共同增强市场竞争实力。

2）供应链管理的原则和要点

供应链管理（Supply Chain Management，SCM）是指针对供应链中的物流、商流、业务流、价值流、资金流和信息流进行的计划、组织、协调及控制。它的目标是提高整个供应链运行的速度、效率及附加值，为整个供应链上的所有贸易伙伴带来更多的经济效益。只有明确传统物流（物资的包装、运输、装卸、存储）仅仅是供应链过程的一部分，才能从整体看问题，适应供应链管理的新发展。

供应链管理有以下 4 个要点。

（1）供应链是一个单向过程，其中各环节不是彼此分割的，而是通过"链"的联系形成的一个整体。

（2）供应链管理是全过程的战略管理，需要从总体来考虑，如果只依赖于部分环节信息，由于信息的局限或失真，可能导致计划失真。

（3）不同链节上的库存观不同，在物流的供应链管理中，不把库存当作维持生产和销售的措施，而将其看成供应链的平衡机制。

（4）供应链管理采取新的管理方法，诸如用总体综合管理方法代替管理接口的方法，用解除最薄弱链方法寻求总体平衡，用简化供应链方法防止信号的堆积放大，用经济控制论方法实现控制等。

3）企业如何有效实现供应链管理

现代企业建立供应链一体化管理机制，是在新形势下需要研究的重要课题，是提高企业核心竞争力的重要手段。经济发展和市场竞争日益激烈的趋势，要求对企业物流的业务工作流程、市场竞争意识、用户服务意识，甚至企业战略规划、组织结构形式进行改造，通过现代化的企业管理机制，打造顺应发展潮流的现代化企业，提高企业市场竞争力，挖掘企业新的"利润源泉"。

企业要充分利用现有的资源优势，对现有的传统物流过程进行延伸，与其他物流、信息流、资金流环节进行"链接"，以形成现代企业的动态联盟供应链。

企业应该把供应商和用户都看作自己的客户群,把他们视为建立供应链体系的各个环节进行有效的整合。供应链中的每个环节都应尽可能坚固,根据客户所需的服务特性来划分客户群,与客户群分别建立双赢的合作模式,同时根据客户的状况和需求,确定服务方式和水平,设计企业的内部业务网络和组织结构。

企业要在整个供应链领域建立信息系统。信息系统首先应该能够处理日常事务和电子商务,然后支持多层次的决策信息,如物料需求规划(Material Requirement Planning,MRP)和企业资源规划(Enterprise Resource Planning,ERP),最后应该根据大部分来自企业之外的信息进行前瞻性的战略分析。

应建立整个供应链的绩效考核准则,而不仅仅是局部环节上的针对个别企业的孤立标准,供应链的最终验收标准应该是客户的满意程度。根据我们构建的供应链结构,使企业在与正确的客户和供应商建立的正确的供应链中,处于正确的位置,重组和优化企业内外部的产品、信息和资金流,在供应链的重要领域如库存、运输等环节提高质量和生产率。

随着信息技术的发展与管理思维的创新,有效的供应链管理正日渐成为企业赢得竞争优势的重要源泉。以前的竞争是企业与企业之间的竞争,以后的竞争将是供应链与供应链之间的竞争。现代企业需要更好地迎合供应链的发展,使企业进入良性循环,保持可持续发展。

评估练习题

1. 关键概念

(1)下面属于电子商务物流系统的基本模式的有(　　)。

A. 第三方物流　　　B. 国际物流　　　C. 新型物流　　　D. 自营物流

(2)国际物流系统包括的子系统有(　　)。

A. 运输　　　　　　B. 存储　　　　　C. 商品包装　　　D. 商品检验

E. 国际物流信息

2. 实训题

查阅戴尔公司的相关资料,阐述该公司拥有哪些电子商务物流子系统,并从供应链管理角度来说明为什么该公司会取得成功。

2.3　电子商务物流系统的构建设计方法和合理化

随着Internet的迅速发展,电子商务已逐渐成为商家从事商业活动的新模式,呈现出强劲的发展势头。电子商务作为一种崭新的商务运作方式,正在给人类带来一场全新的产业革命。电子商务与物流是相辅相成的,物流是电子商务的重要组成部分,是电子商务的支点;而电子商务的发展进一步促进了物流业的发展,使物流业走向信息化、网络化、现代化。

2.3.1 电子商务物流系统分析

1. 电子商务对物流的效率提出了更高的要求

电子商务要求多批次、小批量配送和适时配送，并强调对客户的高水平、个性化服务，使其物流运作的难度比传统销售方式更大，运输成本、仓储成本也居高难下。如何实现物流运作的敏捷性，加快交货速度，提高服务水平，同时降低成本，成为电子商务企业物流系统运作的核心问题。而且电子商务的跨区域性使得客户可能在地理分布上十分分散，送货的地点不集中，所以提供电子商务物流服务的公司需要对销售区域进行定位，对不同的销售区域采取不同的物流服务政策，从而实现物流效益的最大化。

2. 电子商务为物流运作效率的提高提供了一定条件

电子商务通过即时的信息共享和动态的信息管理为企业在一个较大范围内实施资源的合理配置提供了条件。物流企业可以通过 Internet 互相合作完成物流管理和运作。通过物流流程在网上的融合、物流信息的高度集成、物流作业部门与上下游企业及客户的联系，电子商务下的物流必将更加灵活、方便。

针对电子商务下物流的新特点，必须根据新环境下的要求，充分利用电子商务带来的优势，对物流系统进行科学的设计、优化、再造。企业必须充分整合物流资源，改善物流网络结构；优化运输手段与承运方式，合理设计运输方案；优化库存控制，提高保管功效，改进商品包装，实现搬运合理化；逐步建设一批跨地区、范围广、适度规模的物流配送中心。

合理的物流系统设计可以缩短配送时间，降低成本，提高顾客满意度水平，从而使企业在电子商务中取得核心竞争优势。因此，面向电子商务的物流系统设计必须实现以下目标：物流运作系统化、物流服务网络化、物流管理信息化、物流经营全球化。

2.3.2 电子商务物流系统设计

为了实现上述设计目标，企业必须按照由上至下、由整体到局部的顺序，从战略层、战术层和操作层 3 个层面对其物流系统进行设计和改造，把对物流系统设计的认识提高到战略高度，从总体结构设计细化到具体操作的设计，有计划、有针对性地逐步完善电子商务下的物流系统。设计的主要内容如表 2-1 所示，可分为供应链规划、库存控制、运输规划、信息系统设计 4 个部分。

战略层设计主要是确定产品从供货点到需求点流动的结构（包括确定节点的数量、位置，分派给各节点的产品和顾客，节点之间应使用什么样的运输服务，如何进行服务）、物流的外包决策、信息系统的设计与开发等，其规划期较长。从战略角度进行物流系统设计有利于整个物流系统效率的提高。这也是众多企业在匆忙投资实施电子商务物流时普遍忽略的一个问题。战术层设计包括生产或分销规划、资源获取、操作方案设计、操作制度制定等，一般以季度或年为规划期。操作层设计包括针对当前任务的运输实施、物资调剂、具体操作方法决定等，规划期通常以天、周或月计算。

表 2-1　面向电子商务的物流系统设计的主要内容

设计层面	供应链规划	库存控制	运输规划	信息系统设计
战略层	• 确定物流节点的数量、位置、规模 • 确定各节点间的供应和服务关系 • 产品存储点决策	• 自营/外包决策 • 制订库存控制策略 • 确定产品及时送达水平 • 仓库布局 • 设计物料管理系统	• 自营/外包决策 • 选择运输方式 • 制订运送方案	• 设计开发信息系统（系统功能、对象模型、系统编码、系统测试）
战术层	• 生产计划 • 资源获取	• 订货策略 • 储存方案	• 路径选择策略	• 制定信息系统维护制度
操作层	• MRP/DRP/ERP	• 订货 • 库存作业	• 选择运输路线 • 载荷平衡	• 数据更新 • 网络维护

此外，还有用来应对突发事件的应急性设计，如用以应对意外紧急缺货时的物流设计。应急计划的宗旨是尽量减少为完成突发性紧急任务所需的时间和成本。

从总体上看，面向电子商务的物流系统设计与传统商务下的设计相比，突出了物流信息系统的功能。作为企业进行电子商务的基础，物流信息系统为电子商务运作和物流管理提供了坚实的平台。物流信息系统的功能是在保证订货、进货、库存、出货、配送等信息通畅的基础上，使通信据点、通信线路、通信手段网络化，以提高物流作业系统的效率。

企业在设计物流信息系统时，需要考虑以下几方面因素。

（1）系统的集成性，包括对企业内部物流业务完整整合的能力及对企业外部资源（如客户管理、外部物流资源及营销管理）的整合能力。

（2）技术的先进性与开放性，如与电子商务平台集成的能力。

（3）理念的先进性和前瞻性，如应用的个性化、全方位协同商务等。

（4）系统的可延伸性，即系统所涵盖的业务情景丰富程度，以便企业可以在未来随市场环境变化及时调整业务流程，而无须重复大量的 IT 投入。

2.3.3　电子商务物流系统评价

在电子商务物流系统设计中，应充分利用电子商务的信息网络，尽可能地通过信息共享，整合资源配置，加强企业内部和企业之间的合作，以提高物流的效率和敏捷性，并降低成本。

在电子商务中，商家在商品的需求预测上面临更大的困难。需求的高度不确定性使得企业必须持有大量的安全库存才能保证商品的按时供应，从而导致库存成本的居高不下，以及缺货率的提高和送达的迟延。电子商务给库存控制带来了极大的挑战，在物流系统设计中加强信息沟通功能，可以在一定程度上解决这一难题。

通过信息网络，将不同地区的仓库虚拟集中成一个仓库，订单大部分由离顾客最近的仓库满足，以降低运输费用；当发生缺货时，由其他仓库填平差额，从而减少安全库存量，改善物流服务水平。如美国的 McMaster2Carr 利用信息集中技术，将物理位置上的 5 个不同地区的仓库虚拟集中成一个配送中心，大大提高了物流系统的运作绩效。

在物流系统设计中必须考虑电子商务对物流敏捷性的要求。对于大多数 B2C 类型的企业来说，电子商务的快速发展导致了装运规模的缩小和送货上门服务的增长。这就要求物流系统必须足够敏捷灵活。如果在设计物流系统时没有考虑到这些特点，企业的运输成本就会明显上升，而且会降低顾客满意度。但在提高敏捷性的同时，也必须充分利用每个运输整合的机会，采用多点停留（Milk Runs）和越库（Cross Docking）等先进技术，并在企业间开展合作，以降低小批量货运的运输成本。

利用信息技术有助于降低运输成本并提高系统灵敏度和顾客满意度。有效的技术手段能够帮助管理者制订运输计划和选择模型，并科学地确定运输路径和安排时间，能够使运货人确认每辆运输车辆的精确位置及每辆车装运的货物。

卫星通信系统则使运货人能够与其车队中的每辆车进行沟通交流。这些技术能够帮助运货人具有更灵敏的反应，并且通过更好的匹配方案，选择最合适的车辆将货物运送到顾客手中，实现成本的最低化。这些技术还可以帮助企业更好地对那些由天气等不可预见的因素所引起的意外变化做出反应。

最后，电子商务物流系统的设计应主要针对企业的核心业务，按照适度外包的原则，将非核心的物流业务外包给专业物流公司，通过与专业公司的互相协调和配合，形成更大的竞争力。康柏、戴尔就分别将其公司的物流业务外包给 Exel 和 FedEx 两家专业物流公司，亚马逊在美国国内的电子商务物流业务由自己承担，对于美国市场以外的业务则外包给 UPS 等专业物流公司。

评估练习题

1. 关键概念

面向电子商务的物流系统设计的主要内容包括（　　）。

A. 供应链规划　　　B. 库存控制　　　C. 运输规划　　　D. 信息系统设计

2. 实训题

选择一个国内未实现电子商务物流战略的企业，针对其业务模式的特点，设计一个电子商务物流系统，并说明该系统应该具备怎样的功能，如何进行设计。

本章评估测试

1. 能力测验

完成本章学习之后，请根据对本章电子商务物流过程的理解回答下列问题，并将所得分数记录下来。

1=完全不理解；3=理解一些；5=深刻理解

如果你的分数为 42~50 分，则说明你可以继续参加接下来的评估测验；如果你的分数为 33~41 分，则说明你应该再复习一下得分为 1~3 分的基本概念和内容；如果你的分数为 32 分及以下，则应重新认真学习本章内容，并与同学共同探讨不理解的地方。

你是否能够：

- 说明电子商务物流系统的概念。
- 说明电子商务物流系统具有什么特点。
- 说明电子商务物流系统由哪些部分组成。
- 举例说明我国电子商务物流系统与国外的差异。
- 说明第三方物流的特点。
- 阐述基于 Internet 的电子商务物流配送系统有什么特点。
- 举例说明现在有哪些物流系统属于新型物流系统。
- 说明电子商务物流系统分析的内容。
- 说明电子商务物流系统设计包括哪些内容。

2. 关键术语回顾

电子商务物流系统是信息化、现代化、社会化和多层次的物流系统。该系统主要针对电子商务企业的需要，采用网络化的计算机技术和现代化的硬件设备、软件系统及先进的管理手段，严格地、守信用地进行一系列分类、编配、整理、分工和配货等理货工作，把商品定时、定点、定量地交给没有范围限制的各类用户，满足其对商品的需求。本章探讨了电子商务物流系统的概念、构成模式和特点，并针对电子商务物流系统的建设提出了分析、设计和评价的方法。

3. 关键概念回顾

（1）判断正误：电子商务物流系统是信息化、现代化、社会化和多层次的物流系统。（ ）

（2）判断正误：电子商务物流系统强调了物流速度、物流信息的流畅性和整体系统的合理化。（ ）

（3）判断正误：国际物流就是货物在国家之间的合理流动。（ ）

（4）判断正误：第三方物流指由物流交易的供需双方之外的第三方服务提供者去完成物流服务的部分或全部功能，体现了物流专业化发展趋势。（ ）

（5）判断正误：国际多式联运也称为国际综合一贯运输，是国家之间多种运输方式的联合运输。（ ）

（6）判断正误：第三方物流的整体功能是实现商品实体由供方到需方的时空上的转移。（ ）

（7）判断正误：电子商务要求多批次、小批量配送和适时配送，并强调对客户的高水平、个性化服务。（ ）

（8）配送信息网络业务流程包括（　　）。
A. 在线业务订单提交　　　　B. 制订配送计划
C. 下达配送计划　　　　　　D. 理货

E. 订单派送优化　　　　　　F. 后期费用结算工作
（9）面向电子商务的物流系统设计的主要内容有（　　）。
A. 供应链规划　　　　　　　B. 库存控制
C. 运输规划　　　　　　　　D. 信息系统设计
（10）电子商务对物流系统结构的影响主要表现在（　　）等方面。
A. 中间环节减少　　　　　　B. 运输空间的扩大与高速服务的要求
C. 物流系统结构趋于分散　　D. 某些特殊物流环节趋于隐形化

4. 练习题

调研一家物流企业，体会它的电子商务物流系统的实现和运行过程。

网上冲浪

通过现代物流网 www.materialflow.com.cn/index.html 的物流中心案例，了解我国物流业发展现状，比较分析我国电子商务物流企业都在哪些方向对其物流系统进行了改进。

案例讨论　　　　　　　　　　　　　　　　　　　Case Discussion

W 保税仓物流中心设计

凯乐士科技（GALAXIS）集团是一家专注于提供物流自动化与机器人整体解决方案和一站式服务的高新技术企业，汇聚来自国内外一流的技术专家和团队。凭借多年的物流经验及技术积累，凯乐士科技集团拥有百余项软件著作权及国家专利，形成了包括物流系统咨询规划、软件开发、系统集成、运营辅导，以及多层穿梭车、高速提升机、AGV、输送分拣系统等核心高端装备研发制造的整体解决方案，能为客户提供物流系统建设一站式服务。

凯乐士科技集团总部位于嘉兴，在德国和奥地利设有技术研发中心，企业愿景是成为世界领先的物流机器人与高端装备的供应商、技术服务商和系统集成商。聚焦客户，持续创新，让天下没有难做的物流！

在经济全球化和"互联网+"大背景下，近年来中国跨境电子商务迅速发展，成为推动外贸增长和产业结构升级的新动力。随着跨境电商的快速发展，跨境物流亦急速跟进。当前，跨境电商物流市场巨大，尚处于粗放时代，存在着价格贵、速度慢、后期追踪难、便利性差等问题，关税、清关等政策性问题也是跨境电商物流需要共同面对的难题。

中国某知名电商平台（简称：W）以自营直采模式为主，在世界各大主要城市设有分支机构，与全球近千家一线品牌和顶级供应商建立深度合作，已成为中国最大的跨境电商自营平台。为此，W 电商平台急需建立一座高标准、专业化、自动化的新一代跨境电商物流运营中心。该项目预计 2020 年底投用，将成为中国北方重要的跨境电商海港口岸。

凯乐士对现场环境和条件精确调研后，经过全面的数据分析，并通过对电商业态的发展趋势和业务量的理性预测，同时根据各业态作业需求进行大量的设备选型比较，形成最终设计方案。

W 保税仓为客户提供定制化的跨境电商物流服务。该电商平台主要存储洗护、母婴、食品等商超类货品。W 项目分为两期，项目一期仓库以传统作业模式——全人工作业为主，已在 2018 年 6 月上线。项目二期是在项目一期的基础上进行改造升级。仓库内部区域设计为高位货架区、堆垛区、穿梭车库区、货到人拣选区、播种区、出库分拣区。

保税仓内部设备搭建由凯乐士为其提供全面的智慧物流建设一站式服务，引入包括四向穿梭车、高速提升机、高位货架、输送分拣线、高速分拣机等智能装备，以及凯乐士自主研发的物流管理软件（WCS、WMS）等系统构建内部智能物流系统，建立首个具有行业示范标准的全自动化专业穿梭车仓库。

在穿梭车仓库的货架上，各类商品按照不同的 SKU 编码对号入座。当客户下单后，系统第一时间将商品数据传送至自动仓，由此启动自动化分拣任务。

蓝色的周转箱带着客户所需商品，在拣选和回库滑道上来回穿梭，直至把不同订单的货物逐个分拣出来。传送至播种区（多品种）或单品区，以便做好出库前的最后"打扮"，如复核、打包、贴面单等，直至出库。本项目通过无线终端与自动化流水线、仓库信息管理系统的无缝集成，实现智能化仓库作业管理。

凯乐士设计的电商仓实现货到人、集货、播种、分拨等功能，在穿梭车库与输送线的货到人拣选方案中，创新开发异常处理模块，有效协调了货到人的流量调度。此外，相较于传统平库拆零货架存储能力，凯乐士穿梭车库存储密度提升近 13 倍，货物分拣效率提升 20 倍。同时，凯乐士自动化仓库每班 8 小时可分拣 1.8 万单，24 小时可分拣 5.4 万单，跨境商品最快可当天送达。助力该市保税港区在跨境电商领域向自动化、智能化、高端化升级。

资料来源：现代物流杂志，http://www.materialflow.com.cn/anli/2019/1111/1480.html

? 问题讨论

（1）凯乐士从哪些方面为 W 保税仓进行了改进设计？
（2）W 保税仓取得的重大成就给电子商务物流企业的发展带来怎样的启示？

第 3 章

电子商务物流的过程

学习目标

- 了解商品包装的种类、优化与标准化
- 掌握商品运输的方式及运输系统分析
- 掌握商品仓储的过程及其合理化
- 理解商品装卸搬运的种类及原则
- 理解物流信息的作用、特征及物流信息系统

关键术语

包装，运输，仓储，装卸搬运，物流配送，物流信息

引导案例

2019年"618购物节"期间，日日顺物流济南某中心仓在统仓统配模式下成功为商河县玉皇庙镇竞成网点快速配送了10套空调。原本需要3天才能送到的空调，日日顺物流在用户下单当天便完成送装。

统仓统配从理论上讲，就是将物流与商流分离。在过去，大件货品送达用户手中，中间要历经"基地仓—中心仓—区县客户—门店/乡镇客户"4个环节，时效受限，用户体验也不好。在长期的实践过程及实地调研中，日日顺物流向上整合厂商及经销商资源，强化、融合供应链，向下拓展城乡终端连锁体系，创新性取消"区县客户"这一中间环节，直接配送到乡镇。对于承担最后一公里配送的乡镇网点来说，新模式将服务时效缩短至24小时甚至12小时。

统仓统配模式的转变，对日日顺物流班车模式、仓配信息化能力提出了挑战，倒逼服务能力升级。因为统仓统配意味着企业将直面遍布全国的乡镇客户，原先只配送到区

县的业务量，一下子延伸至终端，这考验的是企业转型能力。

换句话说，统仓统配需要以创新的仓配体系及管理模式为支撑。据悉，日日顺物流已率先建成国内首个大件物流智能仓与首个高端大件产品智能仓，实现了从商品入库到出库的智能化与标准化作业。同时，通过上线精准路由，对人、车、货进行合理调度，将原先的大车型、大批量、低频次配送，转变为小车型、小批量、多频次配送，有效对接终端用户需求。在管理模式上，日日顺物流搭建车小微创业平台，通过"用户评价、用户付薪"机制实现"人单合一"，驱动服务升级。

资料来源：中国物流与采购网，http://www.chinawuliu.com.cn/zixun/201907/09/341944.shtml

❓ 辩证性思考

1. 日日顺通过对仓配环节进行优化，大幅提高物流效率，除了仓储和配送物流还包括哪些环节呢？
2. 除日日顺物流之外，你还知道哪些企业在仓储环节有创新改变？

3.1 起点：商品包装

3.1.1 包装的功能

包装是生产的终点、物流的起点。作为生产的终点，包装必须根据产品的性质、形状和生产工具进行，必须满足生产的要求；作为物流的起点，包装完成后必须满足进入物流的条件，发挥其对产品的保护作用。

1. 保护商品功能

保护商品不受外界影响和损伤是包装的首要功能，主要体现在以下几个方面。

- 防止商品破损变形。商品在物流过程中要承受各种冲击、震动、颠簸、压缩、摩擦等外力的作用，所以包装必须具备一定的强度，形成对商品的保护。
- 防止商品发生化学变化。通过包装隔阻水分、霉菌、溶液、潮气、光线及空气中的有害气体等，达到防霉、防腐、防变质、防生锈、防老化等目的。
- 防止有害生物对物品的影响。包装须具有隔阻鼠、虫、细菌、白蚁等有害生物对物品破坏及侵蚀的作用。

另外，商品包装还应具备防止异物混入、污染及商品散失的功能。

2. 方便流通功能

- 方便储存。包装物上应有明显的标志、条形码，便于识别、存取、盘点、验收及分类等作业。
- 方便装卸搬运。适宜的包装便于装卸搬运，便于使用装卸搬运机械提高功效；标准的包装为集合包装提供了条件，并且能够极大地提高装载能力。
- 方便运输。包装的形状、规格、质量与物品运输关系密切，尺寸与运输车辆、船、飞机等运输工具的容积相吻合,可以提高装载能力及运输效率。
- 方便商业交易。包装规格适宜,方便批量交易和零售中一次性购买。

3. 促进销售功能
包装形状与构造具有吸引顾客的魅力。包装的文字、图案、色彩可以刺激顾客的购买欲。包装被人们称为"不会说话的推销员"。

3.1.2 包装的种类

我国对包装的分类大体有以下几种。

1. 按包装在流通领域的作用分类

按其在流通领域的作用,包装分为物流包装和商流包装两大类。

1)物流包装

物流包装主要包括运输包装、托盘包装和集合包装。

- 运输包装。根据国家有关标准,运输包装定义为:以满足运输储存要求为主要目的的包装。它具有保障商品的安全、方便储运装卸、加速交接和检验的作用。
- 托盘包装。根据国家有关标准,托盘包装定义为:以托盘为承载物,将包装件或产品堆码在托盘上,通过捆扎裹包或胶贴等方法加以固定,形成一个搬运单位,以便使用机械设备搬运。
- 集合包装。集合包装指将一定数量的包装件或商品装入具有一定规格、强度,适宜长期周转使用的重大包装器内,形成一个合适的装卸搬运单位的包装,如集装箱、集装托盘、集装袋等。

2)商流包装

商流包装就是我们所说的销售包装,国家有关标准将其定义为:直接接触商品,并随商品进入零售网点,与消费者或客户直接见面的包装。这种包装具有一定的保护功能和方便功能。

2. 按包装形态层次分类

按包装形态层次,包装可分为个包装、内包装、外包装。

- 个包装是直接盛装和保护商品的最基本的包装形式。个包装的标识和图案、文字须起到指导消费、便于流通的作用。
- 内包装是个包装的组合形式,在流通过程中起到保护产品、简化计量和方便销售的作用。
- 外包装是商品的外层包装,起到保护商品、简化物流环节等作用。

3. 按包装的使用范围分类

按包装的使用范围,包装可分为专业包装和通用包装。

- 专业包装是针对被包装物品的特点专门设计、制造,只适用于某一专门物品的包装。
- 通用包装是根据包装标准系列尺寸制造的包装容器,适用于无特殊要求的或符合标准尺寸的物品。

4．按包装容器分类

- 按照包装容器的变形能力，可分为软包装和硬包装。
- 按照包装容器的形状，可分为包装袋、包装箱、包装盒、包装瓶、包装罐等。
- 按照包装容器的结构形式，可分为固定式包装、折叠式包装、拆解式包装。
- 按照包装容器使用的次数，可分为一次性使用包装、多次使用包装、固定周转使用包装。

3.1.3 物流包装的优化和标准化

1．物流包装的优化

1) 用科学的方法优化物流包装

对物流包装影响最大的是装卸搬运，不同的装卸搬运方式决定了不同的物流包装。同时，储存条件和方式、运输工具、运输距离、道路状况等对物流包装也有较大影响。

2) 用价值分析法优化物流包装

（1）价值分析法的概念。价值分析法是指在广泛收集具有同样功能的物流包装材料和包装容器的基础上，分别核算其成本，以便选用最便宜的材料、容器及方法，在保持同样功能的前提下，进行物流包装。

（2）价值分析工作程序。价值分析的过程大致可分为 4 个阶段，12 个步骤，如表 3-1 所示。表中的具体步骤是最基本的，在实际工作中，可根据工程对象的复杂程度、重要程度及分析人员的经验来确定步骤的多少。但是功能分析阶段的内容和步骤不要轻易跳过，否则会影响价值分析的质量和效率。

表 3-1 价值分析工作程序

工作阶段	详细步骤	价值分析的设问
确定对象阶段	选择对象 收集情报	这是什么
功能分析阶段	功能的定义 功能的整理 功能评价	它的作用是什么 它的成本是什么 它的价值是多少
方案创造与评价阶段	方案创造 概略评价 具体化及试验研究 详细评价 提案审批	有其他方法实现这个功能吗 新方案的成本是多少
实施阶段	方案实施 效果评价	新方案能满足要求吗

2．物流包装的标准化

物流包装标准化是物流管理现代化的重要组成部分。科学、完整的物流包装标准化是加强物流标准化管理的重要手段。

1）物流包装标准化的基本概念与意义

物流包装标准化是以物流包装为对象，对包装类型、规格、容量、使用材料、包装容器的结构造型、印刷标志、产品的盛放、衬垫、封装方法、名词术语、检验要求等给予统一标准的政策和技术措施。

2）物流包装标准化的意义

物流包装标准化是提高物流包装质量的技术保证，是供应链管理中核心企业与节点企业之间或节点企业之间无缝连接的基础，是企业之间横向联合的纽带，是合理利用资源和原料的有效手段。它可以提高包装制品的生产效率，有利于促进国际贸易的发展，增强市场竞争能力。

3．电子商务物流包装的未来趋势

1）单元载货系统化

物流系统效率化的关键在于使单元载货系统化。所谓单元载货系统化是指把货物归整成一定数量的单件进行运输，其核心是自始至终采用托盘运输，即从发货至到货后的装卸，全部使用托盘运输方式。为此，在物流过程中所有的设施、装置、机具均应引进物流标准。

物流标准是指为实现标准化，提高物流效率，将物流系统各要素的基准尺寸体系化，其基础就是单元货载尺寸。

单元货载尺寸是指运输车辆、仓库、集装箱等能够有效利用的尺寸。单件载货尺寸按JIS20603的规定，托盘以 1 100mm × 1 100mm 和 1 000mm × 1 200mm 为标准。将这一标准数值进行整数分割或组合成的 69 种数值的正方形尺寸和 40 种数值的长方形尺寸作为运输包装系列尺寸的规格值。采用这种运输包装系列尺寸，可以使货物恰好不多不少地码放在托盘上，既不易溢出，也不留有空隙。卡车的车厢规格，也最好按单元货载尺寸的要求制造，使装载货物时既不致超出也不致余空。

物流托盘标准化的思想就是把运输包装系列尺寸、单件货载尺寸、车厢尺寸和一系列的规格尺寸作为一个整体联系起来。

2）包装大型化

随着交易单位的大型化和物流过程中搬运的机械化，单个包装也趋向于大型化，如作为工业原料的粉粒状货物，就使用以吨为单位的柔性容器进行包装。

大批量出售日用杂货或食品的商店因为销售量大，只要不是人力搬运，也无需用 20kg 的小单位包装。包装大型化可以节省劳力，降低包装成本。与包装大型化同步，一些批发商店直接将工业包装的货物摆在柜台上，可见对这种大型化包装应给予足够的重视，由此也可以看出包装的大型化趋势。

3）包装机械化

包装过去主要是依靠人力作业，进入大量生产、大量消费时代以后，包装的机械化也就应运而生，包装机械化从逐个包装机械化开始，直到装箱、封口、捆扎等外包装作业完成。此外，还有使用托盘堆码机进行的自动单元化包装，以及用塑料薄膜加固托盘的包装等。在超级市场，预先包装（原包装）业已普及，就是从保证卫生的角度出发，食品包装机械化也是非常必要的。

如前所述，包装机械化对于节省劳力、实现货物单元化、提高销售效率，以及采取无人售货方式等均是必要的、不可缺少的。

4）包装的循环再生

包装的寿命很短，多数在到达目的地后便被废弃了，但随着物流量的增大、环境问题的加剧、对"资源有限"认识的加深，包装材料的回收利用和再生利用受到了重视。今后应尽可能地积极推行包装容器的循环使用，并尽可能地回收废弃的包装容器予以再生利用。这是非常重要的，特别是近年来过大包装、过分包装、包装废弃物、回收再生利用等与社会机制不协调的问题日益突出，企业在这方面必须加大重视。

评估练习题

1. 关键概念

（1）下列4种包装材料中，属于非绿色包装材料的是（　　）。
A. 可食性包装材料　　　　　B. 可降解材料
C. 重复再用材料　　　　　　D. 一次性塑料杯

（2）包装的功能是（　　）。
A. 保护商品　　　　　　　　B. 方便流通
C. 促进消费　　　　　　　　D. 便于销售

（3）判断正误：价值分析的过程大致可分为3个阶段，10个步骤。　　　　（　　）

2. 实训题

调查物流包装对于某种具体商品的作用。

3.2 动脉：商品运输

3.2.1 运输的功能

运输是物流系统中的重要子系统，运输功能是物流体系中所有动态功能的核心功能。运输有产品转移和产品储存两大主要功能。

1）产品转移

运输最重要的功能就是将物品从原来所处的地点转移到规定的地点。运输的目的就是利用最少的资源，保质保量地实现这种转移。

2）产品储存

运输还具有对物品进行临时储存的功能。这是一种特殊的运输功能，即将运输工具临时作为储存设施。如果转移中的物品需要储存，并在短时间内继续转移，那么可考虑将运输工具作为暂时的储存设备。

3.2.2 运输的方式

1．水路运输

1）水路运输的概念

水路运输是指利用船舶、排筏和其他浮运工具，在江、河、湖泊、人工水道及海洋上运送旅客和货物的一种运输方式。

水路运输按其航行的区域大体可划分为远洋运输、沿海运输和内河运输3种类型。远洋运输通常是指除沿海运输外所有的海上运输；沿海运输是指利用船舶在沿海区域各港之间的运输；内河运输是指利用船舶、排筏和其他浮运工具，在江、河、湖泊、水库及人工水道上从事的运输。

2）水路运输的优缺点

（1）水路运输的优点：可以利用天然水道，线路投资少，且节省土地资源；船舶沿水道浮动运行，可实现大吨位运输，降低运输成本，对于非液体商品的运输而言，水运一般是运输成本最低的方式；江、河、湖泊、海洋相互贯通，沿水道可以实现长距离运输。

（2）水路运输的缺点：船舶平均航速较低；航行受气候条件影响较大，如冬季常存在断航之虞；可达性较差，如果托运人或收货人不在航道上，就要依靠汽车或铁路运输进行转运；同其他运输方式相比，水运（尤其海洋运输）对货物的载运和搬运有更高的要求。

2．铁路运输

1）铁路运输的概念

铁路运输是指利用机车、车辆等技术设备沿铺设轨道运行的运输方式。总体上看，铁路运输在现阶段的综合运输网中尚起主导作用，铁路被认为是国民经济大动脉，担负着主要的货流运输任务。

2）铁路运输的优缺点

（1）铁路运输的优点：运输能力大，适合大批量商品的长距离运输；装载量大，加上多种类型的车辆，使它几乎能承运任何商品，几乎可以不受重量和容积的限制；运速较高，平均运速在5种基本运输方式中排在第二位，仅次于航空运输；铁路运输受气候条件和自然条件影响较小，在运输的经常性方面有优势；铁路运输可以方便地实现集装箱运输及多方式联运。

（2）铁路运输的缺点：由于铁路线是专用的，其固定成本很高，原始投资较大，建设

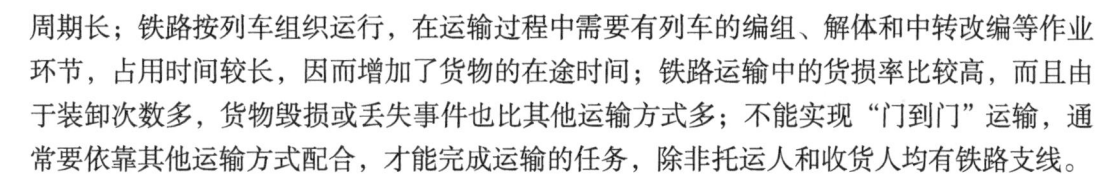

周期长；铁路按列车组织运行，在运输过程中需要有列车的编组、解体和中转改编等作业环节，占用时间较长，因而增加了货物的在途时间；铁路运输中的货损率比较高，而且由于装卸次数多，货物毁损或丢失事件也比其他运输方式多；不能实现"门到门"运输，通常要依靠其他运输方式配合，才能完成运输的任务，除非托运人和收货人均有铁路支线。

3．公路运输

1）公路运输的概念

公路运输有广义和狭义之分。从广义来说，公路运输指利用一定载运工具（汽车、拖拉机、人力车等）沿公路实现旅客或货物的空间位移；从狭义来讲，公路运输则指汽车运输。

2）公路运输的特点

汽车运输具有较高的机动性、运输的平顺性和较小的运载能力，使它具有更高的可达性、货物批量适应性、货物安全性和输送时间更短等特点。

4．航空运输

1）航空运输的概念

航空运输是使用飞机、直升机及其他航空器运送人员、货物、邮件的一种运输方式。它具有快速、机动的特点，是现代旅客运输，尤其是远程旅客运输的重要方式；是国际贸易中贵重物品、鲜活货物和精密仪器运输所不可缺少的运输方式。

2）航空运输的优缺点

现代航空运输具有速度快，路程短，舒适、灵活和安全等优点。但同时，飞机的运载能力低，单位运输成本高；运输在一定程度上受气候条件的限制；可达性差，难以实现"门到门"运输，必须借助其他运输工具（主要为汽车）转运。

5．管道运输

1）管道运输的概念

管道运输是指主要利用埋藏在地下的运输管道，通过一定的压力差来完成商品（多为液体货物）运输的一种现代运输方式。管道运输与其他运输方式是相辅相成的，而且有其独特的优势。

2）管道运输的优缺点

- 运量大。一条输油管线可以不断地完成输送任务，根据管道的大小，通常的运输量可达数百万吨，甚至过亿吨。
- 占地少，运输迅捷。运输管道通常埋在地下，占用土地很少，运输管道可以走捷径，缩短起讫点的运距。
- 稳定性强。管道运输受气候条件影响小，并很少出现机械故障，便于长期稳定运输。
- 耗能低，效益高，成本低。管道运输能力大，单位能耗少，管道运输自动化程度高，占用劳动力少，对货物的损坏和损失都较小。
- 灵活性差。管道运输不如其他运输方式灵活，需与其他运输方式（铁路运输或公路运输)配合才能完成,同时受地区和运输技术的限制较大,并且只能单向运输。

3.2.3 运输系统

1. 运输系统的构成

运输作为一个系统,由相互联系、相互作用的不同要素构成,主要包括运输的主体、客体、环境和设施。

1)运输的主体

运输的主体是指实施运输的组织,如从事专业运输的企业或企业的运输部门,以及从事运输的工作人员。

2)运输的客体

运输的客体是指运输的对象,即为客户运输的产品。运输的对象不是独立的产品,而是有特定指向的产品,即为特定客户运输的特定产品。

3)运输的环境

运输的环境是指实施运输所面对的客观环境,如交通状况、现有车辆、人员、交通法规、自然环境等。

4)运输的设施

运输的设施是指在运输中具体使用的道路、车站、码头及各种设备,如运输车辆、装卸搬运设备、分拣设备等。

2. 运输系统分析的内容与分析方法

运输能够创造产品的空间效用和时间效用。运输决策的合理与否直接关系到企业的物流成本及客户服务水平。运输系统分析与规划中通常要决策的内容有以下几个方面。

1)运输方式的选择

运输方式的选择需要根据产品的特性、运输需求、运输费用和每种运输方式的服务效率加以选择。

2)运输批量和运输时间的确定

运输批量一般需要根据货物的订购批量、运输费率进行调整,以达到整车运输量的要求,降低运输成本。运输时间一般是根据交货时间的规定及货物运输的在途时间来确定的。

3)自营运输和外包运输

自营运输与外包运输的选择主要取决于运输在企业中的定位,即是否为企业的核心竞争能力,以及自营运输与外包运输的成本比较。通常,企业还需要根据整体发展战略和产品的特性来选择采取自营运输还是外包运输。

4)运输路线的规划与选择

运输路线的规划是指在一定的交通运输网络中,对某种产品在供应地点与需求地点之间的供求关系的建立及对具体运输路线所做的规划和选择。这也是运输决策中最重要的一类问题,它直接关系到产品能否及时送到客户手中,关系到运输成本的增加或降低。

通常，运输线路规划问题可以归结为以下3种类型。
- 起讫点不同的单一路径规划。
- 多个起讫点的路径规划。
- 起讫点相同的路径规划。

运输线路的规划可以利用运筹学中的表上作业法、图上作业法、节约法等方法来实现。

5）运输流量的分析

运输流量分析是指在交通线路存在通过能力限制的情况下，寻找从发点到收点的最大运输能力和运输方案。一般来说，实际运输问题的流量优化分析可分为两种情况：一种是只有一个发点和一个收点的流量分析问题，另一种是有多个发点和多个收点的运输流量分析问题。运输系统的流量分析与优化可以用图论中的最大流理论和算法来进行。

6）运输车辆的配载问题

运输车辆的配载问题在配送（支线运输）中遇到的较多。配送中往往需要使用多辆货车为多个客户的多种商品进行送货，因此需要考虑各种货物装卸的先后顺序，货物品种的相容性，如何能够尽可能利用运输车辆的最大运力等问题。这类问题可以转化为动态规划、整数规划等问题进行求解。

7）多种物资的运输问题

在日常的公路运输工作中，多种物资的运输问题是常见的、主要的任务。有时往往有很多种货物需要同时用汽车运往不同的地点，有些货物的运量、发点及收点可能是固定的，有些货物又可能是临时安排的，有长途运输也有短途运输。小规模多种物资的运输问题可以用图上作业法进行分析优化。

评估练习题

1. 关键概念

（1）管道运输的主要不足之处是（　　）。
A. 运输物品受限制　　B. 运输费用较高
C. 运输管道造价太高　D. 运输时间长

（2）直达运输的实质是（　　）。
A. 减少运输环节　　B. 缩短运输路线
C. 规划运输方向　　D. 提高运输工具的使用效率

（3）公路运输适用于承担（　　）的运输。
A. 短距离　　B. 中长距离
C. 大宗货物　D. 小批量货物　　E. "门到门"

（4）物流中的运输方式除了铁路、公路、水路、航空，还有（　　）。
A. 国际运输　　B. 国内运输　　C. 管道　　D. 大陆桥

（5）下列运输方式中，（　　）的成本较高。

A．公路运输　　　　　B．铁路运输　　　　　C．航空运输　　　　D．水路运输
（6）判断正误：水路运输的成本低，主要担负大宗、笨重货物的长途运输。（　　　）

2．实训题
任选一种运输方式，调查运输需求的产生原因。

3.3　中心：商品仓储

3.3.1　仓储的功能

我们可以从以下 5 个方面对仓储的功能加以说明。

1．调整供应和需求时间

这是仓储的一项重要功能，它改变了"物"的时间状态。一般情况下，生产与消费之间均有时间差，生产和消费之间时间的背离使物资储备成为可能与必然。仓储的主要功能之一就是在供应和需求之间进行时间调整。

2．保持生产运作正常化

仓储作为社会再生产各环节之中，以及社会再生产各环节之间的"物"的停滞，构成了衔接上一步活动和下一步活动的必要条件。

3．创造时间效用

时间效用的含义是，同种"物"由于时间状态不同，其使用价值的实现程度也会不同。创造时间效用就是要通过使用时间改变而使"物"的使用价值发挥到最佳水平，最大限度地提高产出投入比。

4．调节物资运输

在物流运输活动中，运输能力的大小因运输工具的不同而千差万别。一般来说，船舶的运输能力最大，火车次之，而汽车的运输能力较小。运输工具运量的不同，给物资运输的衔接造成一定困难。这种由于运输能力的差异造成的运输矛盾，可用物资的仓储来解决，这便是仓储调节运输的作用。

5．物资配送

仓库除了完成物资储存的基本功能，还要完成物资的分拣、配套、捆袋、流通加工等作业。这一变化使仓储的功能发展为既能完成基本保管任务，又能参与物资配送。仓储活动也因此从静态管理转向动态管理。

3.3.2　仓储的过程

1．仓储作业过程概述

仓储是以货物储存和保管为中心开展的一系列业务活动。仓库作业过程从货物验收入

库开始,经过货物在库储存和保管,最终实现出库发运。

储存型仓库作业的具体流程如图 3-1 所示。

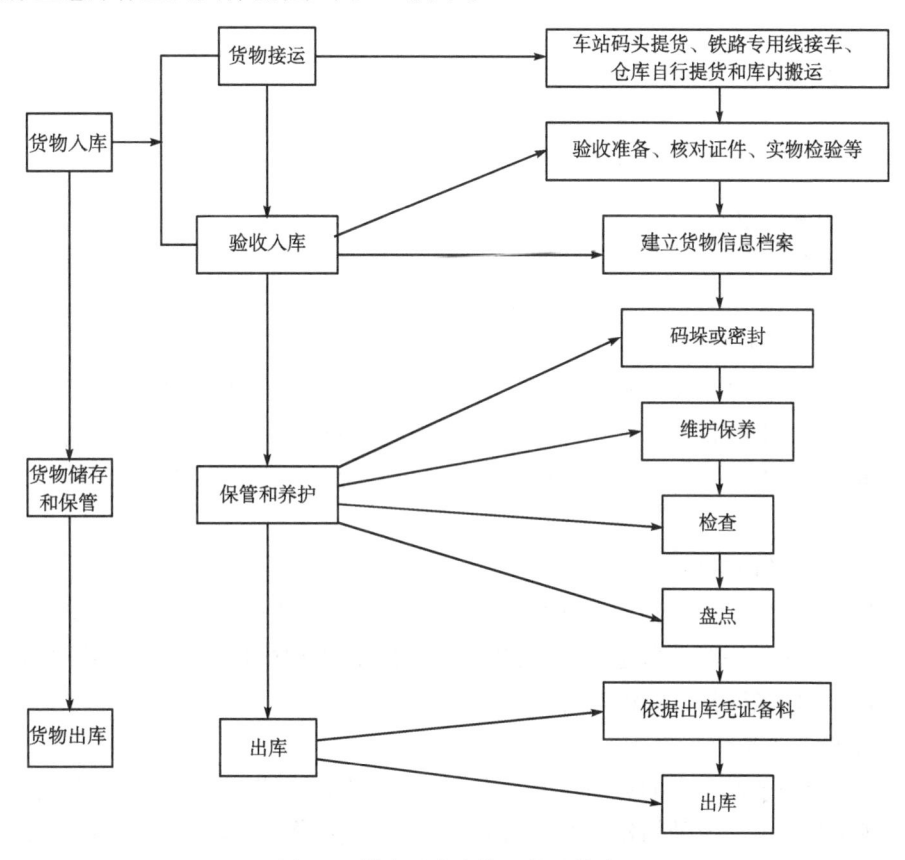

图 3-1 储存型仓库作业的具体流程

1)货物入库

货物入库的整个过程包括货物接运、验收入库。货物接运的主要任务是及时准确地从交通运输部门提取入库货物。接运方式大体有:车站码头提货、铁路专用线接车、仓库自行提货和库内接货。验收入库的主要工作包括验收准备、核对证件、实物检验、处理验收发生的问题、货物入库登记。

2)货物储存和保管

影响货物储存和保管的因素很多,主要有货物自身的理化性质、储存的自然环境和储存期长短。货物自身具有的理化性质是货物发生质变和数量损耗的根本原因,在很大程度上决定了货物的保管条件和方法,同时还是决定仓库平面布局、库内设置、保管环境和码垛方式的重要因素。储存的自然环境对存储物质也有明显的影响。为此,在入库前应认真检查货物是否有霉变、金属腐蚀和虫害现象;入库后,应采取积极有效的措施进行管理,定期检查,发现问题及时处理。

根据货物受环境影响的程度和保管条件不同可将其分别放置。选择储区位置应根据货物的特性，大批量选择大储区；体积和重量大的货物储于地面或坚固的货架及接近出库区，较轻的货物储于上层货架；强化性质相同和相近的货物尽可能靠近储存，相容性低的货物不能放在一起储存。

3）货物出库

货物出库有两种方式：一种是用料单位凭存货单位的出库凭证到仓库自提；另一种是仓库凭存货单位的出库凭证备料后，委托运输公司送货或直接送货。

2. 仓储技术作业的特点

由于仓储活动本身所具有的特殊性，仓储技术作业的过程与物质生产部门的生产过程相比较，具有自己的特点，主要表现在以下几个方面。

1）仓储技术作业过程的非连续性

仓储技术作业的整个技术作业过程，从物资入库到物资出库不是连续进行的，而是间断进行的，各个作业环节之间有间歇。例如，整车接运的物资，卸车后往往不能马上验收，而是要有一段待验时间；入库保管的物资有一段保管时间；物资分拣包装完毕后，需要一段待运时间等。

2）仓储作业量的不均衡性

仓储作业每天发生的作业量有很大差别，各月之间的作业量也有很大的不同。这种日、月作业量的不均衡，主要是由仓库进料和发料时间上的不均衡和批量大小不等所造成的。因此，仓储作业时紧时松，时忙时闲。

3）仓储作业对象的复杂性

一般生产企业产品生产的劳动对象较为单一，而物资仓储作业的对象是功能、性质和使用价值各不相同的千万种物资。不同的物资要求不同的作业手段、方法和技术，情况比较复杂。

4）仓储作业范围的广泛性

仓储技术的各个作业环节，大部分是在仓库范围内进行的，但也有一部分作业是在库外进行的，如物资的装卸、运输等，其作业范围相当广泛。

3.3.3 仓储合理化

1. 仓储合理化的标志

仓储合理化是指用最经济的办法实现仓储的功能。马克思说："商品储存必须有一定的量，才能在一定时间内满足需要量。"也就是说，"必须有一定储量"，才能实现被储物的"时间价值"，这是合理化的前提或本质。但是，也不能过分强调仓储功能的实现，即过分投入仓储力量和其他仓储劳动，以致成本过高，反而造成不合理仓储。所以，合理仓储的实质是在保证实现仓储功能的前提下，使系统的投入最少。

1）质量标志

保证被仓储物的质量是实现仓储功能的根本要求。在仓储中增加了多少时间价值或得到多少利润，都是以保证质量为前提的。所以，仓储合理化的主要标志中，为首的应是反映使用价值的质量。

2）数量标志

在保证功能实现前提下有一个合理的数量范围。目前管理科学的方法已能在各种约束条件下，对合理数量范围做出正确选择。但较为实用的还是在消耗稳定、资源及运输可控的约束条件下，所形成的仓储数量控制方法。

3）时间标志

在保证功能实现前提下有一个合理的仓储时间。这个时间和数量有关，仓储量越大而消耗速率越慢，则仓储时间必然长，反之时间就短。

4）结构标志

结构标志是从被储物不同品种、不同规格、不同花色的仓储数量的比例关系出发对仓储合理性的判断。尤其是相关性很强的各种货物之间的比例关系，更能反映仓储合理与否。由于这些货物之间相关性很强，只要有一种货物耗尽，其他货物即使仍有一定数量，也无法投入使用。

5）分布标志

分布标志指不同地区仓储的数量比例关系。分布标志可以用来判断当地需求比，以及对需求的保障程度，也可以此判断仓储数量对整个物流的影响。

6）费用标志

仓储要考虑仓租费、维护费、保管费、仓储损失、资金占用利息支出等。

2. 仓储合理化的基本原则

仓储合理化是一项复杂的系统工程，涉及诸多方面，一般而言，应遵循以下原则。

1）合理安排仓库布局和仓储作业流程

仓库的布局和仓储作业流程的设计应尽可能地考虑到物流的合理化，减少不必要的迂回运输、往返运输和重复运输。如在布置大面积堆场时，为避免物流线路绕场走所产生的迂回现象，可以在堆场中间开辟一条道路。

2）提高机械化、自动化作业水平

对于劳动强度大、工作条件差、搬运装卸频繁、动作重复的环节，应尽可能采用有效的机械化作业方式。在货物搬运、装卸和堆存时，应尽可能利用货物的自重，以节省能量和投资。

3）各环节统一管理、均衡协调

在仓储中，应保持各个环节的能力相一致，针对薄弱环节采取措施，提高能力，使系统的综合能力得到提高。另外，要对整个仓储过程实施统一管理，使得各环节在作业过程中能够协调一致，提高物流的合理化水平。

4）减少仓储过程交接点

在仓储过程中，应尽可能减少换装环节，增加连续作业的过程。如采用叉车进行搬运和堆垛，便可减少在搬运和堆垛之间的交接过程。

5）提高机动性能

移动货物时的机动性强弱反映出仓储的合理化程度。评价仓储机动性能可以采用 0~4 的"机动指数"方法。若货物直接放在地上，移动时需用人力逐个搬到运输工具上，则其机动指数取值为 0；若货物置于容器中，可用人工一次搬运但不方便机器搬运，则其机动指数取值为 1；若货物置于托盘中，可方便使用机械运输，则其机动指数可取值为 2；若货物置于车内，随时可用机械搬运，则其机动指数取值为 3；若货物置于传送带上，可直接运送，则其机动指数为最高取值 4。显然，从仓储的合理化角度看，应尽可能使货物处于机动指数高的状态。

6）保证货物安全

在仓储过程中，由于空间狭小，作业的安全显得尤为重要。因此，对于各种搬运、装卸和堆存设备应安装安全防护装置，并尽可能做到人流和物流的分离。同时，库场内应采取各种防火、防爆、防潮和防水等措施。

3. 仓储系统的合理化分析

为了使仓储系统高效有序地运行，应对系统进行整体分析。仓储系统的分析包括仓储系统的构成要素分析、仓储系统的规划分析、仓储系统的经济性分析等方面。

1）仓储系统的构成要素分析

构成仓储系统的要素主要是货物、库场和设备。对于这 3 个要素可以进行不同的分类。针对不同类别的货物、库场和不同的设备，应考虑组织不同形式的流动过程。

- 对于储存的货物可按其特性（尺寸、重量、形状、易损性等）及仓储的动态因素（出入库频率、批量、时间等）等进行分类，并列出货物的分类表。
- 对于库场，可以库间和场区为单位，并按建筑的结构、承载量、层高和位置等因素进行分类，编制库场分类表。
- 对于设备，则可根据技术特性或经济特性进行分类。其中，按技术特性分类是指按设备的不同功能进行分类，如电梯、叉车、堆垛机等；而按经济特性的分类则是指将设备根据其在终端作业的费用与移动过程的费用各自所占的比重高低分为终端设备和移动设备（行程设备）两种。

2）仓储系统的规划分析

在明确了仓储系统的要素之后，应进行系统的规划。仓储系统的规划包括仓库人员及其构成的规划，管理组织结构和管理制度的规划，仓储作业流程的规划，设施配备和维护的规划，业务情况的规划等。

3）仓储系统的经济性分析

仓储运输系统的经济性可以通过一些指标来进行衡量。这些指标包括固定资产和流动资金投资额、单位货物的固定资产投资额、单位货物的平均成本、单位货物的劳动生产率、单位货物赢利额等。

4．电子商务环境下牛鞭效应的产生及成因分析

1）牛鞭效应的产生

牛鞭效应又称需求变异放大效应、长鞭效应、供应链需求的扭曲、信息时滞，是指供应链的产品订货量随着供应链向上游不断波动且放大，结果远远超出最初预测的消费者需求。也就是说，到达供应链最上游的产品需求量远远大于市场实际需求量的变动。这一定义类似蝴蝶效应的定义，即一个系统某一段的小幅变动通过整个系统的加乘作用在系统的另一端产生极大的影响。牛鞭效应的具体表现是以订单为载体的需求信息在沿着供应链从顾客向零售商、批发商、分销商、制造商、原材料供应商传递的过程中，其变异会被逐级放大。这种信息扭曲的放大作用在显示为图形时很像一根甩起的赶牛鞭，因此被形象地称为"牛鞭效应"。

2）牛鞭效应的成因

（1）需求预测的修正

在传统的供应链中，各节点企业总是以其直接下游的需求信息作为自己需求预测的依据，因而常在预测值上加上一个修正增量作为订货数量，产生了需求的虚增，牛鞭效应随之产生。当处于不同供应链位置的企业预测需求时，都会包含一定的安全库存，以对付变化莫测的市场需求和供应商可能的供货中断。当供货周期较长时，这种安全库存的数量将会非常显著。此外，有些预测方法也会系统地扭曲需求。以移动平均法为例，前3个月的趋势是每月递增10%，那第4个月的预测会在前3个月的平均值上递增10%。但市场增长不是无限的，总有一天实际需求会降低，其间的差额就成了多余库存。如果供应链上各个企业采用同样的预测方法，并且根据上级客户的预测需求来更新预测，这种系统性的放大效果将会非常明显。

（2）价格波动

零售商和分销商面对价格波动剧烈、促销与打折活动、供不应求、通货膨胀、自然灾害等情况，往往会采取加大库存量的做法，使订货量远远大于实际的需求量。供应链中的上游企业经常采用一些促销策略，如价格折扣、数量折扣等。对下游企业来说，如果库存成本小于折扣所获得的利益，那么在促销期间，他们为了获得大量含有折扣的商品，就会虚报商品的销售量，然后将虚报的商品拿到其他市场销售或者推迟到促销结束后再销售，也有的将这一部分商品再转卖给其他经营者，这样就引起了需求极大的不确定性。而对消费者来说，在价格变动期间，他们会改变购买量，但这并不能反映消费者的实际需求，因为他们会延迟或提前部分需求。如"黄金周"期间，由于商家的促销，消费者会将假前的部分需求推迟，也会将以后的部分需求提前，集中到假期消费，这就导致需求的变动比较大。研究表明，价格浮动和促销只能把未来的需求提前实现，到头来整个供应链中谁也无法从中获利。

（3）订货批量

在供应链中，每个企业都会向其上游企业订货。一般情况下，销售商并不会接到一个订单就马上向上级供应商订货，而是在考虑库存和运输费用的基础上，在一个周期或者汇

总到一定数量后再向供应商订货。为了降低订货频率，减少成本和规避断货风险，销售商往往会按照最佳经济规模加量订货。同时频繁地订货也会增加供应商的工作量和成本，供应商也往往要求销售商在一定数量或一定周期订货，此时销售商为了尽早得到货物或全额得到货物，或者为备不时之需，往往会人为提高订货量。同时为了达到生产、运输上的规模效应，厂家往往批量生产或购货，以积压一定库存的代价换取较高的生产效率和较低成本。在市场需求减小或产品升级换代时，这种做法的代价往往巨大，容易导致库存积压，或库存品过期，甚至二者兼具。

（4）环境变异

这是由于政策和社会等环境的变化所产生的不确定性，造成了订货需求放大。一般应对环境变异最主要的手段是保持高库存，且不确定性因素越大，库存就越高，但这种高库存所代表的并不是真实的需求。

- 短缺博弈。当需求大于供应时，理性的决策是按照订货量比例分配现有供应量。例如，总的供应量只有订货量的40%，合理的配给方法就是按订货量的40%供货。此时，销售商为了获得更大份额的配给量，故意夸大其订货需求是在所难免的；当需求降温时，订货又突然消失，这种由于短缺博弈导致的需求信息的扭曲最终导致牛鞭效应。

（5）库存失衡

传统的营销一般是由供应商将商品送交销售商，待销售完成后再进行结算，其库存责任仍然归供应商，商品却由销售商掌握和调度。这就导致了销售商普遍倾向于加大供货量，掌握库存控制权，因而加剧了订货需求，导致了牛鞭效应。

- 缺少协作。由于缺少信息交流和共享，企业无法掌握下游企业的真实需求和上游企业的供货能力，只好自行多储货物。同时，供应链上的企业无法实现存货互通有无和运转调拨，只能各自持有高额库存，这也会导致牛鞭效应。

（6）提前期

需求的变动随提前期的拉长而增大，且提前期越长，需求变动引起的订货量就越大。企业由于对交货的准确时间不确定，往往希望对交货日期留有一定的余地，因而持有较长的提前期，因此逐级的提前期拉长也导致了牛鞭效应。

通过以上分析，可以发现牛鞭效应产生的根本原因在于供应链中上下游企业间缺乏沟通和信任机制，而每个企业又都是理性人，有各自的利益，由此造成需求信息在传递过程中不断地被扭曲。

总体而言，牛鞭效应的产生与不确定性有很大关联，这里的不确定性主要表现如下。

- 供货的不确定性。由于配送计划、库存计划的不合理，使产品供给过程中出现断货或库存积压问题。
- 生产不确定性。生产计划、采购计划的不合理导致生产过程中无法与市场需求同步或超前于市场需求，从而导致供给和需求不平衡。

- 需求的不确定性。因客户需求本身就具有不确定性,加上所使用的预测方法存在缺陷,导致需求预测同未来产品真实的需求量存在很大差异,未做好客户反馈工作也会导致需求预测的失误。
- 信息传递的不确定性。供应链各企业间的不信任导致企业间信息传递的不透明,不能做到及时、准确。
- 决策的不确定性。企业在决定订单的多寡时,往往要考虑很多因素,如企业的现有库存、在途物资、企业的产能、在产产品、半成品、库存容量及目前市场销售情况等众多复杂的因素。企业间不能做到有效的沟通协调,使得企业决策困难重重,增加了决策过程中的不确定性,在决策时,决策者依据的主观因素往往大于客观因素。

不确定性因素引发信息失真现象,这种信息失真现象表现在牛鞭效应中,就是订单对于市场需求表现为失真或脱节。

3)牛鞭效应的缓解

牛鞭效应是从下游客户端逐级向上游转嫁风险的结果,因而它会危害整个供应链的运作,导致总库存增加、生产无序和失衡、业务流程阻塞、资源浪费、市场混乱、风险增大。解决牛鞭效应的根本对策是整合供应链中企业之间的关系,建立企业间的诚信机制,实现信息共享。信息共享,就是供应链中各个企业共同拥有一些生产、销售、需求方面的信息,可以减小由信息不对称或不完全带来的风险。

(1)提高预测的精确度

这需要考虑历史资料、定价、季节、促销和销售额等因素,有些数据掌握在零售商和分销商手中,企业必须与他们保持良好的沟通,及时获得这些数据,上下游间分享预测数据并使用相似的预测方法来进行协调预测,从而提高预测的准确性。例如,在美国计算机生产行业中,制造商需要来自分销商中心仓库存货的销售数据,尽管这些数据并非完全等于 POS 销售点数据,但制造商以这些数据作为与分销商保持联系的重要措施,可以缩小供应链中上下游在需求预测方面的差异。

(2)实现信息共享

信息共享是减小牛鞭效应最有效的措施之一。供应链成员间通过 Internet/EDI 来实现实时交流和信息共享,建立直销体系,减少供应链中的层次,简化供应链的结构,防止信息在传递过程中过多地被人为扭曲。例如,戴尔公司通过 Internet、电话、传真等组成了一个高效的信息网络,客户可以直接向公司下订单要求进行组装、供应,使订货、制造、供应"一条线"完成,实现了供应商和客户的直接交易,有效地防止了牛鞭效应的产生。

(3)业务集成

供应链成员间实现业务紧密集成,形成顺畅的业务流,这既能减少下游的需求变动,又能掌握上游的供货能力,使下游销售商能够安心享受供给保障,不再虚增需求。

(4)订货分级管理

根据"二八定律"划分分销商,对他们进行区别对待,实行订货分级管理,通过控制关键销售商和重要销售商来减小变异概率。

（5）合理分担库存

供应商、分销商和零售商采取联合库存的方式合理分担库存，一旦某处出现库存短缺，可立即从其他地点调拨转运来保证供货。如 IBM、惠普和苹果等公司在合作协议中明确要求分销商将零售商中央仓库里的产品出库情况反馈给公司，虽然这些数据没有零售商销售点的数据那么全面，但肯定比把货物发出去以后就失去了对货物信息的掌握要好得多。这样既防止了需求变异的过分放大，又实现了共担风险，降低了整体库存，有效地抑制了牛鞭效应。

（6）缩短提前期

一般来说，订货提前期越短，订量越准确。根据沃尔玛的调查，如果提前 26 周进货，需求预测误差为 40%；提前 16 周进货，需求预测误差为 20%；而在销售时节开始时进货，需求预测的误差为 10%。因此，缩短提前期能够显著地减小牛鞭效应。

（7）采用业务外包

外包服务也可以抑制牛鞭效应。例如，采用第三方物流策略就可以缩短提前期和实现小批量订货，无须再向一个供应商一次性大批订货，进而减小运输风险。

（8）建立伙伴关系

通过实施供应链战略伙伴关系可以消除牛鞭效应。供需双方在战略联盟中相互信任，公开业务数据，共享信息和业务集成。这样，相互都了解对方的供需情况和能力，避免了货物短缺情况下的博弈行为，从而降低了产生牛鞭效应的概率。

综上所述，对大多数企业而言，单靠自己的实力，要想在激烈的市场竞争中求得生存和发展，是相当困难的。企业之间通过供应链彼此联系起来，以一个有机的整体参与竞争，共同合作，优势互补，实现协同效应，从而提高供应链的竞争力，达到群体共存。供应链不仅涉及"蛋糕"的分配，还要把"蛋糕"做大并发现新的"蛋糕"，这些都需要企业相互信任，互惠互利。为此企业之间应建立诚信机制，实现信息共享，使各节点上的企业能从整体最优的角度进行科学决策，实现供应链的不断增值，求得生存和发展。

4）电子商务下解决牛鞭效应

传统商务模式中，由于地理位置等原因，大多数生产者都无法将产品直接出售给最终用户，被迫把部分销售工作委托给诸如批发商、零售商、代理商之类的营销中介机构，组成一条包括批发商、零售商、代理商等多个节点在内的供应链。由于各节点都各自为政，都想使自己的利润最大化，导致这条链越长，牛鞭效应就越明显。而在电子商务环境下，由于 Internet 打破了地理位置的限制，为生产商和最终消费者提供了一个全新的沟通平台，生产商可以建立一个以产品营销为主的电子商务平台，在信息技术和计算机网络技术的基础上，利用电子数据交换、电子支付、电子订货、E-mail、传真等手段，实现商品交易过程中了解商情、询价、报价、发送订单、支付汇总等环节的无纸化。生产商将虚拟产品及相关服务展示在网上，供消费者在网上浏览、订购、支付，通过 Internet 与最终消费者直接进行商品交易，绕过了批发商、零售商、代理商等环节，跨越了地理位置的时空限制，有效地缩短了供应链的长度，从而克服了信息失控的问题，最大限度地降低了牛鞭效应。

在电子商务背景下，可以从以下几个方面消除牛鞭效应。

（1）用供应链管理系统中的联合预测、协同计划、预测与补货、供应商管理库存和准时制生产技术，就能实时获得下游的真实需求信息，及时准确地进行订货，消除因预测不准和批量订货等造成的牛鞭效应。

（2）采用 Internet/EDI、电子商务和企业应用集成等技术，能实现业务信息的及时传递与共享、上下游企业间业务过程的整合与紧密衔接，能有效消除由价格补货、环境变异和短缺博弈等造成的牛鞭效应；电子商务不仅包括通过 Internet 来购买、销售和交换产品、服务和信息的过程，还包括客户服务、与商业伙伴之间的协作，以及在企业内部进行的电子交易，电子商务是一种存在于企业与客户之间，企业与企业之间，以及企业内部的联系网络。在电子商务环境下，供应商、生产商、批发商、零售商等企业可以通过高速数据专用线连接到 Internet 骨干网中，通过路由器与自己的 Intranet 相接，再由 Intranet 内主机或服务器为其内部各部门提供存取服务，建立基于电子商务的供应链系统。在供应链系统中，计算机（个人计算机、工作站、服务器）既可以是 Internet 的节点，也可以是 Intranet 的节点，它们之间范围的界定由服务范围和防火墙制定。

（3）运用供应链协同、分销商一体化等技术，能够减少库存失衡和企业间实现库存共享与转运调拨，使它们无须再各自持有高额库存。

（4）通过优化计划或业务外包来缩短采购的提前期，也有助于消除牛鞭效应。

然而，任何先进的系统都是按照人的指令去运行的，任何先进的技术也都是为人服务的，如果没有正确的方针策略，只有先进的技术和系统，依然无法真正消除牛鞭效应。因此，消除牛鞭效应最重要的因素是上下游企业之间建立紧密的伙伴关系，只有在供需双方相互信任、利益共享和风险共担的基础上，才能公开各自的业务数据，共享信息和业务过程；也只有在企业达成这种伙伴关系的前提下，利用先进的信息技术和信息管理系统，才能有效地消除各种因素的影响，真正地消除牛鞭效应。

评估练习题

1．关键概念

（1）判断正误：空间利用率最大化是仓储管理的唯一目标。　　　　（　　）

（2）判断正误：烟、香皂、茶叶可以存放在一起。　　　　　　　　（　　）

（3）填空：仓储管理的目标是_____。

A. 适时适量保证库存

B. 仓库空间利用与库存货品的处置成本之间的平衡

C. 实现库存最低、费用最省

D. 管理协调供应商，管理供应链

2．实训题

分析仓储合理化的重要性。

3.4 接点：商品装卸搬运

3.4.1 装卸搬运的功能

物流装卸搬运系统是在物流过程中使用装卸和搬运机械的系统。物流装卸搬运遵循一定的操作工艺，以货物装卸、搬运、储存为主要内容。因此，为了组织好物流装卸搬运活动，必须充分认识物流装卸搬运的特点。概括起来，物流装卸搬运活动的特点主要表现在以下几个方面。

1．产品的特殊性

物流装卸搬运作为物流业的一个组成部分，其"产品"有别于一般的工业企业，并不提供实物形态的产品，只提供完成货物空间位置的转移服务，使货物从一种运输工具转移到另一种运输工具，或者在运输工具与库场之间转移，或者在库场之间转移，这种特殊产品在其装卸搬运过程中即被消费。

2．装卸搬运的不平衡性

由于物流装卸搬运活动受自然、社会、经济及技术等各种因素的影响，因而在不同时期，物流装卸搬运任务都有可能发生变化，导致装卸搬运的不平衡。除此之外，由于物流一般总是和若干装卸点联系在一起，因此，即使对某个装卸点来说，某种货物发运是平衡的，几个装卸点合在一起依然会引起对方物流装卸搬运任务的不平衡。物流装卸搬运的不平衡性是经常的、绝对的。

物流装卸搬运的不平衡性可以用不平衡系数 $K_{不}$ 来反映。

$$K_{不}= \frac{月最大作业量}{年平均月作业量}$$

由该式可知，$K_{不}>1$。

3．装卸搬运活动的多样性和复杂性

物流装卸搬运是一种多工种、多环节联合作业的装卸搬运活动。经过换装、堆存的货物的种类、品种、包装、性质多种多样，各不相同，运输这些货物的运输工具在种类、构造、尺度等方面也不尽一致，这就给物流的装卸搬运工艺与装卸搬运活动的组织造成了很大的困难。因此要完成物流的装卸搬运任务，不仅要把作业组织内部各个环节的装卸搬运活动有效地组织起来，而且要把装卸搬运活动外部，甚至物流组织外部与运输工具和货物作业有关的活动很好地衔接起来。

4．装卸搬运的连续性

为了保证物流的连续性，物流装卸搬运通常采用 24 小时连续作业的方式。一方面，要对运输工具及时装卸，减少运输工具的停留，提高运输工具的利用率，以增加物流量；另一方面，物流的目的不是将货物滞留在作业点，而是尽快地转运，进行货物的装卸搬运、加工或投入市场，所以从社会的宏观效益出发，应随时对到达的运输工具及时装卸且连续作业。

5．货物运输信息的集聚性

从事物流装卸搬运的作业点往往是物流的枢纽、货物位移的集散地，伴随着物流传递的信息流将聚集于此，并由此扩散。只有通过信息引导，才能使货物有序转移。因此，从事物流装卸搬运的组织对物流过程中所产生的信息流的管理提出了很高的要求，只有物流装卸搬运组织的信息流保持通畅，才能保证物流装卸搬运的顺利进行，保证对到达的运输工具做到及时装卸，减少运输工具在作业点的停留时间。

3.4.2 装卸搬运的原则

1．社会和劳动保护方面的装卸搬运原则

1）安全质量原则

安全质量原则是指在装卸搬运过程中，保护人员的生命安全，防止货物损坏和差错，以及维持设备、设施的正常运行。

采用的设备、工具和操作方法要符合安全质量的要求。各种搬运、装卸搬运和堆存设备应安装安全防护装置，并尽可能做到人流和物流的分离。同时，库场内应采取各种防火、防爆、防潮和防水等措施。在质量方面，装卸搬运工艺的设计和安排必须保证货物的搬运和储存质量。质量是企业信誉所在，必须高度重视。

2）环境保护原则

环境保护原则是指在装卸搬运工艺的设计和改造中，应采取有效措施，防止在作业过程中对周围环境产生有害影响。

装卸搬运某些货物时会因货物的性质不同而产生各种不同的污染，如尘污染、油污染、毒性污染、噪声污染等。为了消除污染，保护人民健康，要认真找出造成污染的原因，积极采取措施。

2．设备方面的装卸搬运原则

1）充分利用机械设备原则

充分利用机械设备原则是指对于劳动强度大、工作条件差、装卸搬运频繁、动作重复的环节，应尽可能采用有效的机械化作业方式。

港站装卸搬运作业劳动强度很大，因此用机械代替人力从事装卸搬运作业具有特别重要的意义。装卸搬运工作机械化不仅是降低体力劳动繁重程度的根本途径，同时也是保证作业安全、提高劳动生产率的重要手段。

2）减少终端站停留时间原则

减少终端站停留时间原则是指在作业过程中，增加作业的流动时间所占比重，减少作业两端的停留时间所占比重。

这里的终端站停留时间是指货物在港站和库场内位移时滞留的时间。该原则表明，在终端站停留的时间越短，设备的效率越大。当别的条件基本相同时，能将终端站停留时间缩减到最小的系统便是最优的。

3）专业化原则

专业化原则是指尽可能采用专门的工艺、专用的设备进行货物的装卸搬运、搬运和储存。

与运输工具的专业化相适应，港站装卸搬运工艺可大大提高专业化程度。现代化港站的装卸搬运设备以专业、大型、高效为特征，不过在一定时期内，专业化到什么程度合适，要视生产发展的需要与组织协作的可能性而定。专业化要符合大批量、专业化、高效率的原则。经济效益是决定专业化程度的唯一衡量标准。

4）适应性原则

适应性原则是指采用的工艺方案或者装卸搬运设备应尽可能地符合不同种类货物的装卸搬运作业要求。

当设备的适应性增加时，它的应用范围就可以相应扩大，使用就比较方便。适应性原则对港站装卸搬运设备来说，具有重要意义。因为港站装卸搬运的货种杂、变化多，采用适应性大的设备便于应付各种各样的变化情况。但这条原则又不能盲目依据，因为这条原则是和专业化原则相对立的。

5）标准化原则

标准化原则是指在选择装卸搬运工艺方案及装卸搬运设备时，应尽可能采用标准化的成熟方案和设备系列，以及标准化的货物单元。

标准化既指设备设计制造的标准化，也指装卸搬运作业的标准化。标准化不仅指港站装卸搬运设备和工具标准化，还包括货物包装、搬运单元的标准化。正是国际集装箱的标准化系列简化了整个运输系统。

6）充分利用空间原则

充分利用空间原则是指在不影响作业有效性的前提下，货物堆存应充分利用库场允许的空间高度。

随着经济的发展，仓储容量的扩充靠增加土地面积是不经济的，应该注意充分利用空间的堆存能力。在一定的库场面积条件下，当高度被充分利用时，就可以堆存更多的货物。

3．工艺布置与流程方面的装卸搬运原则

1）减少作业数原则

减少作业数原则是指在实现同样作业需求的前提下，应采用工序数尽可能少的作业方案。

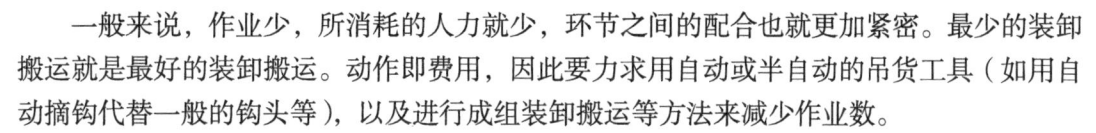

一般来说，作业少，所消耗的人力就少，环节之间的配合也就更加紧密。最少的装卸搬运就是最好的装卸搬运。动作即费用，因此要力求用自动或半自动的吊货工具（如用自动摘钩代替一般的钩头等），以及进行成组装卸搬运等方法来减少作业数。

2）直线原则

直线原则是指港站和库场物流路线设计应尽可能走直线，以缩短货物位移的空间和时间。

货物装卸搬运的经济效果随着工艺流程中迂回和垂直运动的减少而提高。由于运动就意味着费用，因此直线移动是最经济的物流方式。货物没有按照装卸运输工具的需要在库场堆放、库场设置离港站过远、皮带机布置不合理等，均会导致在装卸搬运工作中发生交叉搬运、迂回搬运和过远搬运。

3）作业线各环节相互协调原则

作业线各环节相互协调原则是指组成装卸搬运作业线的前后工序的作业能力应该平衡。装卸搬运作业线是各作业环节的有机组成，只有各环节相互协调，才能使整条作业线产生预期的效果。

装卸搬运作业线各环节相互协调有3方面的含义：① 作业线上所配备的机械要力求系统化；② 作业线所包含的各种辅助作业，虽不属主要工序，但往往成为制约货物质量或作业线生产率充分发挥的薄弱环节；③ 各工序的生产率要协调一致，各工序机械的起重量要相互适应。

4）保证运输工具高效作业原则

保证运输工具高效作业原则是指装卸搬运作业线的工艺设计应保证运输工具和车辆的装卸搬运能力得到充分发挥，以缩短车船在港停留时间。

港站装卸搬运工艺的重要特点之一，是不仅要使货物在港站的换装最经济，而且要尽量缩短运输工具在港站的停留时间，因此加速车船装卸搬运是港站作业的主要目标之一。但在货运量一定的情况下，生产率过高的库场装卸搬运机械又会因机械利用率下降而导致装卸搬运成本增加。合理的方法是以较低的库场机械生产率保证较高的车船装卸搬运效率。

5）防止工艺中断原则

防止工艺中断原则是指装卸搬运工艺设计应保证在作业过程中，防止出现物流的不合理中断和运输工具的不合理等待。

在装卸搬运过程中，作业中断的原因很多，有的是组织工作不良造成的，有的则是工艺安排不合理造成的。在设计工艺时，要力求采取相应的措施以减少工艺中断。

6）灵活性原则

灵活性原则是指工艺流程中物料可以通过多种渠道按照一定的操作过程进行装卸搬运。

灵活性原则对皮带机工艺流程特别重要，具有灵活性的皮带机工艺流程可以将由于某一部分机械发生故障或需要检修而造成的影响降到最低限度。

4．作业方面的装卸搬运原则

1）扩大单元原则

扩大单元原则是指在装卸搬运工艺选择时，应尽可能扩大货物一次装卸、搬运和储存的单元（重量和尺寸），以提高装卸搬运作业的效率。

装卸搬运效率随货物单元尺寸的扩大而提高。港站装卸搬运作业和运输业的某些最根本变化都是建立在这个原则基础上的。成组运输、集装箱运输、车辆轮渡、载驳船等先进的运输方式均体现了这个原则。

2）提高机动性原则

提高机动性原则是指在经济性合理的条件下，尽可能提高货物从静止状态转变为流动状态的容易程度。

移动货物时的机动性大小反映了物流合理化程度。评价物流机动性可以采用0~4的"机动指数"方法。从物流的合理化角度看，应尽可能使货物处于机动指数高的状态。当然，当提高机动性所支付的成本变得不合理时，盲目追求机动性是不恰当的。

3）利用重力原则

利用重力原则是指在装卸搬运作业中，凡能利用重力运移货物的要尽可能利用。

高站台、低货位、滑溜化的作业方法在我国运输工具和铁路装卸搬运作业中被广泛应用。散货、散粮、石油等货物均可利用重力装船和装车。在某些情况下也可借助滑板利用重力装船。

4）利用工具原则

利用工具原则是指尽可能使用既有利于安全、简便操作，又能充分利用装卸搬运设备的工具，以提高装卸搬运的作业效率。

港站使用的机械难以经常变化，而吊货工具可以根据货种的不同随时变换适应。实践表明，吊货工具选用得当，及其有效改进，往往会对整条作业线效率的提高起到显著的作用。因此，对吊货工具的选用和改进应以保证安全质量，充分利用机械的起重量，工人操作方便，利于成组装卸搬运，延长吊货工具使用寿命等为原则进行全面考虑。

5）充分发挥设备效能原则

充分发挥设备效能原则是指通过合理的生产组织和工艺设计，使装卸搬运设备在既定的技术性能条件下发挥其潜在的效能。

机械的生产能力并不是在任何营运条件下都能充分发挥出来的。即便在相同的客观营运条件下，作业组织不同，操作方法不同，同一台机械的生产率也会有很大的不同。因此现场管理者的一项重要任务就是精心组织作业，积极总结和推广司机和工人的先进操作经验。

6）人、机作业时间充分利用原则

人、机作业时间充分利用原则是指通过合理的作业安排，使作业线上的人力和设备都得到充分的利用，避免闲置和浪费。

人们按照工时利用率和机械利用率的统计指标概念，往往会对生产组织产生盲目自满的情绪，误认为工人分配到工作岗位、机械安排到生产现场以后，只要不产生待时记录，工人和机械的工作时间就实现了充分利用。其实不然,在人机联合作业时,工人和起重机都有可能出现空闲时间。减少或消除这些空闲时间就能提高装卸搬运效率。

5.成本方面的装卸搬运原则

1)系统评估原则

系统评估原则是指对装卸搬运工艺方案的评价应从与港站作业相关的整个大系统(由运输工具运输成本、港站装卸搬运成本及货物在港费用等方面构成)的经济性来考虑。

先进的工艺要能在生产中得到推广应用,发挥作用,就不但要在技术上是先进的,而且要在经济上是合理的。根据港站生产的特点,从系统的观点考虑,评价港站装卸搬运工艺的经济效果要顾及港站、运输工具、车辆、货物等各个方面。因为往往会出现这样的情况:生产率高的工艺方案,虽然港站装卸搬运成本增加,但由于能加速装卸搬运和货物周转,运输工具在港停留的费用和货物在途资金的积压都能相应地减少。因此从港站的角度来看是不可取的方案,从全社会、大系统的角度来评估,经济效果却可能是好的。

2)规模效益原则

规模效益原则是指装卸搬运工艺方案的选择应有利于形成一个规模合理的装卸搬运作业能力,以利于获得规模经济上的效益。

同一工艺流程,当装卸搬运量增加的时候,装卸搬运成本就可能下降。增加装卸搬运量以降低成本是港站经营扭亏为盈或获取更大利润的重要手段。

降低装卸搬运成本,扩大生产规模以取得较好经济效果是普遍性的经济规律。港站规模扩大,资金集中后有利于港站采用先进的技术、高效的设备,从而具备比小规模的港站高得多的生产率和低得多的成本。因为生产成本中的变动成本,固然要随着装卸搬运量的增加而增加,固定成本并不随装卸搬运量的变化而变化。因此随着装卸搬运量的增加,单位产品成本就会下降。这种情况从图 3-2 所示的盈亏分析法中可以很清楚地显示出来。

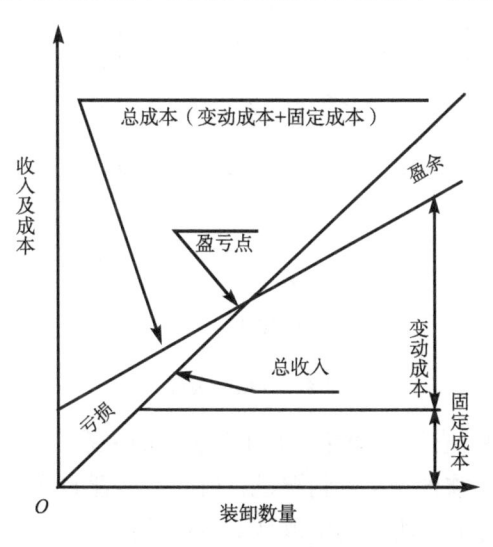

图 3-2 盈亏分析法

扩大港站的生产规模，增加装卸搬运量，往往会取得较好的经济效果，达到一定产量时，甚至可以扭亏为盈。这一规律虽然有普遍意义，但也并非绝对，其应用与否要视具体条件而定。在实践中确实也有增加装卸搬运量但经济效果不佳的情况。例如，为了争取更多的装卸搬运货源，装卸搬运费率降低或超时工作，导致变动成本增加时，则总收入与总成本两条线由直线变为曲线（见图3-3），形成两个盈亏点。

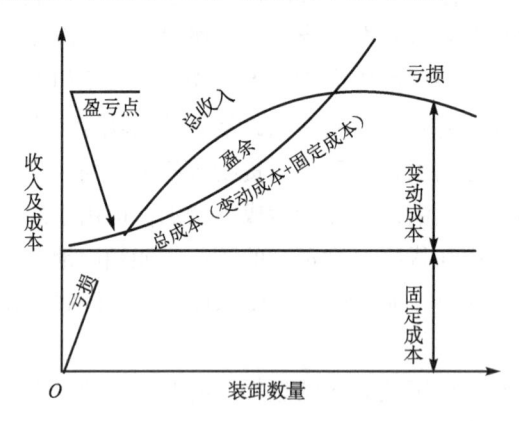

图3-3 两个盈亏点的情况

又如，当装卸搬运费率很低而装卸搬运成本很高时，总收入线可能位于总成本线之下，而且两者接近平行，这样即使增加装卸搬运量也不会产生盈余，如图3-4所示。在这种情况下要研究的问题，就不是增加多少装卸搬运量才可以扭亏为盈，而是这个企业是否应维持下去。

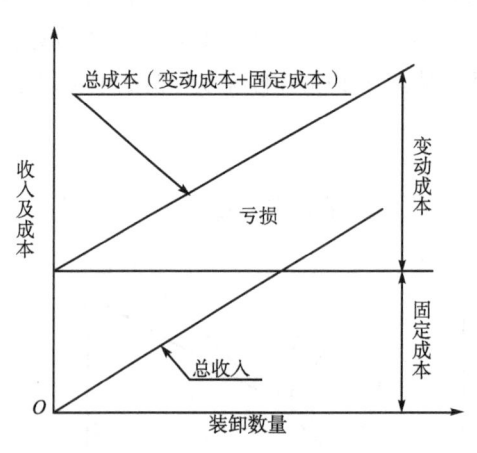

图3-4 亏损的情况

上述原则并不是绝对的，它们之间存在着相互制约的关系。对一个具体工艺流程来说，究竟应主要体现哪些原则，须根据实际情况进行研究。尽管如此，由于这些原则揭示了装卸搬运工艺合理化规律的方向，所以其价值是不容置疑的。

向管理人员和工人进行宣传教育，引导他们对现行工艺进行分析讨论，揭露存在的问题，提出改进建议，是港站工艺部门的重要职责。管理人员和工人对这些原则认识的深化和有效地运用，必将有力地推动物流装卸搬运工艺合理化的进展。

3.4.3 电子商务物流装卸搬运的未来趋势

1. 装卸的机械化

过去的装卸作业主要依靠人力手搬肩扛，工作效率低，工作强度大，严重地影响了装卸效率和装卸能力的提高。随着我国国民经济的迅速发展，商品流通的扩大，单纯依靠人工装卸已无法满足客观形势发展的需要。

1）装卸机械化的作用

（1）实现装卸机械化可以大大节省劳动力和减轻装卸工人的劳动强度。如装卸自行车时，每箱重180kg左右，使用人工搬运，会比较费力，使用铲车作业时，则轻而易举，充分显示了机械化的好处。

（2）装卸机械化可以缩短装卸作业时间，加快车船周转。各种运输工具在完成运输任务的过程中，有相当一段时间在等待装卸。如能缩短装卸时间，就能用现有的运输工具完成更多的运输任务，这样不仅提高了物流的经济效益，也有利于提高社会经济效益。

（3）有利于保证商品完整和作业安全。商品的种类、形状极其复杂，但都可以根据商品的不同特性来选择或设计不同的机型和属具，以保证商品的完整。要求工人把超过自身重量两三倍的木箱，从3m高处拿下来，而不使商品受损，是很难做到的。

（4）有效地利用仓库库容，加速货位周转。随着生产的发展、流通速度的加快，仓储的任务不断增加，无论是库房还是货场都要充分利用空间，提高库容利用率。因此，必须增加堆垛和货架的高度。但人工作业使堆码高度受到限制，若采用机械化作业，就可提高仓库的空间利用率，同时机械作业速度快，可及时腾空货位。

（5）装卸机械化可大大降低装卸作业成本，从而有利于物流成本的降低。由于装卸效率的提高，作业量大大增加，均摊到每吨商品的装卸费用相应地减少，因此降低了装卸成本。

2）装卸机械化的原则

（1）符合装卸商品种类及特性的要求。不同种类商品的物理、化学性质及其外部形状是不一样的。因此，在选择装卸机械时必须符合商品的品种及其特性要求，以保证作业的安全和商品的完好。

（2）适应运量的需要。运量的大小直接决定了装卸的规模和装卸设备的配备、机械种类及装卸机械化水平。因此，在确定机械化方案前，必须了解商品的运量情况。对于运量大的，应配备生产率较高的大型机械；对于运量不大的，宜采用生产率较低的中小型机械；对于无电源的场所，则宜采用一些无动力的简单装卸机械。这样，既能发挥机械的作用，又使方案经济合理。

（3）适合运输车辆类型和运输组织工作特点。装卸作业与运输是密切相关的，因此在考虑装卸机械时，必须考虑装卸商品所用的运输工具的特性，包括车船种类、载重量、容积、外形尺寸等，同时要了解运输组织的情况，如运输取送车（船）次数、运行图、对装卸时间的要求、货运组织的要求、短途运输情况等。例如，在港口码头装卸商品和在车站装卸商品，所需要的装卸机械是不同的。同一运输工具，即使构造相同，也要采取不同的装卸机械。如用于铁路敞车作业和用于铁路棚车作业的装卸机械是不一样的。

（4）经济合理，适合当地的自然、经济条件。在确定选择机械化方案时，要进行技术分析，尽量达到经济合理的要求。对现有的设施、仓库和道路要加以充分利用，同时要充分考虑到装卸场所的材料供应情况、动力资源，以及电力、燃料等因素。要充分利用当地的地形、地理条件，贯彻因地制宜、就地取材的原则。

2．装卸的集装化

装卸的集装化就是把许多需要运输的商品集中成一个单元，进行一系列的运输、储存和装卸作业，从而可以取得多方面的效果。集装化主要采取以下几种形式。

1）集装箱化

除了符合国际和国内标准的通用集装箱，还有多种多样的，根据不同特殊要求专门设计的专用集装箱，以及集装袋、集装网、集装盘等，主要有以下几种形式。

（1）专用集装箱。包括通风式集装箱、折叠式通风集装箱、多层合成集装箱等。通风式集装箱适用于不怕风吹雨淋的商品和怕闷热的农副土特产品，如陶瓷、水果等；折叠式通风集装箱适用于装运瓜果、蔬菜、陶瓷等商品；多层合成集装箱主要用于装运鲜蛋，既通风又固定，每层都有固定的格子，鲜蛋装满后，将每层用固定装置组成集装箱。

（2）集装袋。集装袋是一个大型口袋，上下都能开口，装货时用绳结拴住，从上口装，卸货时将下口的绳结拉开，商品可自动出来。主要用于装运化肥、碱粉等袋装商品。

（3）集装网。用麻绳或钢丝绳编制成网。麻绳网主要用于装运水泥等商品，钢丝绳网主要用于装运生铁。

（4）集装盘。将许多件商品放在一类似托盘的木盘上，然后用塑料带或铁皮把商品捆扎在木盘上。它与托盘的不同之处在于木盘随货而去，不能回收。

2）托盘化

托盘有木材制成的，也有由钢材、塑料等材料制成的。托盘除起搬运工具的作用外，主要起集合商品的作用。实行托盘化有许多优点：适合机械装卸，可以提高装卸效率；可以有效地保护商品，减少破损；可以节省物流费用；可以推动包装的标准化。多年来，我国商业物流部门在使用托盘方面积累了不少经验，不少物流企业的仓库、专用线，都已使用了托盘作业。

3．装卸的散装化

装卸的散装化即对大宗商品如煤炭、矿石、建树、水泥、原盐、粮食等的运输采用散装的方法。装卸的散装化作业与成件商品的集装化作业已成为装卸现代化的两大发展方向。装卸的散装化，具有节省包装用具、节省劳动力、减轻劳动强度、减小损耗、减少污染、缩短流通时间等优点，对提高装卸效率、加速车船周转、提高经济效益具有重要意义。

开展装卸的散装化必须具备一定的条件和物质基础。散装化有连续性的特点，必须配备专用设备，包括专用散装运输工具及设施、仓库、港口、车站的装卸设备，做到装、卸、运、储各个环节的工具设备成龙配套。发、转、收各部门之间要加强横向联系，形成综合能力，如果有一个环节在设备的衔接上，或工作的配合上脱节，就将影响散装化的开展。

4．其他改善装卸作业的方法

（1）在汽车运输方面，采用集装箱专用挂车和底盘车。集装箱由集装箱装卸桥从船舱吊起后，直接卸在专用挂车上，汽车就可以直接接走；又如散装粮食专用车在装卸时，采取汽车的载荷部位自动倾翻的办法，不用装卸即可完成卸货任务。

（2）在船舶运输方面，采用滚装船的办法。滚装船是在海上航行的专门用于装运汽车和集装箱的专用船。它是在火车、汽车轮渡的基础上发展而来的一种新型运输船舶。在船尾有一类似登陆艇的巨大跳板和两根收放跳板的起重柱。世界上第一艘滚装船是美国于1958年建成并投入使用的。近年来，世界各国相继建设了一定数量的滚装船，它们成为远洋船队中一支现代化的新生力量。

评估练习题

1．关键概念

（1）在物流系统中，提高物流系统效率的关键活动是（　　）。

A．装卸搬运　　　　B．信息处理　　　C．流通加工　　　D．包装设计

（2）物品放置时要有利于下次搬运，在装上时要考虑便于卸下，这体现了搬运装卸作业的（　　）原则。

A．利用重力的影响和作用　　　　　B．消除无效搬运

C．提高搬运灵活性　　　　　　　　D．合理利用机械

2．实训题

在实际中体会物流装卸搬运的原则。

3.5 关键：物流配送

3.5.1 物流配送的含义

我国发布的国家标准《物流术语》将配送解释为：在经济合理区域范围内，根据用户的要求，对物品进行拣选、加工、包装、分割、组配等作业，并按时送达指定地点的物流活动。目前，关于配送的较为科学、全面的界定是：配送是整个物流过程的一部分，包括输送、送达、验货等以送货上门为目的的商业活动，是商流与物流紧密结合的综合的、特殊的环节，同时也是物流过程中的关键环节。

3.5.2 物流配送的作用

1. 有利于物流的合理化

在现代社会，物流运动朝着科学化、合理化方向发展是社会化大生产的客观要求。配送是实现流通社会化、现代化的重要手段。推行配送制可以形成高效率和高效益，从而也是物流合理化的流通格局。

2. 降低物流成本，提高效益

配送以总量较低的"集中库存"取代总量较高的"分散库存"，不但降低了物流总成本，而且优化了生产领域的资金结构，起到降低生产成本、促进生产快速发展的作用。

3. 集中库存使企业实现低库存或零库存

实现了高水平的配送之后，可以实现生产企业多年追求的"零库存"，将企业从库存的负担中解脱出来，同时释放出大量储备资金，大大改善企业的财务状况。

4. 简化事务，方便客户

配送方式可以保证客户只需向一处订购，或与一个进货单位联系就可订购到以往需要去许多地方才能订购到的货物，只需组织对一个配送单位的接货便可代替现有的高频率接货，因而大大减轻了客户的工作量和负担，同时也相应地节省了开支。

5. 提高供应保证程度

配送中心采取配送方式，可以比任何单位企业的储备量更大，对每个企业而言，供应中断、影响生产的风险相对减小，可以使用户免去后顾之忧。

6. 有效解决交通问题

推行配送能够充分发挥专业流通组织的综合优势，从而有效地解决交通问题，有助于缓解城市道路交通矛盾，解决交通拥挤问题，起到减少运输费用、保护环境的作用。

7. 提高末端物流的经济效益

企业通过采用配送方式，增大经济批量来做到经济地进货，再加上将各种商品客户集中在一起进行一次性发货，代替分别向不同客户小批量发货来做到经济地发货，从而大大提高了末端物流的经济效益。

8. 有利于开发和应用新技术

在现代社会，随着生产规模的不断扩大和市场容量的不断增加，配送的规模也在相应扩大。在这样的形势之下，用于配送的各种设备和设施，不但其数量会越来越多，而且其技术含量、技术水平也将不断地提高。

3.5.3 物流配送的分类

1. 按配送主体所处的行业分类

1）制造业配送

制造业配送是指围绕制造业企业所进行的原材料、零部件的供应配送，各生产工序上的生产配送及企业为销售产品而进行的对客户的销售配送。

2）物流企业配送

物流企业是指专门从事物流活动的企业，根据所服务客户的需求，为客户提供配送支持服务。现在，比较常见的物流企业配送形式是快递业提供的"门到门"的物流服务。

3）商业配送

商业配送的主体一般包括批发企业和零售企业，二者对于配送的理解、要求和管理都不尽相同。批发企业配送的客户不是流通环节的终点消费者，而是零售企业。因此，对于批发企业来说，必然要求配送系统不断满足其零售客户多批次、少批量的订货及流通加工等方面的需求。而对于零售企业来说，其配送的客户是流通环节终点的各类消费者，因此，一方面，由于经营场所的面积有限，它们希望上游供应商能提供小批量的商品配送；另一方面，为了满足各种不同客户的需要，它们又都希望尽可能多地配备商品种类。

4）农业配送

农业配送是指在与农业相关的经济合理区域范围内，根据客户要求，对农业生产资料、农产品进行分拣、加工、包装、分割、组配等作业，并按时送达指定地点的农业物流活动。农业配送是一种特殊的、综合的农业物流活动，是在农业生产资料、农产品的送货基础上发展起来的。

2. 按配送商品的特征不同分类

1）多品种、小批量配送

多品种、小批量配送是按用户要求，将所需的各种物品配备齐全，凑整装车后由配送据点送达用户。这是一种高水平、高技术的配送方式，往往伴随多用户、多批次的特点，配送频度往往较高。

2）少品种、大批量配送

当客户所需要的商品品种较少，或对某个品种的商品需求量较大、较稳定时，可实行整车运输，这种商品往往不需要再与其他商品搭配，可由专业性很强的配送中心实行配送。这种形式多由生产企业或者专业性很强的配送中心直接送达客户，由于配送量大，商品品种较少，从而可以提高车辆利用率，同时也使配送组织内部的工作简化，因此配送成本较低。

3）配套（成套）配送

根据企业的生产需要，尤其是装配型企业的生产需要，将生产每台产品所需全部零部件配齐，按生产节奏定时送达生产企业，生产企业随即可将此成套零部件送入生产线装配产品。该种配送方式下，配送企业承担了生产企业大部分供应工作，使生产企业专注于生产，与多品种、小批量配送的效果相同。

3. 按配送的时间及数量分类

1）定时配送

按规定时间间隔进行配送，如数天或数小时一次等，每次配送的品种及数量可按计划执行，也可在配送之前用已商定的联络方式（如电话、计算机终端输入等）通知配送品种和数量。由于这种配送方式时间固定，易于制订工作计划，易于安排运输车辆，对于用户来讲，也易于安排接货的力量（如人员、设备等）。但是，由于配送物品种类变化，配货、装货难度较大，因此当要求配送数量变化较大时，也会使安排配送运力出现一定的困难。

2）定量配送

定量配送是指按规定的批量，在一个指定的时间范围内进行配送。这种配送方式数量固定，备货工作较为简单，可以根据托盘、集装箱及车辆的装载能力规定配送的定量，能够有效利用托盘、集装箱等集装方式，同时还可以做到整车配送，配送效率较高。另外，由于时间不严格限定，因此可以将不同用户所需的物品凑成整车后配送，运力利用也较好。对于用户来讲，每次接货都处理同等数量的货物，有利于人力、物力的准备工作。

3）定时定量配送

这种配送方式是指按照规定的时间和规定的商品品种及数量进行配送。这种方式兼有定时、定量两种方式的优点，但特殊性强，计划难度大，适合采用的对象不多，不是一种普遍采用的方式。所以，比较适合生产和销售稳定、产品批量较大的生产制造企业或大型连锁商场的部分商品配送。

4）定时定路线配送

这种配送是通过对客户分布状况的分析，在规定的运行路线上制定到达时间表，按运行时间表进行配送，用户可按规定路线、规定时间接货及提出配送要求。这种配送方式有利于计划、安排车辆及驾驶人员，一般由客户事先提出商品需求计划，然后按规定的时间在确定的站点接收商品，易于有计划地安排运送和接货工作，比较适用于消费者集中的地区。

5）即时配送

即时配送是指完全按用户突然提出的配送要求（时间或数量上的）即时进行配送的方式，是一种灵活性很高的应急方式。即时配送可以满足用户的临时性急需，对配送速度及时间要求很高，因此，通常只有配送设施完备，具有较高管理和服务水平及作业组织能力和应变能力的专业化配送机构，才能较广泛地开展即时配送业务。完善和稳定的即时配送服务可以保持较高的服务水准，真正实现"准时制"生产和经营。

4．按加工程度不同分类

1）加工配送

加工配送是指与流通加工相结合的配送。在配送据点中设置流通加工环节，或是将流通加工中心与配送中心建立在一起。当社会上现成的产品不能满足客户需要，客户根据本身工艺要求需要使用经过某种初加工的产品时，可以在初次加工后通过分拣、配货再将货送至用户。

2）集疏配送

集疏配送是指只改变产品数量组成形态而不改变产品本身物理、化学形态的与干线运输相配合的一种配送方式。例如，大批量进货后小批量、多批次发货，零星集货后以一定批量送货等。

5．按经营形式不同分类

1）供应配送

供应配送是指用户为了自己的供应需要所采取的配送形式，往往由用户或用户集团组建配送据点，集中组织大批量进货，然后向本企业配送或向本集团若干企业配送。一般来说，这种配送形式主要用于组织对本企业的供应，尤其在大型企业、企业集团或联合公司中被采用较多。

2）销售配送

通常配送企业是销售型企业，销售配送是销售企业作为销售战略一环所进行的促销性配送。配送对象和用户往往依据对市场的占有情况而定，配送的经营状况也取决于市场的状况，配送随机性较强而计划性较差。各种类型的商店配送一般多属于销售配送。

3）销售—供应一体化配送

销售企业对于基本固定的用户或基本确定的配送产品可以在自己销售的同时承担用户计划供应者的职能，既是销售者同时又成为用户的供应代理人，起着为用户供应产品的作用。这种配送方式使销售企业能获得稳定的用户和销售渠道，有利于本身的稳定持续发展，同时也有利于扩大销售数量。对于用户来说，能获得稳定的供应，可大大节约本身为组织供应所耗用的人力、物力、财力，销售者能有效控制进货渠道，这是任何企业供应机构难以做到的，因此对供应的保证程度可大大提高。

4）代存、代供配送

这种方式是指用户将属于自己的货物委托配送企业代存、代供，有时还委托代订购，然后组织对自身的配送。这种配送在实施时并不发生商品所有权的转移，配送企业只是用户的委托代理人，商品所有权在配送前后均属用户所有，所发生的仅是商品物理位置的转移。配送企业仅从代存、代供中获取收益，并不能获得商品销售的经营性收益。

6．按配送专业化程度不同分类

1）综合配送

综合配送是指配送商品种类较多，不同专业领域的产品在一个配送网点中组织对用户的配送，这类配送由于综合性较强，因此被称为综合配送。综合配送可以减少用户组织所需全部物资的进货负担，它们只需要和少数配送企业联系，便可以解决多种需求的配送。因此，这是对用户服务较强的一种方式。

2）专业配送

专业配送是指按照产品的不同性质，适当划分专业领域的配送方式。专业配送并非越细分越好，一般而言，专业配送的优势在于可按专业的共同要求优化配送设施，优选配送机械及配送车辆，制定实用性强的工艺流程，从而大大提高各配送环节的工作效率。

评估练习题

1. 关键概念

（1）下列不属于电子商务物流配送特点的是（　　）。
A. 智能化　　B. 信息化　　C. 柔性化　　D. 集成化

（2）关于电子商务物流配送的特点，下述正确的是（　　）。
A. 电子商务物流配送的柔性化是指物流作业的文明操作，保证不损坏货物
B. 电子商务物流配送的自动化是指物流作业的机械化
C. 电子商务物流配送的网络化是指不同地域的物流公司应加强联系
D. 电子商务物流配送的信息化表现为物流信息的商品化，物流信息收集的数据库化和代码化，物流信息处理的电子化和计算机化，物流信息传递的标准化和实时化，物流信息存储的数字化等

（3）判断正误：配送是物流中一种特殊的、综合的活动形式，是商流与物流的紧密结合，包含了商流活动和物流活动，也包含了物流中若干功能要素的一种形式。（　　）

2. 实训题

用实际数据证明物流配送对于企业的重要意义。

3.6 中枢神经：物流信息

3.6.1 物流信息的作用

1. 物流信息对物流的促进作用

新的贸易伙伴伴随着经济全球化大量涌现，廉价的商品更容易获得，市场竞争日益激烈，导致不同规模的企业不得不建立联盟、网上商业系统和更为有效的物流系统，以便有效地将商品销售给全球的顾客。在这种情况下，信息技术对物流未来发展确实起到了非常关键的促进作用。

2. 物流信息对物流的部分替代作用

信息技术的发展不仅促进了物流的发展，而且也对物流产生了深刻的影响，在某些方面甚至起到了部分替代物流的作用。

3.6.2 物流信息的特征

物流信息相对于其他领域的信息有着其自身的特征，具体表现在以下几个方面。

1）物流信息量大、分布广

由于物流活动涉及范围广，在整个物流活动中均会产生信息，因而物流信息具有信息

量大、分布广的特点。

2）物流信息动态性强

物流信息是在物流活动中动态产生的。由于市场状况、用户需求的变化多样，物流信息瞬息万变，因而信息的价值衰减速度非常快，这就对信息管理的及时性提出了较高的要求。在物流系统中，强调及时性意味着必须加快信息的收集、加工、处理速度。

3）物流信息种类繁多

不仅在物流系统内部的供应链等环节会产生不同种类的信息，而且由于物流系统与其他系统，如生产、供应、销售、财务和消费系统等密切相关，在信息管理中除了收集物流系统内在活动所产生的信息，还要收集物流系统外部环境的相关信息，从而增加了物流信息的分类、研究、筛选等工作难度。

4）物流信息的不一致性

物流信息总是伴随着物流活动而产生，因此物流信息的产生、加工和利用因时间、来源上不一致，在方式上也不尽相同。

3.6.3 物流信息系统

1. 物流信息系统的概念

所谓物流信息系统，是指物流系统中进行物流信息处理的管理子系统。它通过对系统内外信息的收集、存储、加工处理，获得物流管理中有用的信息，并以表格、文件、报告、图形等形式输出，以便管理人员和领导者有效地利用这些信息组织物流活动，协调和控制各作业子系统的正常运行。在没有特殊说明的情况下，本书提到的物流管理信息系统均指计算机物流管理信息系统。

2. 物流信息系统的类型

物流信息系统根据分类的方法不同，可分成不同类型的系统。

1）按系统的结构分类

（1）单功能系统。单功能系统指只能完成一种职能的系统，如物流财务系统、合同管理系统、物资分配系统等。

（2）多功能系统。多功能系统能够完成一个部门或一个企业所包括的物流管理的职能，如仓库管理系统、某公司的经营管理决策系统等。

2）按照系统功能的性质分类

（1）操作型系统。操作型系统指为管理者处理日常业务的系统。它的工作主要是进行数据处理，如记账、汇总、统计、打印报表等。

（2）决策型系统。在处理日常业务的基础上，运用现代化管理方法，进一步加工计算，为管理人员或领导者提供决策方案或定量的依据。这类系统通常被称为辅助决策系统或决策支持系统。

3）按照系统所采用的设备和技术分类

（1）单机系统。系统只使用一台计算机，这台机器可以只有一个终端，也可以有多个终端。对数据采用批处理方式时，只配有一个终端即可。如果采用分时处理方式，就必须配有多个终端。

（2）网络系统。系统使用多台计算机，相互间以通信网连接起来，实行资源共享的分布式结构。

4）按照系统作用的对象分类

（1）面向生产企业的物流管理信息系统。

（2）面向零售商、中间商、供应商的物流管理信息系统（流通企业）。

（3）面向第三方物流企业的物流管理信息系统。

3．物流管理信息系统的模式

1）以作业为中心的管理模式

把控制成品运输和仓储管理等单个物流作业管理作为目标，对作业的改进往往是局部的，很少或没有进行整体系统分析，如成品运输管理系统、成品仓库管理系统等。

2）以成品流通为中心的管理模式

将成品流通作为一个整体来进行计划和控制，通过平衡交替损益（如运输与仓储、库存与顾客服务）来寻找改进工作的机会，如成品流通管理系统（包括成品运输管理系统、成品仓库管理系统及流通一体化管理系统等）。

3）企业物流一体化管理模式

将原材料、在制品和成品的物流管理结合起来，形成企业物流一体化管理模式。从整个企业系统高度出发，进行物流系统分析与设计，保证在整个系统内物流效益最佳、成本最低、服务最好。常见的企业管理信息系统多采用物流一体化管理模式，如物料需求规划和制造资源规划。

4）供应链物流一体化管理模式

在企业物流一体化管理模式的基础上，管理功能向企业上下游延伸，便形成了供应链物流一体化管理模式。如企业资源规划系统就是供应链物流一体化管理模式的雏形。现在物流管理信息系统的研究和应用重点就是向更完善的供应链物流一体化管理系统迈进。

4．物流信息系统的开发步骤

运用系统的理论和方法，可以将信息系统的开发过程分为如下9个阶段来进行。

1）可行性分析阶段

现代化管理中，在采取一项重大的改革和投资行动之前，首先应该考虑它所能取得的效益。因此，在进行大规模系统开发之前，要从有益性、可能性和必要性3个方面对未来系统的经济效益、社会效益进行初步分析。

2）信息系统规划阶段

在企业或组织中，源于企业或组织内外的信息源很多，要想从大量的信息源中收集、

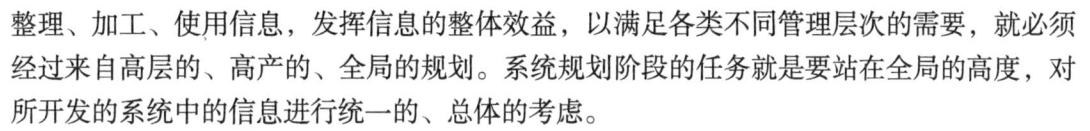

整理、加工、使用信息，发挥信息的整体效益，以满足各类不同管理层次的需要，就必须经过来自高层的、高产的、全局的规划。系统规划阶段的任务就是要站在全局的高度，对所开发的系统中的信息进行统一的、总体的考虑。

3）信息系统分析阶段

系统分析阶段包含两个方面的内容。首先要分析各个组成部分内部的信息需求，即分析内部对主题数据库的需求和为完成用户（管理人员）对该部分所要求的功能而必须建立的一些专用数据库，并定义出数据库的结构，建立数据字典。其次要进行功能分析，即详细分析各部分如何对各类信息进行加工处理，以实现用户所提出的各类功能需求，并运用适当的工具将分析结果表达出来，与用户进行充分的交流和检验，检验正确后可进入下一阶段的工作。信息系统设计阶段的任务是根据系统分析的结果，结合计算机的具体实现，设计各个组成部分在计算机系统上的结构。

4）信息系统开发实施阶段

系统开发实施阶段的任务有两个方面：一方面是系统硬件设备的购置与安装，另一方面是应用软件的程序设计。程序设计是根据系统设计阶段的成果，遵循一定的设计原则来进行的。其阶段性成果是大量的程序清单（程序源代码）及系统使用说明书。

5）信息系统测试阶段

程序设计工作的完成并不标志着系统开发的结束。一般在程序调试过程中使用的是一些试验数据，因此，在程序设计结束后必须选择一些实际管理信息加载到系统中进行测试。系统测试从总体出发，测试系统应用软件的总体效益及系统各个组成部分的功能完成情况，测试系统的运行效率、系统的可靠性等。

6）信息系统安装调试阶段

系统测试工作的结束表明信息系统的开发已初具规模，这时必须投入大量的人力从事系统安装、数据加载等系统运行前的一些新旧系统的转换工作。一旦转换结束，便可对计算机硬件和软件系统进行系统的联合调试。

7）信息系统试运行阶段

系统调试结束便可进入系统运行阶段。但是，一般来说，在系统正式运行之前要进行一段时间的试运行。因为信息系统是整个企业或组织的协调系统，如果不经过一段时间的实际检验就将系统投入运行状态，一旦出现问题可能会导致整个系统的瘫痪，进而造成严重的经济损失。所以最好的方法是将新开发出的系统与原来的系统并行运转一段时间来进一步对系统进行各个方面的测试。

8）信息系统运行维护阶段

在系统开发完成准备工作进入试运行阶段之前，除了要做好管理人员的培训工作，还要制定一系列管理规则和制度。在这些规则和制度的约束下进行新系统的各项运行操作，如系统的备份、数据库的恢复、运行日志的建立、系统功能的修改与增加、数据库操作权限的更改等。

9）信息系统更新阶段

该阶段的主要任务是对信息系统进行更新。提出更新需求后，对信息系统进行充分的论证，提出信息系统的建设目标和功能需求，准备进入信息系统一个崭新的开发周期，具体内容包括软件和硬件系统的更新与升级。

评估练习题

1．关键概念

（1）判断正误：物流信息化是指全部商品都可以转换成信息流加以传输。（　　）

（2）物流信息管理包括（　　）。

A．物流信息的收集、处理、传递和存储

B．物流信息的识别、处理、传递和存储

C．物流信息的收集、转换、传递和存储

D．物流信息的收集、处理、分类和存储

2．实训题

调查某个企业了解其企业物流管理信息系统的模式。

本章评估测试

1．能力测验

完成本章学习之后，请根据对本章电子商务物流过程的理解回答下列问题，并将所得分数记录下来。

1=完全不理解；3=理解一些；5=深刻理解

如果你的分数为 42~50 分，则说明你可以继续参加接下来的评估测验；如果你的分数为 33~41 分，则说明你应该再复习一下得分为 1~3 分的基本概念和内容；如果你的分数为 32 分及以下，则应重新认真学习本章内容，并与同学共同探讨不理解的地方。

你是否能够：

- 说出包装的功能。
- 举出优化包装的例子。
- 举例说明如何选择合适的运输方式。
- 说明运输系统分析的方法。
- 说明仓储作业的特点。
- 说明如何进行仓储合理化。
- 阐述装卸搬运的功能。
- 举例说明装卸搬运的原则。
- 说明物流配送的分类。

- 解释物流信息系统的模式。

2. 关键术语回顾

电子商务物流系统是指在实现电子商务特定过程的时间和空间范围内,由所需位移的商品(或物资)、包装设备、装卸搬运机械、运输工具、仓储设施、人员和通信设施等若干相互制约的动态要素所构成的具有特定功能的有机整体。本章探讨了物流起点(商品包装)、物流动脉(商品运输)、物流中心(商品仓储)、物流节点(商品装卸搬运)、物流关键(物流配送)、物流中枢神经(物流信息)等问题。

3. 关键概念回顾

(1)判断正误:铁路运输是干线运输中起主力运输作用的运输形式。(　　)
(2)判断正误:运输距离长短是决定运输是否合理的一个最基本因素。(　　)
(3)判断正误:增加运输环节,可以发挥多种运输的优势,对合理运输起到促进作用。(　　)
(4)判断正误:公路运输在我国东部地区起着干线运输的作用。(　　)
(5)以下不属于公路运输特点的是(　　)。
A. 机动灵活　　　　　　B. 可实现门对门服务
C. 长途运输的成本较低　　D. 原始投资少
(6)影响运输合理化的因素中可以作为各种合理化实施是否行之有效的最终判断依据的是(　　)。
A. 运距长短　　　　　　B. 运输环节
C. 运输工具　　　　　　D. 运输费用
(7)影响运输合理化的因素中最基本的因素是(　　)。
A. 运距长短　　　　　　B. 运输环节
C. 运输工具　　　　　　D. 运输时间
(8)适用于用罐式集装箱的货物有(　　)。
A. 服装　　　　　　　　B. 麦芽
C. 水果　　　　　　　　D. 汽车
(9)电子商务物流与传统物流有显著不同,表现之一是(　　)。
A. 物流配送的集成化　　B. 物流信息自动化
C. 物流配送的区域化　　D. 实现零库存生产

4. 练习题

调研一家物流企业,体会它的电子商务物流过程。

案例讨论 — Case Discussion

京东物流发展之路

自京东在 2007 年正式宣布开始自建物流至今,京东物流已走过 13 年,经历了"诞生、

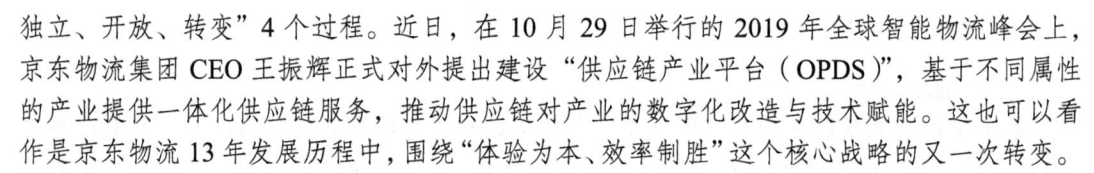

独立、开放、转变"4个过程。近日,在10月29日举行的2019年全球智能物流峰会上,京东物流集团CEO王振辉正式对外提出建设"供应链产业平台(OPDS)",基于不同属性的产业提供一体化供应链服务,推动供应链对产业的数字化改造与技术赋能。这也可以看作是京东物流13年发展历程中,围绕"体验为本、效率制胜"这个核心战略的又一次转变。

1. 诞生

京东在2007年正式宣布开始自建物流,随后位于北京东三环潘家园站的第一个站点正式营业,开启物流起航之路。2012年8月注册成立"京邦达"公司,此后,京东物流也把8月18日这天定义成京东物流的"生日"。

成立之初,京东物流更多的是基于提升消费体验去打造的物流平台,京东物流的核心是通过自建物流体系在全国不同的几大城市建立区域仓运营。然后根据购买数据、规模的大小,完成库存及时补货,再从仓库送到消费者家里,实现点和点之间的配送。

京东物流仓配一体化的模式,通过建设越来越多的仓库,使货物离消费者越来越近,货物移动的距离越来越短,所以速度越来越快,成本也越来越低。当时京东物流的模式是希望通过这种正向循环来提升消费者体验。

这也被认为是京东的"杀手锏",不仅让自身物流费用降低,还提升了消费者体验,以及让全行业受益。

京东通过自建物流的模式,逐步建立了自己的仓储、配送设施以及全自营的队伍,支撑了京东零售过千亿元的业务规模。从2010年到2015年,京东物流开始追求专业化和规模化的经济效应,通过建设"亚洲一号",将京东物流的客户时效和服务标准打造成为全球行业标杆之一。到2016年,京东物流全面转向开放化和智能化的时代,着手为产品筹备社会化开放。

2. 独立

2017年4月25日,京东物流正式宣布独立物流业务,以子集团形式运营。当时,京东物流还确立了一个目标:在5年后(2022年)成为年收入规模超过1 000亿元的物流科技服务商。

以往京东物流的组织架构是以运营为核心来设计的,在京东物流独立运营后,进行了两次比较大的组织架构调整。2017年(独立的第一年),京东物流正式成立开放业务部,这一次调整可以让业务端拥有更加市场化的经营权和决策权。2018年8月,京东物流进行了历史上最大规模的一次组织升级,形成了"1844"("1"是由综合规划群、经营保障中心、市场公关搭建起的体系化、专业化的中台,全面提升运营效率;"844"作为前台业务单元,面向客户需求对整体业务收入负责,包括由KA销售部和7大区域组成8大核心业务板块,云仓、服务+、跨境及价值供应链组成4大成长业务板块,X事业部、冷链、快运与海外事业部组成4大战略业务板块。)的体系。确立了从运营、财务和组织去全方位打造效率至上的竞争体系。

3. 开放

2016年,京东物流品牌化方案出炉。将"京东物流"作为品牌,向社会开放三大服务体系:仓配一体化供应链服务、快递和物流云。这是京东物流业务首次正式全面开放,此前,京东物流业务仅服务京东自营和POP(Platform Open Plan)平台第三方卖家。这一次品牌开放，在当时也令很多龙头物流企业感觉焦虑。毕竟有着近10年自营物流成熟体系的京东物流，完全可以成为一家比同行更好的社会化物流企业。

次年12月，京东物流提出以"3S"——短链（Short-chain）、智慧（Smartness）、共生（Symbiosis）为特征的无界物流发展方向，为全面开放做出准备。

整体来看，从最早的仓配一体化业务开放，到近一两年6大产品（快运/冷链等）的推出、个人快递等新业务的上线，京东物流都取得了不错的成绩。

另一个开放是渠道下沉和国际业务。渠道下沉是京东2019年很重要的一个战略，下沉对物流来说就是要以更快的速度把货物送到消费者手里面，所以京东物流推出"千县万镇24小时达"时效提升计划，内部称之为"4624"，即四到六线城市，24小时内送达。

在过去的9年，京东物流通过"211限时达"，打通了一二线城市最高端消费者在网上购物的物流通道。京东物流希望通过"4624"以更快的速度把货物送到四到六线城市消费者手里面。

同时，国际业务也被京东物流定为主战场之一。在王振辉看来，"首先跨境业务，无论是跨境小包还是其他形式，都有很大的机会。同时，京东物流在泰国、印尼等一些国家通过技术出海提升当地物流效率，已经验证成功。另外，京东物流的技术，也可以通过共生的手段，在国外持续发挥很大的潜力。"

4. 转型

2019年10月29日，京东物流正式对外提出建设"供应链产业平台"，基于不同属性的产业提供一体化供应链服务，推动供应链对产业的数字化改造与技术赋能。

这可以看作是京东物流的一次华丽"转身"。这一次，京东物流构建供应链产业平台后真正要做的是，从采购开始，到生产、制造，使整个前端的环节，通过技术的力量，变成标准化的平台，而这个平台可以综合计划、运输、仓储等方面，形成一体化的服务，达到各方协同的目标。

到今天，京东物流已经走过13年，从一个物流部门变成一个企业物流，再从一个企业物流演变成物流企业，再到现在的供应链产业平台。我们可以看到京东物流正在不断地变化，从以"减少商品搬运次数"为核心进行设计的自营物流，到通过技术创新、智慧化的物流体系及网络化协同去构建共生物流生态。

资料来源：物流沙龙，http://bbs.logclub.com/

? 问题讨论

（1）结合本章所学，你认为京东物流整个物流过程的哪些环节是其发展壮大的优势？

（2）有人认为京东物流的发展历程正体现了物流在人们心中角色、作用的转变，你怎么看待这个观点？

第 4 章

电子商务物流技术

学习目标

- 了解电子商务与物流技术的相互作用
- 掌握电子商务物流技术的概念与特点
- 掌握电子商务物流信息技术和物流自动化技术的主要内容

关键术语

条形码，EDI，GIS，GPS，自动化仓库，货架，叉车，集装箱，托盘

引导案例

大数据技术应用成物流市场新蓝海

自 2009 年"智慧物流"这一概念被提出后，物流业发展日新月异，物联网、大数据、人工智能等技术更是将物流这一传统行业引入信息化、智能化的快车道。前几年，AGV、无人机等物流科技产品引发智慧物流的应用潮流，而当下物流企业更加注重效率优化与服务升级，大数据、人工智能成为物流领域的新风口。

然而，如何利用好大数据是一个行业难题。首先，数据采集是一道门槛，采集仓储物流过程中的各类数据，需要场景建设具备信息化数据采集的基础设施。其次，做好数据整合是大数据应用的关键——数据经过计算、归纳、分类和分析才能加以利用。如何有效利用大数据，助力物流变革发展，成为物流企业关注的重点。

现在，大数据技术已成为物流市场的新"蓝海"，赋能仓储物流，提高仓储效率，只是大数据技术应用的第一步，融合物联网、人工智能等技术在具体仓储场景中解决问题，还将进一步实现大数据的价值，提高企业核心竞争力。

资料来源：物流报，http://www.56tim.com/archives/116253

> **? 辩证性思考**
> 1. 你知道电子商务物流中应用了哪些技术?
> 2. 你认为大数据技术在电子商务物流的哪些方面可以发挥其独特作用?

4.1 电子商务物流技术的概念

4.1.1 电子商务给物流技术带来的变革

电子商务的发展过程中除了信息技术与商务流程,物流技术也是其重要的组成部分,物流技术是电子商务活动得以实现的主要支撑技术之一。在物流技术推动电子商务发展的同时,电子商务活动的不断发展也给物流技术带来了变革,两者表现出互相促进,共同发展的趋势。

电子商务的发展要求物流不仅向社会化、高效化方向发展,而且要逐步向信息化、网络化、自动化、弹性化方向发展。这种发展是循序渐进的,但其发展趋势是明确的。

目前,企业管理活动信息化的程度已越来越高,特别是在电子商务物流活动中,企业大量的经营决策和业务活动都要依据信息来制定和控制。因此,物流信息化程度已经成为决定电子商务活动成败的主要因素之一。

近年来,网络技术的发展与自动化技术的进步为电子商务物流活动信息化的实现提供了可能。在电子商务物流活动中,信息沟通与数据处理及决策不可避免地要面对复杂的分析与研究工作,网络技术与自动化技术对提高工作效率起到了重要作用。

同时,企业面对着不断变化的市场需求。柔性制造技术等弹性生产技术对企业生产能力的弹性要求不断提高,使之对电子商务物流活动的弹性要求也越来越高。

4.1.2 电子商务物流技术的含义与分类

业内对于电子商务物流技术的含义有多种解释,总结起来可以认为,电子商务物流技术是指在电子商务物流活动中,为实现电子商务功能而采用的物流专业技术的总和。电子商务物流技术既包括操作技术,也包括有关的管理技术。

电子商务物流技术可以根据不同的划分标准分为多种。

1. 按范围可划分为广义概念和狭义概念

电子商务物流技术的广义概念泛指与物流技术有关的专业技术,狭义概念则仅指与电子商务物流技术有关的专业技术。

2. 按领域可划分为硬技术与软技术

硬技术是指物流技术中关于运输、生产加工、包装、基础建设等方面的专业技术,而软技术是指物流技术中关于规划、管理、运营等方面的专业技术。

3. 按作业内容可划分为实物作业和电子商务

实物作业的内容主要包括运输作业、配送作业、流通加工作业、装卸作业等，电子商务的内容主要包括订单管理、决策支持等。

4.1.3 电子商务物流技术的评价标准

对电子商务物流技术的评价标准主要包括有效性、适用性和经济性。

1. 有效性

有效性是指电子商务物流技术在物流活动中所具有的功能能够满足企业和顾客的需求，有效地完成物流作业任务和实现物流活动的功能。这是对电子商务物流技术的最基本要求，也是最重要的要求。只有物流技术有效，才能保障其他物流与商务活动的有效性。

2. 适用性

适用性是指电子商务物流技术的功能适应于企业的需要并有利于发挥其作用。通常，企业在对物流技术的适用性评价上往往需要一定程度的超前，但要把握好超前的度，必须对市场有准确的预测和了解，在此基础上才谈得上超前而不是浪费。也就是说，电子商务物流技术的适用性既是对现实需求的适用，也是对未来一定时期需求的适用。

3. 经济性

经济性是指电子商务物流技术应用于企业，在其运作成本和费用方面所体现的特性。经济性包括两方面：一是电子商务物流技术本身使用的经济性，二是其能够给企业带来效益上的经济性。这两方面不可偏废。

评估练习题

1. 关键概念

（1）电子商务物流技术中的硬技术包括（　　）。
A. 运输　　　　　B. 生产加工　　　C. 包装　　　　　D. 管理

（2）电子商务物流技术中的软技术包括（　　）。
A. 规划　　　　　B. 管理　　　　　C. 运营　　　　　D. 包装

（3）电子商务物流技术的评价标准主要包括（　　）。
A. 有效性　　　　B. 适用性　　　　C. 先进性　　　　D. 经济性

（4）判断正误：电子商务物流技术指操作技术，与管理技术无关。（　　）

2. 实训题

通过收集不同时期电子商务物流技术资料，总结电子商务物流技术的发展趋势。

4.2 电子商务物流信息技术

4.2.1 物流条形码技术

条形码技术广泛应用于多个行业领域，其中物流条形码技术是重要的物流技术，也是条形码技术的主要组成部分。物流条形码不仅在国际范围内提供了一套可靠的代码标识体系，而且为贸易和物流管理等活动提供了通用信息。物流条形码技术已经成为电子商务活动的主要支持技术之一。

条形码技术标准化可定义为："条形码技术的标准化是在条形码技术社会实践中，对重复性事物和概念，通过制定、发布和实施标准达到统一，以建立最佳秩序，取得最佳效益。"物流条形码在兼顾国内外通用性的同时，也要根据实际情况建立完整的物流条形码标准体系，为其广泛应用奠定基础。

在国际贸易中，物流条形码标准体系已基本成熟，并随着世界经济的发展日趋完善。我国也已经制定出许多相关标准，可以据此建立物流条形码标准体系，但还有待进一步完善。图 4-1 所示为物流条形码标准体系图。

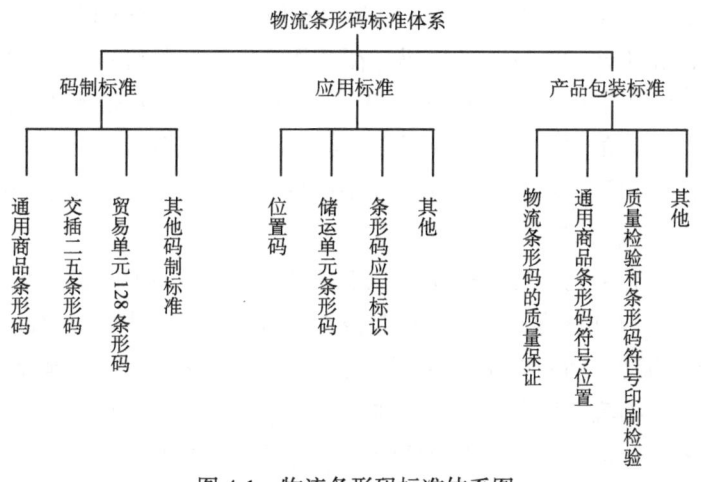

图 4-1 物流条形码标准体系图

1．码制标准

条形码的码制是指条形码符号的类型，各种条形码符号都是由符合特定编码规则的条和空组合而成的，具有固定的编码容量和条形码字符集。现在国际上正在使用的条形码码制有很多种，但公认的物流条形码只有 3 种，即通用商品条形码、交插二五条形码和贸易单元 128 条形码。这 3 种码制基本上可以满足物流条形码应用的要求。

1）通用商品条形码

我国于 1991 年制定了《通用商品条形码》（GB/T 12904—1991）国家标准。通用商品条形码结构与国际物品编码协会推行的 EAN 码结构相同，其标准与国际标准是兼容的。物流条形码应用的是 EAN 码制中的 EAN 13 码。EAN 13 码是国际通用符号体系，是一种定长、无含义的条形码，没有自校验功能。EAN 13 码的 13 位数字分别代表着不同的意义，其结构如图 4-2 所示。

```
  前缀码      制造厂商代码    商品代码    校验码
  ×××        ×××××         ××××      ×
```

图 4-2　EAN 13 码的结构

前缀码由 3 位数字组成，是用来标识国家或地区的代码，由国际物品编码协会统一分配，确保了前缀码在国际范围内的唯一性，我国的前缀码是 690、691、692。制造厂商代码由 4 位或 5 位数字组成，用来标识商品的制造厂家，由中国物品编码中心统一分配，确保了制造厂商代码在国内的唯一性。商品代码是由 4 位或 5 位数字组成的，用来标识商品，由制造厂商自己分配使用；校验码是 1 位数字，由前 12 位数字按一定的运算规则计算得出。

2）交插二五条形码

交插二五条形码在物流管理，特别是仓储管理中被广泛采用。1983 年，交插二五条形码完整的规范被编入美国国家标准 ANSIMH10.8 中。1997 年，我国制定了《交插二五条形码》（GB/T 16829—1997）国家标准，并于 1998 年 3 月开始实施。交插二五条形码是一种连续，非定长，具有自校验功能，且条、空都表示信息的双向条形码。

ITF（Interleaved Two of Five）条形码是在交插二五条形码的基础上扩展形成的一种应用于储运包装箱上的固定长度的条形码。ITF 字符的条形码符号表示和交插二五条形码相同。为适应特定的印刷条件，多数情况下都在条形码符号的周围加上保护框，并设有印刷适应性实验的"H"符号。在物流系统中，常用 ITF-14 和 ITF-16 来标识储运单元。

3）贸易单元 128 条形码

我国制定的《贸易单元 128 条形码》（GB/T 15429—1994）国家标准采用了贸易单元 128 条形码（UCC/EAN-128 条形码）。UCC/EAN-128 条形码是由国际物品编码协会、美国统一代码委员会和自动识别制造商协会共同设计而成的。它是一种连续型、非定长、有含义的高密度代码，是物流条形码实施的关键。贸易单元 128 条形码标识的贸易单元的信息较多，如产品批号、数量、规格、生产日期、有效期、交货地等。

贸易单元 128 条形码有 A、B、C 3 套字符集，其中 C 字符集能以双倍的密度来表示全数字的数据。这 3 套字符集覆盖了 128 个 ASCII 码字符。128 条形码由起始符、数据字符、检验符、终止符及左右侧空白区组成，结构如表 4-1 所示。

表 4-1　贸易单元 128 条形码的结构

左侧空白区	起　始　符	数据字符	检　验　符	终　止　符	右侧空白区
10 模块	22 模块	11N 模块	11 模块	13 模块	10 模块

注：N 为数据字符与辅助字符。

这 3 种条形码都是物流条形码中常用的码制，具体应用在实际中有所不同。一般来说，通用商品条形码用在单个大件商品的包装箱上。当包装箱内含有预先确定的、规则数量商品的时候，给每个货运单元分配一个与消费单元不同的 EAN 13 码；交插二五条形码可用于定量储运单元的包装箱上。ITF-14 和 ITF-16 附加代码共同使用也可以用于变量储运单元；贸易单元 128 条形码的使用是物流条形码实施的关键，可以弥补通用商品条形码和交插二五条形码的不足，标识更多的贸易单元的信息，如产品批号、数量、规格、生产日期、有效期、交货地点等，而且，对贸易单元 128 条形码的印刷要求更为宽松，在许多粗糙、形状不规则的包装上都可以印刷，并且贸易单元 128 条形码的识别要比前两种码制容易得多。

2．应用标准

在物流条形码标准体系中，还有许多应用标准。这些应用标准大多采用上面 3 种码制，适用于不同的实际情况，解决不同的具体问题，使物流条形码在我国物流领域的应用具有可行性和实用性。

1）位置码

中国物品编码中心根据国际物品编码协会的技术规范《EAN 位置码》，并结合我国具体国情，制定了《位置码》（GB/T 16828—1997）国家标准。位置码是对法律实体、功能实体、物理实体进行标识的代码，具有唯一性、无含义性，国际通用，并有严格的定义和结构，主要应用于 EDI 和自动数据采集。位置码由 13 位数字组成，其结构如图 4-3 所示。

```
前缀码         位置参考代码         检验码
×××         ×××××××××         ×
```

图 4-3　位置码结构

前缀码是 3 位数字，是国际物品编码协会分配给中国物品编码中心的标识码，由于我国分配的前缀码为 690、691 的 EAN 13 码已经全部分配为物品编码，因此，位置码以 692 为前缀码；位置参考代码由 9 位数字组成，由中国物品编码中心统一分配，以 900000000~999999999 为参考代码的范围；校验码是 1 位数字，具体计算方法可以参考位置码的国家标准。

当位置码用条形码符号表示时，应与位置码应用标识一起使用，条形码符号采用贸易单元 128 码制。

EAN 位置码提供了国际共同认可的标识团体和位置的标准，并日渐广泛地用于标识交货地点和起运地点，成为 EDI 实施的关键。

2）储运单元条码

中国物品编码中心在遵守国际物品编码协会 EAN 规范中《关于储运单元编码与标识的 EAN 规范》的前提下，结合我国的具体情况制定了《储运单元条码》（GB/T 16830—1997）国家标准，此标准适用于商品储运单元的条形码标识。

储运单元是指由若干消费单元组成的稳定、标准的产品集合，是装卸、仓储、收发货、运输等项业务所必需的一种产品单元。储运单元分为定量储运单元和变量储运单元，因此，储运单元条码也应分为两种不同的情况。

（1）定量储运单元。定量储运单元是指内含预先确定的、规则数量商品的储运单元。当大件商品的储运单元又是消费单元时，其代码就是通用商品代码；当定量储运单元内含有不同的定量消费单元时，给储运单元分配一个区别于消费单元的 13 位数字代码，条形码标识可用 EAN 13 码，也可用 14 位交插二五条形码（ITF-14）。

（2）变量储运单元。变量储运单元是指按基本计量单位记价的商品的储运单元。其编码由 14 位数字的主代码和 6 位数字的附加代码组成，都用交插二五条形码表示。附加代码是指包含在变量储运单元内按确定的基本计量单位计量取得的商品数量。

运输和仓储是物流过程的重要环节，《储运单元条码》国家标准起到了对货物储运过程中物流条形码的规范作用，在实际应用中具有标识货运单元的功能，是物流条形码标准体系中一个重要的应用标准。

3）条码应用标识

中国物品编码协会根据国际物品编码协会与美国统一代码委员会共同制定的《UCC/EAN 应用标识符标准规范》和我国的实际需要制定了《条码应用标识》(GB/T 16986—1997)国家标准。条码应用标识是对商品统一条形码有益和必要的补充，不仅是一个标准，也是一种信息交换的工具，将物流和信息流有机地结合起来，成为条形码与电子数据交换的纽带。

条码应用标识是指一组用条形码表示的数据，用来表示贸易单元的相关信息。它由应用标识符和数据两部分组成，通常不包含校验码。应用标识符是用于定义条形码数据域的前缀，每个不同的前缀唯一地标识其后数据域的含义及格式。每个应用标识符由 2~4 个数字构成。使用应用标识符，可以将很多内容不同的数据元素表示在一个条形码符号中。不同的数据域间无须分隔，既节省空间，又为计算机的数据处理创造了条件。

条码应用标识的内容包括系列货运包装箱代码、EAN 物品代码、批号和组号、生产日期、包装日期、保质期、有效期、长度、重量、面积、体积等。条码应用标识是一个开放的标准，可根据用户的要求，随时定义新的应用标识符。

条码应用标识用贸易单元 128 条形码码制来表示，多个应用标识共同使用，可以用同一个条形码符号来表示。当前一个应用标识是一个定长的数据时，应用标识之间可以直接连接；当前一个应用标识是可变长度的数据时，必须加 FNC1 分隔，但编码数据字符的最大数量为 48，包括空白区在内的条形码长度不能超过 16.5cm。

3．产品包装标准

物流条形码的使用是为了实现物流过程中各个环节的数据共享，通过物流条形码数据的收集、反馈来提高整个物流系统的经济效益。为了更好地实现这一目标，物流条形码标准体系应具有相应的包装标准，保证物流条形码能够被快速准确地识别。

为了便于运输和仓储，物流单元一般采用箱式包装或集装箱托盘。与消费单元包装相比，物流单元大多体积比较大，包装选材更坚硬，表面较粗糙。因此，物流条形码应该符合物流单元包装的特点,选择适当的位置,以便识读。因此,产品包装标准体现了以下原则。

(1)贸易单元 128 条形码一般平行地放在主代码的右侧,在留有空白区的条件下,尽可能缩小两个符号间的距离。如果不能满足上述要求,应明显地印在与主代码关联的位置上,且两者方向一致。

(2)箱式包装一般应把物流条形码置于包装箱的侧面,条形码符号下边缘距印刷面下边缘的最小距离为 32mm,条形码符号保护框架边缘距垂直边的最小距离为 19mm。

(3)集装箱托盘的条形码符号的底边距托盘上表面 45mm,垂直于底边的侧边不小于 50mm。

(4)贸易单元 128 条形码符号最小放大系数的选择取决于印刷质量,并且由印刷扩展的变化或允许误差来决定。当贸易单元 128 条形码作为通用商品条形码或交插二五条形码的补充条形码时,实际放大系数的选择必须考虑通用商品条形码或交插二五条形码的尺寸。一般原则是:贸易单元 128 条形码的模块宽度不能小于主代码最窄宽度的 75%。

对于不同码制的代码,在国家标准中都有具体的要求,来保证条形码符号的质量。我国已经制定了《通用商品条形码符号位置》(GB/T 14257—1993)国家标准和《条形码符号印刷质量的检测》(GB/T 14258—1993)国家标准,可以作为物流条形码标准体系的引用标准。

4. 二维条形码

二维条形码属于高密度条形码,可以在 1 平方英寸(约 6cm^2)内记录高达 2 000 个字符。二维条形码本身就是一个完整的数据文件,在水平方向和垂直方向都表示了信息,又被称为便携式数据文件、自备式数据库等。使用二维条形码是各种证件及卡片等大容量、高可靠性信息实现存储、携带并自动识读的最理想方法。

美国 Symbol 公司于 1991 年正式推出了名为 PDF417(Portable Data Files,便携数据文件)的二维条形码,简称为 PDF417 条形码,是一种层排式二维条形码,也是目前技术比较成熟、应用比较广泛的条形码。我国已制定并颁布了 PDF417 的国家标准,即《四一七条形码》(GB/T 171172—1997)。

PDF417 条形码是一种高密度、高信息含量的便携式数据文件,其特点为:信息容量大、编码应用范围广、保密防伪性能好、译码可靠性高、修正错误能力强、条形码符号的形状可变。

目前,美国的一些州、加拿大部分省已经在车辆年检、行车证年审及驾驶证年审等方面,将 PDF417 条形码选为机读标准。巴西、墨西哥、新西兰等国家将其应用于报关单、身份证、货物实时跟踪等方面。

在货物运输过程中,二维条形码可以在货物运输的承运、中转、交付和清点等不同的作业环节中发挥作用,货物的许多信息都可以采用 PDF417 条形码表示出来。PDF417 条形码的特点主要表现在以下几个方面。

(1)PDF417 条形码作为二维条形码所表示的信息量,能够满足货物运输的要求。

（2）PDF417 条形码通过选择错误修正等级，可以将受损面积达 50%的条形码符号所含的信息全部复现出来。

（3）PDF417 条形码是一个便携式数据文件，在计算机网络通信条件不完善的情况下，二维条形码的使用弥补了数据通信条件的不足。

（4）在货物运输中生成货物信息的单据和相对应的 PDF417 条形码后，有利于方便、快速、准确地识别货物和货物单据信息的一一对应关系，减少数据的重复录入，加快货物作业的速度。

PDF417 条形码已经作为国际标准和国家标准被广泛推行，是一种比较成熟的二维条形码系统，具有与其他信息系统进行数据交换和共享的良好条件和基础。

4.2.2 电子数据交换技术

1．EDI 概述

EDI 即电子数据交换。国际标准化组织（ISO）于 1994 年确认了 EDI 的技术定义：根据商定的交易或电文数据的结构标准实施商业或行政交易从计算机到计算机的电子传输。EDI 所需的硬件设备主要有计算机、调制解调器等。EDI 应用包括以下几个方面。

（1）使用 EDI 的是交易的双方，EDI 是企业之间的文件传递，而非同一组织内的不同部门。

（2）交易双方传递的文件是特定的格式，采用的是报文标准，现在通用的是联合国的 UN/EDIFACT 标准。

（3）双方各有自己的计算机（或计算机管理信息系统）。

（4）双方的计算机（或计算机系统）能发送、接收并处理符合约定标准的交易电文的数据信息。

（5）双方计算机之间有网络通信系统，信息传输通过该网络实现。这里要说明的是，信息处理是由计算机自动进行的。

这里所说的数据或信息是指交易双方互相传递的具备法律效力的文件资料，可以是各种商业单证，如订单、回执、发货通知、运单、装箱单、收据发票、保险单、进出口申报单、报税单、缴款单等；也可以是各种凭证，如进出口许可证、信用证、配额证、检疫证等。

2．EDI 的主要特点及效益

（1）EDI 的主要使用对象是具有固定格式的信息和存在密切业务联系的公司、组织。

（2）EDI 所传送的资料通常是业务资料，如发标、订单等。

（3）EDI 采用标准化的格式，如联合国 UN/EDIFACT 标准。

（4）EDI 主要由收送双方的计算机系统直接传送，完成资料交换。

（5）由于交易双方的信息经由计算机通信网络传输，瞬间即达，可大大缩短业务运作时间。

（6）由于信息处理是在计算机上自动完成的，无须人工干预，所以除节约时间外也可大幅度降低业务处理过程中的差错率，从而降低资料出错的处理成本。

（7）由于使用 EDI 后可大幅度缩短供需双方的业务处理时间，因而需方可减少库存，从而降低库存成本。

（8）由于使用 EDI 后不再需要人工填表、制单、装订、打包、邮寄等一系列流程，自然可节省人力，从而节省人事费用。

（9）使用 EDI 可以让企业业务的开展不再受地域限制。

3．EDI 的构成要素

数据标准、EDI 软件及硬件、通信网络是构成 EDI 系统的 3 大要素。

1）数据标准

EDI 标准是由各企业、各地区代表共同讨论、制定的电子数据交换统一标准，可以使各组织之间的不同文件格式，通过统一的标准顺利进行交换。

2）EDI 软件及硬件

实现 EDI，需要配备相应的 EDI 软件和硬件。EDI 软件具有将用户数据库系统中的信息译成 EDI 的标准格式，以供传输交换的功能。EDI 标准具有足够的灵活性，可以适应不同行业的多种需求，每家企业可有其自己规定的信息格式。因此，当需要发送 EDI 电文时，必须用某些方法从企业的专有数据库中提取信息，并把它翻译成 EDI 标准格式进行传输，这就需要 EDI 相关软件的帮助。EDI 软件构成如图 4-4 所示。

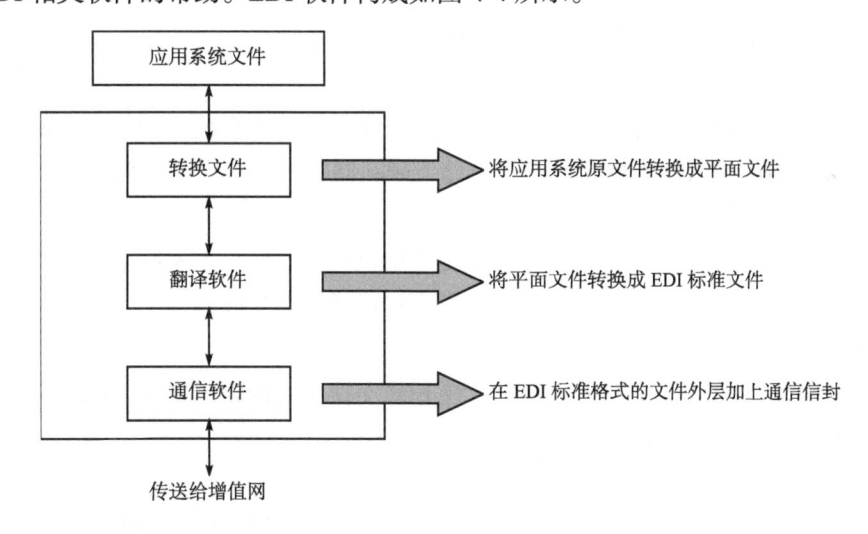

图 4-4　EDI 软件构成

3）通信网络

通信网络是实现 EDI 的载体。EDI 有多种通信方式，如图 4-5 所示。

从图 4-5 中不难看出，直接连接的方式只在贸易伙伴数量较少的情况下使用。随着贸易伙伴数目的增多，当多家企业直接采用计算机通信时，会出现由于计算机厂家不同，通信协议相异及工作时间不易配合等原因，造成相当大的沟通问题。为了克服这些问题，许多应用 EDI 的公司逐渐采用第三方网络与贸易伙伴进行通信，即增值网方式。它类似邮局，为发送者与接收者维护邮箱,并提供存储转送、记忆保管、通信协议转换、格式转换、安全管制等服务。因此通过增值网络传送 EDI 文件,可以大幅度降低相互传送资料的复杂度和困难度,大大提高 EDI 的效率。

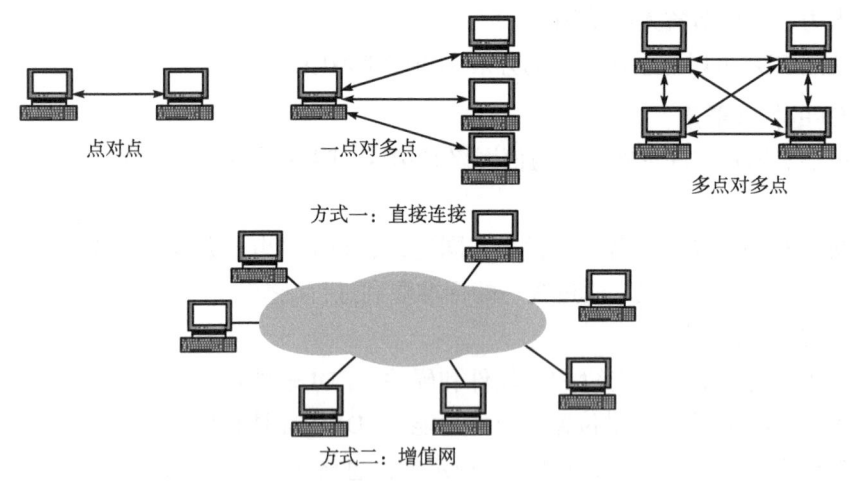

图 4-5 EDI 通信方式

4. EDI 的工作过程

EDI 的工作过程主要包括以下几个环节。

1)制作订单

购买方根据自己的需求在计算机上操作,在订单处理系统上制作出一份订单来,并且将所有必要的信息以电子传输的格式存储下来,同时产生一份电子订单。

2)发送订单

购买方将此电子订单通过 EDI 系统传送给供货商,此订单实际上是发向供货商的电子信箱的,它先存放在 EDI 交换中心,等待来自供货商的接收指令。

3)接收订单

供货商使用邮箱接收指令,从自己在 EDI 交换中心的电子信箱中收取全部邮件,其中包括来自购买方的订单。

4)签发回执

供货商在收到订单后,使用自己计算机上的订单处理系统,为来自购买方的电子订单自动产生一份回执,经供货商确认后,此电子订单回执被发送到网络,再经由 EDI 交换中心存放到购买方的电子信箱中。

5)接收回执

购买方使用邮箱接收指令,从 EDI 交换中心自己的电子信箱中收取全部邮件,其中包括供货商发来的订单回执。整个订货过程至此完成,供货商收到订单,客户(购买方)则收到了订单回执。

5. EDI 在物流管理中的应用

EDI 既准确又迅速，可免去不必要的人工处理，节省人力和时间，同时减少人工作业可能产生的差错。由于它出口手续简便，可减少单据费用的开支，并缩短国际贸易文件的处理周期，因此给使用 EDI 的企业带来了巨大的经济利益。据美国创汇大户 GE 公司 1989—1990 年的数据表明，应用 EDI 使其产品零售额上升了 60%，库存由 30 天降到 6 天，每年仅连锁店文件处理一项就节省了 60 万美元，每张订单费用由 325 美元降到 125 美元，运送时间缩短 80%；其下属汽车制造厂作为 GE 公司内部 EDI 项目试点，就其购买钢锭一项，第一年就节省了 25 万美元。

因为这种种优势，EDI 已被广泛应用于运输、商检、报关、货物跟踪等多种物流管理活动中。

EDI 处理的物流单证类型如下。

1）运输单证

运输单证包括提单、订舱确认书、多联式运单证、货物运输收据、铁路发货通知单、陆运单、空运单、联运提单、货物仓单、装货清单、集装箱装货单和到货通知等。

2）贸易单证

贸易单证包括订单、发票、装箱单、尺码单和装船通知等。

3）海关单证

海关单证包括报关单、海关发票、出口货物报关单、离港货物报关单、海关转运报关单、海关放行通知等。

4）商检单证

5）其他单证

6. EDI 在国际运输中的应用

近年来，国际运输领域已经通过 EDI 系统用电子提单代替了传统的提单实现运输途中货物所有权的转移，这象征着一场结构性的商业革命的到来，这不仅对国际运输，而且对整个国际物流领域来说，都是一场深刻的变革。

1）电子提单的含义

电子提单是一种利用 EDI 系统对海运途中的货物所有权进行转让的程序。提单是货物所有权的凭证，长期以来国际贸易实践形成了通过背书来实现货物所有权转让的方式，而电子提单是利用 EDI 系统根据特定密码使用计算机进行的，因此它具有许多传统提单无法比拟的优点。

（1）所有权快速、准确地转移。EDI 是一种高度现代化的通信方式，可利用计算机操纵、监督运输活动，使所有权快速、准确地转移。在近海运输中，常常出现船货到港而提单未到的情况，电子提单的使用，使这个问题迎刃而解。

（2）可防冒领和避免误交。由于计算机科技的使用，使整个过程具有高度的保密性，能大大减少提单欺诈案件的发生。一方面，承运人可通过 EDI 系统监视提单内容，以防止托运人涂改，欺骗收货人与银行；另一方面，托运人、银行或收货人可以监视承运人行程，以避免船舶失踪。两方面的互相监督使双方对整个过程都能做到心中有数。另外，只有当某收货人付款后，银行才通告货物所有权的转移。

2）使用电子提单应具备的条件

从 EDI 的优点来看，它的普及应是相当迅速的，然而事实却非如此。在海运方面，EDI 只在海运单证方面应用较早；在空运方面，就提单而言，也只不过是在海运单和记名提单方面应用，而且局限于大宗货物。这是因为它的普及受到如下几个方面的限制。

（1）法律方面。由于 EDI 用一种新的贸易工具进行，电子数据本身又存在着一些与原有的旧的贸易惯例和原理不同的特点，虽然国际组织加强了对 EDI 的立法工作，INCOTERMS90 及 UCP500 等的出台为 EDI 合法化创造了条件，但由于各国的经济发展水平不同，法律又有差异，因此不易普及。

（2）硬件方面。EDI 的使用涉及机型的配套和联网等一系列技术问题，只有计算机的应用在全世界得到普及，才有可能推广 EDI 及电子提单。

（3）人才方面。EDI 及电子提单的使用需要一批专业人才，他们既要懂国际运输，又要懂 EDI 的操作规程，这就需要对人员进行培训。

（4）各国的航运体制和管理水平必须适应 EDI 技术的发展要求。

4.2.3 自动跟踪技术

1. GIS 技术

1）GIS 技术概述

GIS（Geographical Information System）即地理信息系统，是 20 世纪 60 年代开始迅速发展起来的地理学研究新成果，是多种学科交叉的产物。它以地理空间数据为基础，采用地理模型分析方法，适时地提供多种空间的和动态的地理信息，是一种为地理研究和地理决策服务的计算机技术系统。

GIS 的基本功能是将表格型数据转换为地理图表并显示出来，以实现编辑和分析等功能。其显示范围可以从洲际地图到非常详细的街区地图，显示对象包括人口、销售情况、运输线路及其他内容。

2）GIS 的组成

GIS 主要由 5 个元素构成：硬件、软件、数据、人员和方法。

（1）硬件。硬件主要指 GIS 操作所用的计算机及其他设备。硬件是 GIS 实现运行的主要载体。目前 GIS 软件可以在多种硬件上运行，从中央计算机服务器到桌面计算机，从单机到网络环境。

（2）软件。GIS 软件提供所需的存储、分析和显示地理信息的功能和工具，主要的软件部件有：输入和处理地理信息的工具；数据库管理系统（DBMS）；支持地理查询、分析和视觉化的工具；利于使用这些工具的图形化界面（GUI）。

（3）数据。可以说数据是 GIS 系统中最重要的部分。地理数据和相关的表格数据可以自己采集或者从商业数据提供者处购买。GIS 将把空间数据和其他数据源的数据集成在一起，而且可以使用那些大多数公司用来组织和保存数据的数据库管理系统，管理空间数据。

（4）人员。GIS 技术是由人来管理和实现的，并用其解决实际问题。GIS 的用户范围包括从设计和维护系统的技术专家，到那些每天使用该系统并完成他们工作的人员。

（5）方法。成功的 GIS 系统，具有好的设计计划和强大的支撑功能。但对每家公司来说，具体的实现方法，如操作实践等却又各不相同。

3）GIS 的工作模式

GIS 可用来存储有关地理信息，这些信息是可以通过地理关系连接在一起的所有主题层的集合。这对于解决大量实际问题具有重要的作用，这些作用包括跟踪传输工具，记录计划的详细资料及模拟全球的大气循环等。

（1）地理参照系统。地理信息包含明确的地理参照系统，如经度和纬度坐标、国家网络坐标；也可以包含间接的地理参照系统，如地址、邮政编码、人口普查区名、森林位置识别、路名。一种叫作地理编码的自动处理系统可以用来从间接的参照系统（如地址描述）转变成明确的地理参照系统（如多重定位）。这些地理参照系统可以定位一些特征，如商业活动、森林等；也可以定位一些事件，如地震，用于地表分析。

（2）矢量和栅格模式。GIS 工作有两种不同的基本地理模式，即矢量模式和栅格模式。在矢量模式中，关于点、线和多边形的信息被编码并以 x、y 坐标形式存储。一个点特征的定位，如一个钻孔，可以被一个单一的 x、y 坐标所描述。对于线特征的定位，如公路和河流，可以被存储于一系列的点坐标。对于多边形特征的定位，如销售地域或河流聚集区域，可以被存储于一个闭合循环的坐标系。矢量模式非常有利于描述一些离散特征，但对于连续变化的特征，如土壤类型或赶往医院的开销等，就不太有用。栅格模式发展为连续特征的模式。栅格图像包含有网格单元，类似扫描的地图或照片。不管是矢量模式还是栅格模式，用来存储地理数据，都有各自的优点和缺陷。目前所使用的 GIS 系统对这两种模式都可以处理。

4）GIS 的工作任务

（1）输入。在地理数据用于 GIS 之前，数据必须转移成适当的数字格式。从图纸数据转换成计算机文件的过程叫作数字化。对于大型的项目，现代 GIS 系统可以通过扫描技术来使这个过程全部自动化；对于较小的项目，需要手工通过扫描技术来使这个过程全部自动化；对于小型的项目，需要手工数字化（使用数字化桌）。目前，许多地理数据已经是 GIS 兼容的数据格式。可以从数据提供商那里获得这些数据并直接装入 GIS 中。

（2）处理。对于一个特殊的 GIS 项目来说，有可能需要将数据转换或处理成某种形式以适应所使用的系统。例如，地理信息适用于不同的比例尺（街道中心线文件的比例尺也许是 1∶100 000，人口边界是 1∶50 000，邮政编码是 1∶10 000），在这些信息被集成以前，必须转变为相同的比例尺。这可以是为了显示而做的临时变换，也可以是为了分析所做的永久变换。GIS 技术提供了许多工具来处理空间数据和去除不必要的数据。

（3）管理。对于小的 GIS 项目，把地理信息存储成简单的文件就足够了。但是，当数据量很大而且数据用户很多时，最好使用一个数据库管理系统来帮助存储、组织和管理数据。一个数据库管理系统就是用来管理一个数据库的计算机软件的。实际应用中有许多不同的 DBMS 设计，但在 GIS 中，关系数据库管理系统的设计是最有用的。在关系数据库系统设计中，数据都被存储为一系列的表格。不同表格中的共同字段可以相互连接。这种简单的设计由于它的灵活性，在使用 GIS 和不使用 GIS 时，都被广泛地采用。

（4）查询和分析。一旦拥有一个包含地理信息的多功能 GIS 系统，就可以提出下面这样的一些简单问题：这个角落上的这块土地属于谁？两个地方之间的距离是多少？工业用地的边界在哪里？有关分析的问题可能是：适合盖新房子的所有地点在哪里，橡树生长最好的土壤类型是什么，如果要在这里建一条高速公路，它将如何影响交通等。GIS 提供简单的鼠标点击查询功能和复杂的分析工具，为管理者和类似的分析家提供及时的信息。当分析地理数据用于寻找模式和趋势，或提出"如果……会怎样"的设想时，GIS 技术实际上正在被使用。现代 GIS 具有许多有效的分析工具，其中有两个特别重要。

- 接近程度分析。对于如"在这片水域周围 100m 范围内有多少房子""这家商店附近 10km 范围内共有多少消费者""在这口井周围 500m 范围内紫花苜蓿这种植物占多大面积"等问题，GIS 技术使用一个叫作缓冲的处理方法，来确定特征间的接近关系，从而回答这些问题。
- 覆盖范围分析。不同数据层的综合方法叫作覆盖。简单地说，它可以是一个可视化操作，但是分析操作需要一个或多个物理连接起来的数据层。覆盖或空间连接，可以将税收数据与土地、斜坡、植被或土地所有者等集成在一起。

（5）可视化。对于许多类型的地理操作，最终结果最好是以地图或图形来显示。图形对于存储和传递地理信息是非常有效的。人类制图者已经生产了上千年的地图，GIS 为发展这种制图艺术和科学提供了崭新的、激动人心的工具。地图显示可以集成在报告、三维观察、照片图像和诸如多媒体的其他输出中。

5）GIS 技术在物流分析中的应用

GIS 在物流活动中的使用，主要是指利用 GIS 强大的地理数据功能来完善物流分析技术。已有企业开发利用以 GIS 进行物流分析的专门工具软件。完整的 GIS 物流分析软件集成了车辆路线模型、最短路径模型、网络物流模型、分配集合模型和设施定位模型。

（1）车辆路线模型。用于解决在一个起点、多个终点的货物运输中，如何降低物流作业费用，并保证服务质量的问题，包括决定使用多少辆车，每辆车的行驶路线等。

（2）网络物流模型。用于解决寻求最有效的分配货物路径问题，也就是物流网点布局问题。如将货物从 n 个仓库运往 m 个商店，每个商店都有固定的需求量，因此需要确定由哪个仓库提货送给哪个商店，并且使运输成本最小。

（3）分配集合模型。可以根据各个要素的相似点把同一层上的所有或部分要素分为几个组，用以确定服务范围和销售市场范围等。如某一公司要设立 x 个分销点，要求这些分销点要覆盖某一地区，而且要使每个分销点的顾客数目大致相等。

（4）设施定位模型。用于确定一个或多个设施的位置。在物流系统中，仓库和运输线共同组成了物流网络，仓库处于网络的节点上，节点决定着线路。根据供求的实际需要并结合经济效益等原则，在既定区域内设立多少个仓库，每个仓库的位置、规模，以及仓库之间的物流关系等，运用此模型均能很容易地得到解决。

2．GPS 技术

现今 GPS 主要有美国国防部的 GPS、俄罗斯的 GLONASS、国际海事卫星组织的 INMARSAT 等。

GPS（Global Positioning System）即全球定位系统，是 20 世纪产生的一项应用于多领域的高科技技术。在物流领域，全球定位系统呈现出越来越普遍地应用于各个环节的趋势，主要表现为以下几个方面。

（1）用于汽车自定位、跟踪调度、陆地救援。据日本丰田汽车公司的统计和预测，日本车载导航系统的市场在 1995—2000 年将平均每年增长 35%以上，全世界在车辆导航上的投资将平均每年增长 60.8%，因此，车辆导航将成为未来 GPS 应用的主要领域之一。我国已有数十家公司在开发和销售车载导航系统。

（2）用于内河及远洋船队最佳航程和安全航线的测定，航向的实时调度、监测及水上救援。在我国，GPS 最先应用于远洋运输的船舶导航。

（3）用于空中交通管理，精密进场着陆、航路导航和监视。国际民航组织提出，在 21 世纪要用未来导航系统（Future Air Navigation System，FANS）取代现行航行系统，这是一个以卫星技术为基础的航空通信、导航、监视（Communication，Navigation，Surveillance）和空中交通管理（Air Traffic Management）的系统。它利用全球导航卫星系统（Global Navigation Satellite System，GNSS）实现飞机航路、终端和进场导航。目前 GPS 只能作为民用导航的补充手段，待完好性监控报警问题解决后，将过渡为唯一的导航手段。该系统的使用可降低机场的飞机起降时间间隔，使起降路线灵活多变，使更多的飞机以最佳航线和高度飞行，还可减少飞机误点，增加飞机起降的安全系数。

（4）用于铁路运输管理。我国铁路部门开发的基于 GPS 的计算机管理信息系统，可以通过 GPS 和计算机网络实时收集全路列车、机车、车辆、集装箱及所运货物的动态信息，实现列车、货物追踪管理。只要知道货车的车种、车型、车号，就可以立即从在近 10 万 km 的铁路网上流动着的几十万辆货车中找到该货车，还能得知这辆货车现在何处运行或停在何处，以及所有的车载货物发货信息。铁路部门运用这项技术大大提高了其路网及运营的透明度，从而为货主提供更高质量的服务。

（5）用于军事物流。GPS 一开始是出于军事目的而建立的，在军事物流中，如后勤装备的保障等方面，应用相当普遍。尤其是美国，其在世界各地驻扎的大量军队，无论在战时还是在平时，都对后勤补给提出了很高的要求。

评估练习题

1. 关键概念

（1）国际上公认的物流条形码包括（　　）。
A. EAN 13 码　　　　B. 交插二五条形码
C. ASCII　　　　　　D. UCC/EAN 128 条形码

（2）EDI 的构成要素主要包括（　　）。
A. 数据标准　　　　B. EDI 软件
C. EDI 硬件　　　　D. 通信网络

（3）EDI 处理的物流单证主要包括（　　）。
A. 贸易单证　　　　B. 运输单证
C. 海关单证　　　　D. 商检单证

（4）GIS 系统主要构成要素包括（　　）。
A. 硬件和软件　　　B. 数据标准
C. 数据　　　　　　D. 人员和方法

（5）GPS（Global Positioning System）即全球定位系统，其主要应用领域包括（　　）。
A. 用于汽车自定位、跟踪调度、陆地救援
B. 用于内河及远洋船队运输
C. 用于空中交通管理
D. 用于城市公共交通管理

2. 实训题

通过对采用 GPS 系统的物流企业进行调查，了解 GPS 在物流运营管理中的作用。

4.3 电子商务中的物流自动化技术

4.3.1 自动化仓库

1. 自动化仓库的概念与发展

自动化仓库系统（Automated Storage and Retrieval System，AS/RS）是目前国际仓储发展的一个重要趋势，是不必通过人工处理就能自动存储和取出物料的系统。通常，自动化仓库系统是使用多层货架，能在巷道的任何货位存储和取出货物的搬运车及计算机控制和通信的系统。有的系统可以直接与其他生产系统相连。

随着经济和科学技术的不断发展，原材料配套件、制成品等数量不断增加，对物料搬运和存储提出了越来越高的要求，促使仓库机能也在不断发展和完善，仓库在各个领域中

的作用也越来越重要，仓库管理及机械化和自动化的重要意义也引起人们的高度重视。传统的仓库管理方式日益不能适应生产和流通的要求，土地缺少，地价上涨，促使仓储作业向空间发展，由简易仓库向高架仓库发展。

立体仓库一般采用高层货架存储货物，用起重、装卸、运输机械设备进行货物出库和入库作业。立体仓库的特点是通过高层货架存取货物，更多地利用空间而非地面。目前，这类仓库的最大高度已达40多米，最大库存量可达数万甚至10多万个货物单元，可以做到无人操纵按计划入库和出库的全自动化控制，并且对仓库可以实现计算机网络管理。

立体仓库的货架一般用钢材或钢筋混凝土制作。常用的仓储机械设备有各种堆垛起重机、高架叉车、辊子或链式输送机、巷道转移台车、升降机、自动导向车等。高层货架根据需要和库房条件进行安装，不需要的可拆掉，也有的直接用作仓库建筑物的承重结构。另外，选择和安装货架要考虑地基的承载能力。

我国早在1963年就由北京起重运输机械研究所设计出了第一台1.25t桥式堆垛起重机。目前，我国的立体仓库大部分是简易的小型中低层分离式仓库，货架只有单元式和重力式两种。这些仓库的控制方式也以手动为主，能够单机自动化或远距离控制的仓库为数不多。所以，立体仓库自动化程度很高的优点在国外能显示出来，在国内就不一定能显示出来。但是，一般立体仓库已经在国内产生了可观的经济和社会效益。随着国民经济的发展，对立体仓库的需要必定会不断增加，促进仓储技术研究不断发展。在采用仓储技术时，要考虑我国的实际情况，特别要考虑本单位的实际情况，把仓库建设现代化与仓库管理现代化紧密联系起来，逐步摸索出一套适合我国国情的方法来。

1）自动化立体仓库的主要功能

（1）对货物的存储和保管功能。仓库具有一定的空间，用于容纳物品。现代仓库不仅是一个存储物品的场所，还应有相应的设备，根据存放物品的特性来保管好存储的物品。

（2）供需平衡与调节功能。市场需求是不稳定的，经常处于动态变化之中。从生产和消费的连续性来看，各种产品都有不同的特点。有些产品的生产是均衡的，有些产品的生产是不均衡的，而消费是均衡不断进行的。要使生产和消费协调起来，这就需要仓库起到"蓄水池"的调节作用。

（3）货运能力协调功能。通常，水运的运输能力大，海运船舶一般是10万吨级的，内河船舶有几百吨至几千吨的，公路运输能力小。它们之间的运输衔接是不平衡的，这种运输能力的差异也需要通过仓库进行调节。

自动化立体仓库在保持仓库基本功能的基础上更加节省仓库用地面积，加强对空间的利用，也更易提高对仓库的控制和管理水平。由于立体仓库的出现，仓库已由保管型向流通型转变，即仓库由存储、保管货物中心向流动、销售的中心转变。自动化立体仓库提高了仓库存取作业自动化程度，物流系统更加方便和合理；扩大了仓储系统的综合利用率和作业范围，增加了分拣、转运、配送、包装、流通加工、信息处理等设施，能够全面为生产和商业流通服务。

2）自动化仓库的优点

（1）在保证仓储能力的情况下，更多地节约占地面积。由于使用高层货架存储货物，存储区可以大幅度地向高空发展，充分利用仓库地面和空间，因此节省了库存占地面积，提高了空间利用率。

（2）自动化管理作业程度高，保证了运营的高效率。AS/RS使用机械和自动化设备，运行和处理速度快，提高了劳动生产率，降低了操作人员的劳动强度；同时能方便地纳入企业的物流系统，使企业物流更趋合理化。

（3）管理水平提高。在自动化仓库管理中，计算机技术的广泛应用能够准确无误地对各种信息进行存储和管理，因此能减少货物处理和信息处理过程中的差错，从实质上提高自动化仓库管理的水平。

2. 自动化仓库的分类与构成

1）按照货架的形式分类

可分为单元式货架、贯通式货架和循环货架仓库。

（1）单元式货架仓库。这种形式的仓库使用最广，通用性也较强。其特点是货架沿仓库的宽度方向分为若干排，每两排货架为一组，其间有一条巷道，供堆垛机或其他机械作业。每排货架沿仓库长度方向分为若干列，沿垂直方向又分为若干层，从而形成大量货格，用以存储货物单元（一托盘或一货箱）。在大多数情况下，每个货格存放一个货物单元。在某些情况下，例如，货物单元比较小，则一个货格内往往存放两三个货物单元，以便充分利用货格空间减少货架投资。

（2）贯通式货架仓库。在单元式货架仓库中，巷道占去了1/3左右的仓库面积，为了提高仓库面积利用率，可以取消位于各排货架之间的巷道，将货架合并在一起，使同一层、同一列的货物互相贯通，形成能依次存放许多货物单元的通道，而在另一端由出库起重机取货。根据货物单元在通道内移动方式的不同，贯通式仓库又可进一步划分为：重力式货架仓库和梭式小车式货架仓库。

- 在重力式货架仓库中，入库起重机装入通道的货物单元能够在自重作用下，自动地从入库端向出库端移动，直至通道的出库端或者碰上已有的货物单元停住为止。每个存货通道只能存放同一种货物，所以它适用于货物品种不太多而数量相对较多的仓库。
- 梭式小车式货架仓库由梭式小车在存货通道内往返穿梭式地搬运货物。要入库的货物由起重机送到存货通道的入库端，然后由位于这个通道内的梭式小车将货物送到出库端，或者依次排在已有货物单元的后面。出库时，由出库起重机于存货通道的出库端叉取货物。

（3）循环货架仓库。这种仓库的货架本身是一台垂直提升机或在水平面内沿环形路线来回运行的输送机。前者可在垂直方向存取货物，称为垂直循环货架仓库；后者可在平面内存取或拣选货物，称为水平循环货架仓库。

- 垂直循环货架仓库采用的是垂直面内的旋转。这种仓库的货架本身是一台装有悬挂货格的垂直提升机。提升机根据操作命令可以正转或反转，使需要提取的货物降落到最下面的取货位置上。这种垂直循环式货架特别适用于存放长的卷状货物或小件物品。
- 水平循环货架仓库的货架本身可以在水平面内沿环形路线来回运动。当有装有该货物的货柜来到拣选口时，货架便停止运转。操作人员可以从中拣选货物，货柜的结构形式根据所存货物的不同而变更。水平循环货架仓库对于小件物品的拣选作业十分合适。这种仓库简便实用，能够充分利用建筑空间，对土建没有特殊要求，在作业频率要求不高的场合是很适用的。

2）按照建筑形式分类

可分为整体式和分离式仓库。

（1）整体式仓库。这种形式的仓库货架除了存储货物，还可以作为建筑物的支撑结构，就像是建筑物的一个部分，即库房与货架形成一体化结构。外墙既是货架，又是库房屋顶的支持架，高度一般在12m以上。

（2）分离式仓库。这种形式的仓库存储货物的货架独立存在，建在建筑物内部。它可以将现有建筑物改造为自动化仓库，也可以将货架拆除，使建筑物用作它途。分离式仓库主要用于高度不大或已经有建筑物的情况，高度一般在10m以下。

3）按照控制方法分类

可分为手动控制、自动控制和遥控3种立体仓库。

4）按照作业方式分类

可分为单元货架式、移动货架式和拣选货架式3种立体仓库。

（1）单元货架式仓库。这是一种最常见的结构，货物先放在托盘或集装箱内，再装入单元货架的货格中。

（2）移动货架式仓库。它由电动货架组成。货架可以在轨道上行走，由控制装置控制货架的合拢和分离。作业时，货架分开，在巷道中可进行作业；不作业时可将货架合拢，只留一条作业巷道，从而减小仓库面积，提高空间的利用率。

（3）拣选货架式仓库。拣选货架式仓库的分拣机构是这种仓库的核心组成部分。它有巷道内分拣和巷道外分拣两种方式。每种分拣方式又分人工分拣和自动分拣。

5）按照在物流系统中的作用分类

可以分为生产性仓库和流通性仓库。

（1）生产性仓库。这是指工厂内部为了协调工序和工序、车间和车间、外购件和自制件物流的不平衡而建立的仓库，它能保证各生产工序间进行有节奏的生产。

（2）流通性仓库。这是一种服务性仓库，它是企业为了调节生产厂和用户间的供需平衡而建立的仓库。这种仓库进出货物比较频繁，吞吐量较大，一般都和销售部门有直接联系。

6）按自动化仓库与生产联系的紧密程度分类

可分为独立型、半紧密型和紧密型仓库。

（1）独立型仓库。这是指在操作流程及仓库运营的经济性等方面都相对独立的自动化仓库。这种仓库一般规模都比较大，存储量大，仓库系统自有计算机系统实施管理功能。

（2）半紧密型仓库。这是指操作流程、仓库的管理、货物的出入和经济性与其他厂（部门或上级单位）有一定关系，而未与其他生产系统直接联系的立体仓库。

（3）紧密型仓库。也称为"在线"仓库，是那些与工厂内其他部门或生产系统直接相连的立体仓库，并且两者间的关系比较紧密。

7）按照库存容量分类

可分为小型、中型、大型立体仓库。库存容量在 2 000 个托盘（货箱）以下的为小型立体仓库，2 000~5 000 个托盘的为中型立体仓库，5 000 个以上托盘的为大型立体仓库。

3．自动化立体仓库的土建及公用工程设施

（1）厂房。仓库的货物和自动化仓库的所有设备都安放在厂房规定的范围内，库存容量和货架规格是厂房设计的主要依据。

（2）消防系统。由于仓库库房一般都比较大，货物和设备比较多且密度大，而仓库的管理和操作人员较少，因此自动化立体仓库的消防系统大都采用自动消防系统。

（3）照明系统。

（4）通风及采暖系统。

（5）动力系统。

（6）其他设施。包括给排水设施、避雷接地设施和环境保护设施等。

4．机械设备

1）货架

货架可分为立体货架、托盘货架、重力式货架、贯通式货架、阁楼式货架、屏挂式货架、旋转式货架、组合式货架等多种形式。货架一般用钢材或钢筋混凝土制作。钢货架的优点是构件尺寸小，仓库空间利用率高，制作方便，安装建设周期短。而且随着高度的增加，钢货架比钢筋混凝土货架的优越性更明显。因此，目前国内外大多数立体仓库都采用钢货架。钢筋混凝土货架的突出优点是防火性能好，抗腐蚀能力强，维护保养简单。

2）货箱与托盘

为了提高货物装卸、存取的效率，一般自动化立体仓库使用货箱和托盘盛放货物。货箱与托盘的基本功能是装物料，同时还应便于叉车的叉取和堆垛机的存放。

3）搬运设备

搬运设备是自动化立体仓库中的重要设备，一般由电力驱动，通过自动或手动控制，实现货物搬运。设备形式可以是单机、双轨、地面的、空中的、一维运行（水平直线运行或垂直直线运行）、二维运行、三维运行等。典型设备有升降梯、搬运车、巷道式堆垛机、双轨堆垛机、无轨叉车和转臂起重机等。

4）运输系统

运输系统必须具有高度可靠性。在立体仓库内，一般只有一套运输系统，一旦发生故障，就会使整个仓库工作受到影响。所以，要求运输系统各个环节上的设备可靠耐用，维修方便。对于自动控制系统，应设置手动控制作为后备。

5. 货架

1）立体货架

货架是立体仓库的主体，由满足不同功能要求的，各种不同形式的货架组成的多种多样的自动化、机械化仓库，已成为仓储系统乃至整个物流系统或生产工艺流程中的重要环节。立体货架是立体仓库的承重构筑物，投资占整个仓库设备投资的 1/3~2/3，消耗钢材最多。立体货架主要包括以下几种。

（1）按货架与构筑物关系分类。按货架与构筑物之间的相互关系，可分为库架合一的整体式货架和库架分离的分离式货架两类。整体式货架与仓库建筑合成一体的结构形式，货架顶上加屋盖，货架四周挂墙体材料便形成了一座仓库。这种货架不仅承受货物的重力，而且是仓库建筑物的承重结构，承受雨、雪、风载荷和其他建筑荷载。分离式货架则是指在仓库建筑物的内部独立建起的货架，货架与建筑物是分开的。

（2）按货格内的货位数分类，可分为单货位式和多货位式两种。单货位式货架对货物单元的外形结构要求较低，单面和双面托盘均适用，有的货物也可以直接放入货格。多货位式货架不适用于双面托盘，而且要求托盘叉孔高度能满足堆垛机微升降的要求。但这种货架对货格横向尺寸利用较好，能比单货位式货架存储更多一些货物单元。

（3）按货架制作工艺分类，可分为焊接式货架与组合式货架两类。焊接式货架的货架片完全采用焊接结构，制造时不需要特殊设备，所以材料为普通型钢或异型断面钢，其货格尺寸不能改变。组合式货架的货架片用焊接高强度螺栓连接而成，货架片立柱上有许多冲孔，载货横梁可以通过凸爪与立柱组装，因此可以改变货格高度。

（4）按货架高度分类，可分为高层立体货架（>12m）、中层立体货架（5~12m）和低层立体货架（<5m）。

2）托盘货架

托盘货架用以存储单元化托盘货物，配以巷道式堆垛及其他储运机械运行作业。高层货架多采用整体式结构，一般是由型钢焊接的货架片（带托盘），通过水平、垂直拉杆及横梁等构件连接起来。

3）重力式货架

入库起重机装入滑道的货物单元能够在自重作用下，自动从入库端向出库端移动，直至滑道的出库端或者碰上已有的货物单元停住为止。为减小货箱与货架之间的摩擦力，在货格滑道上设有辊子或滚轮。

重力式货架适用于少品种大批量货物的存取。进入货格后的货物都处于流动状态，存、取迅速，保证先进先出，能够避免货物长期积压。重力式货架能充分利用仓库的面积，高大仓库的利用率则更高,缺点是仓库容积不能充分利用。

4)贯通式货架

贯通式货架比通常的托盘货架具有更大的存储能力。托盘或货箱搁置于由货架立柱伸出的悬壁横梁上,叉车或起重机可直接进入货架每列存货道内,对于必须强调先入先出的货物,在通道一端,由一台入库起重机将货物单元装入通道,而在另一端由出库起重机取货,依次取完为止,再入货。

5)阁楼式货架

在已有的货架或工作场地上建造一个中间阁楼以增加储存面积。阁楼楼板上一般可放轻量及中小货物或存储期长的货物,可用叉车、输送带、提升机、电动葫芦或升降台提升货物。阁楼上一般采用轻型小车或托盘牵引小车作业。

6)屏挂式货架

屏挂式货架由百叶式挂屏和挂箱组成,适用于多品种或多规格的各种小型零件的存储,也可设置在手推车或托盘上,用于工序间临时存储或装配线供料。

7)移动式货架

移动式货架易控制,安全可靠。每排货架由一个电机驱动,由装置于货架下的滚轮沿铺设于地面上的轨道移动。其突出的优点是提高了空间利用率,一组货架只需一条通道。而固定式货架的一条通道,只服务于通道内两侧面的两排货架。所以在相同空间内,移动式货架的存储能力比一般固定式货架高得多。

8)旋转式货架

旋转式货架设有电力驱动装置(驱动部分可高于货架上部,也可设于货架底座内)。货架沿着由两个直线段和两个曲线段组成的环形轨道运行。存取货物时,把货物所在货格编号由控制盘按钮输入,该货格则以最近的距离自动旋转至拣货点停止。拣货路线短,从而提高拣货效率。

旋转式货架的货格样式很多,一般有提篮状、盆状、盘状等。旋转式货架适用于小物品的存取,尤其对于多品种的货物更为方便。

9)组合式货架

组合式货架基本构件是带孔型钢的钢立柱,再加以横梁、隔板和其他各种附件,可组成适用性很强的各种货架。它的主要特点是安装和拆卸快速和简便。

4.3.2 物流自动化设备

1. 输送设备

自动输送机是一种主要的输送设备,是用于输送多品种、短存储货物及分拣的一种设备,可输送各种板材、袋装件、箱装件、部件总成和各集装单元货物。

按输送货物的类型分,自动输送设备可以分为单元物品输送设备和散碎物料输送设备两类。

1）单元物品输送设备

（1）辊道式输送机。这是结构比较简单、使用极为广泛的一种输送机械，由一系列以一定间距排列的辊子组成，用于输送成件货物或托盘货物。

（2）链式输送机。链式输送机有多种形式，使用也非常广泛。最简单的链式输送机由两根套筒辊子链组成。链条由驱动链轮牵引，链条下有导轨，支承着链节上的套筒辊子，货物直接压在链条上，随着链条的移动而向前移动。

（3）链板式垂直提升机。提升机有两组链条，托板的第一根板条链接在一组链条上，托板的最后一根板条链接在另一组链条上。货物先在送货输送机上等待，当第一根板条随着第一组链条运行至货物入口时，检测装置发出信号，启动送货输送机使之与提升机同步运行。货物逐渐转到由板条组成的托板上，当第一根板条随着第一组链条经过转向轮向上移动时，最后一根板条也正好随着第二组链条向上移动，于是两组链条拉着载货托盘垂直提升。

（4）悬挂输送机。悬挂输送机主要用于制品的暂存，物料可以在悬挂输送系统上暂时存放一段时间，直到生产或装运为止。这就避免了在车间地面暂存所造成的劳动力和空间的浪费。安全性是在悬挂输送系统设计和实施中应考虑的重要因素。

（5）单轨电动小车。小车是运输物料的主要工具，它的结构形式与所采用的轨道形式相适应。小车可以在轨道上边行驶，也可以悬挂在轨道下翼缘行驶，单轨电动小车系统可采用现有的电动葫芦作为小车。

（6）搬运机器人。目前，它是在生产线、平面存储和立体存储领域中采用的搬运工具。在生产线的各加工中心或加工工序之间，往往采用搬运机器人或上下料机械手。

2）散碎物料输送设备

（1）皮带式输送机。皮带式输送机是最广泛的散料运输机械。运输带的上分支是用来装卸物料的，运输带由托辊支承，靠驱动滚筒的摩擦力带动。为了保证在驱动过程中运输带不打滑，必须使运输带保持足够的张力，为此需要设置张紧装置。

一般皮带输送机应用于水平输送物料和坡度不大于 16°的斜坡段上。当在坡度大于 16°的斜坡段上使用皮带输送机时，可在输送带上设置一些挡块，阻止物料下滑。

（2）提升机。斗式提升机是垂直散碎物料的连续运输机械。它的牵引件可以是运输带或链条。在牵引件上按一定的间距固定着很多料斗，驱动装置带动牵引件回转。提升机的底部抖起物料，随牵引件上升到顶部后，绕过链轮或者卸料滚筒，物料从料斗内卸出。

（3）气力输送系统。气力输送系统是由具有一定速度和压力的空气带动粉粒状物料或比重较小的物品在管道内流动，实现水平和垂直方向上的输送。它结构简单，能保证周围环境免受粉尘污染，广泛应用于装卸粮食和水泥等物料。

2．搬运设备

1）叉车

叉车是仓库作业必备的设备，无论是自动化立体仓库，还是普通平面仓库，都离不开叉车。在自动化立体仓库拣选作业时经常用到的是高位拣选式叉车。其结构特点是操作人员可随货物一起升降，货叉可以自由提升，操纵室不动时与一般叉车相同。它以蓄电池为动力源，由串激直流电动机驱动，操作方便，安全可靠，适用于电子、轻工、食品工业及自动化立体仓库和工厂内部的搬运、装卸、堆垛和拣选作业。

2）托盘搬运车

托盘搬运车是搬运托盘的专用设备，有搭乘式或步行式两种，适用于距离不大的托盘搬运。使用时要求行驶路面坚硬平整，其优点是体积小，重量轻，操作维修方便，驱动轮也为转向轮，结构紧凑，转弯半径小。

3）自动导引小车（AGV）

根据美国物流协会的定义，AGV 是指装备有电磁或光学自动导引装置，能够沿规定的导引路径行驶，具有小车编程与停车装置、安全保护及各种移载功能的运输小车。

AGV 由车体、蓄电和充电系统、驱动装置、转向装置、精确停车装置、车上控制器、通信装置、信息采样子系统、超声探障保护子系统、移载装置和车体方位计数系统 11 个系统组成。

4）集装箱跨运车

集装箱跨运车的外形如图 4-6 所示。它的门形车架跨在集装箱上，由装有集装箱吊具的升降系统吊起集装箱进行搬运，并且可以将集装箱堆垛达四五层高，还可以在堆垛上对集装箱挂车进行装卸。它与轮胎式和轨道式集装箱龙门起重机比较，具有更大的机动性，既可以在码头前沿和堆场之间单独进行集装箱装卸与搬运作用，也可以与龙门起重机及挂车配合使用。

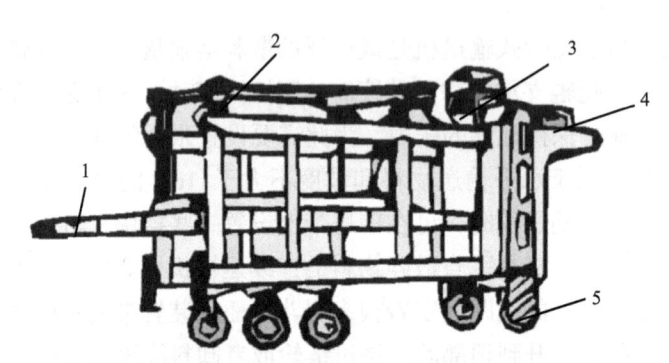

1—吊车；2—升降系统；3—司机室；4—发动机；5—驱动及制动系统

图 4-6 集装箱跨运车的外形

集装箱跨运车由发动机、底盘（传动系统、支承行走系统、制动系统、转向系统）及工作装置 3 大部分组成。有的跨运车的走行轮可以同时转向，这样在货场及有限的空地上有很大的灵活性。

3. 自动起重设备

1）巷道式堆垛起重机

巷道式堆垛起重机是自动化立体仓库内的主要作业机械。巷道式堆垛起重机起重量一般在 2t 以下，有的达 4~5t，使用这种设备的新建仓库最高达 40m，大多数为 10~25m。它的主要作业方式是：在立体仓库的货架巷道间来回穿梭运行，将位于巷道口的货物存入货格，或者取出货格内的货物运送到巷道口。这种作业工艺对巷道式堆垛起重机在结构和性能方面提出了一系列严格的要求。

2）桥式堆垛起重机

桥式堆垛起重机作为仓库作业机械，用于高层货架仓库存取作业，同时适用于无货架堆垛，其起重一般为 0.5~5t，特别的也可以达到 10t、15t、20t。这种起重机一般都是中、小跨度，如 22.5m 以下，并主要适用于高度在 12m 以下的仓库。

桥式堆垛起重机主要由桥架、大车运行机构、小车、电气装置 4 部分组成。大车运行机构有支承式或悬挂式两种基本形式。悬挂式运行机构多用于跨度 12m 以下，起重量 2~3t 以下的起重机；支承式运行机构使用广，除支承在仓库的吊车梁上运行外，也可以支承在货架上运行。而小车比较复杂，小车上的吊钩用立柱和货叉代替。

3）高架叉车

高架叉车又称为无轨巷道堆垛机，是一种变形叉车，对于作业不太频繁，高度不太大的仓库尤为适用。高架叉车既保留了叉车的一些特点，又发展了适用于在高货架中工作的性能。

4）拣选式电动堆垛机

拣选式电动堆垛机的特点是没有货叉，人和货物同在一个有栏杆的平台上升降来完成拣选作业。它用于一般的总体仓库或普通平房仓库中，在货架上存取货物或进行其他搬运、堆垛作业。该机车身窄，转弯半径小，机动性强，适于在狭窄场所作业，结构简单，价格便宜，走行和升降全都采用蓄电池供电，随机带充电器。它的控制可在平台上，也可在地面或踏板上。

4. 分拣设备

分拣设备是指为进行运输、配送，把很多货物按不同的品种、地点和单位分配到所设置场地的设备。按分拣的手段不同，可分为人工分拣、机械分拣和自动分拣 3 大类。

在分拣系统中，分拣机是最主要的设备。由于分拣机应用于各行各业中，分拣对象不论在尺寸、重量上，还是在外形上都有很大差别，小的可以分拣信件，大的可以分拣长度达 1 500mm 的大型物品。因此，分拣机的种类很多，主要有以下几种。

1）横向推出式

使用较多的是钢带式横向推出式分拣机，它通过将货物输送到指定的部位，并靠拨杆的横向转动推挡货物进行分拣，钢带运行速度很快，有的达 120m/min，因此分拣能力很大，每小时可达万件以上。一般情况下，分拣的货物不受纸箱、袋装、木箱等包装形态的限制，能用输送机运送的货物可全部使用。但分拣时对分拣物品有一定的冲击,太薄的货物、容易转动的物品、易碎的物品,不宜采用这种方式。分拣能力越高,分拣机器对物品的冲击力也越大,所以必须注意防止物品的损伤。另外,因为速度快,要求分拣口之间保持较大的间隔,因而可能设置的分拣口数较少。

2）升降推出式

升降推出式分拣机是从搬运输送机的下侧用浮出装置把货物托起,转一微小坡度,送到搬运输送机外面进行分拣的装置。在分拣时给予货物的冲击较小,最适合于分拣底面平坦的纸箱、托盘状的各种货物,但不能分拣很长的或者底面不平坦的货物。

3）倾斜式

倾斜式分拣机可分为盘式和板式两种,是搬运输送机本身设有的分送装置,当货物到达规定的分拣位置时,货物所在的盘或板向左、向右翻转倾斜一定的角度（左右倾斜30°）进行分拣。盘式分拣机盘的倾翻动作可以互不干涉,同时进行,要求相邻分拣口的间隔最小,是各种分拣机中分拣口最多的品种;而板式分拣机打破了盘与盘之间的界限,可以根据分拣物的存储大小,占用一个或数个翻板,对分拣物尺寸的适应性大为改观。

4）悬吊式

悬吊式分拣机是用装在悬吊装置上的钳子或支架吊起物品,输送到指定位置放下物品或转换到另外的分支线路上进行分拣的装置。其动力装置主要是牵引输送式,它是依靠电动或气动使分送器工作,把物品放下或进而将导向棒送入分支线进行分拣的装置,主要适用于对保管、搬运的成批货物分拣。

5. 集装箱与托盘

在物流自动作业中,经常采用集装单元化作业。所谓集装单元,就是采用各种不同的方法和器具,把具有包装或无包装的物品,整齐地汇集成一个扩大了的,便于装卸搬运的,并在整个物流过程中保持一定形状的作业单元。以这样的集装单元或集装货件来组织物资装卸、搬运、存储、运输等物流活动的作业方式,称为集装单元化作业,简称集装单元化。以集装单元化作业方式,从供给者到需要者组织物资的装卸、搬运、存储、运输等一系列物流活动。我们把一个标准的货物或容器称作单元负载,货物的载体可以是托盘、托板、滑板、集装箱、专用堆放架、硬纸板箱等。

1）集装箱

集装箱是具有一定规格和强度的,用于周转的大型货箱。根据货物特性和运输需要,集装箱可以用钢、铝、塑料等各种材料制成。它适合于铁路、水路、公路、航空等多种运输方式的现代化装卸和运输。

集装箱的主要特点是有8个角件,依靠这8个十分简单但结构尺寸和定位尺寸都很精确的角件,可以完成集装箱的装卸、栓固、堆码、支承等作业。图4-7所示是通用集装箱的结构简图。

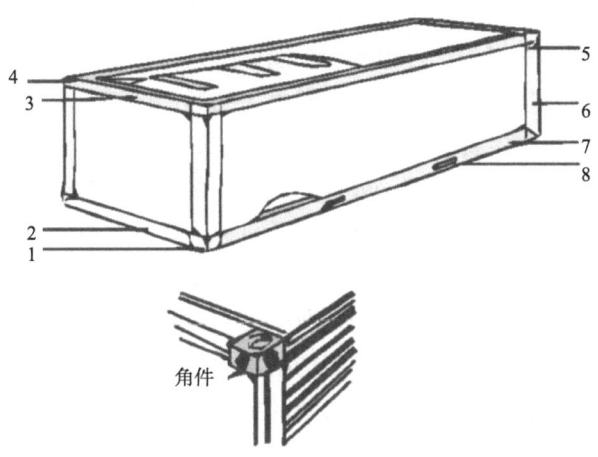

1—角件；2—下端梁；3—上端梁；4—顶梁；5—上侧梁；6—角柱；7—下侧梁；8—叉槽

图 4-7 通用集装箱的结构简图

一般按用途和货物的特点，集装箱可分为两大类：普通货物集装箱（包括通用集装箱和专用集装箱）、特种货物集装箱。普通货物集装箱以装运货物为主，货物品种包括五金、机电产品、零部件等。其中通用集装箱要求结构尺寸符合国际或国内尺寸标准，便于流通和周转；而专用集装箱主要作为专门用途或单一品种规格的普通货物流通之用，对结构尺寸标准要求不严格。

（1）普通货物集装箱。其结构有内柱式、外柱式、折叠式和薄壳式等。

- 内柱式集装箱，如图 4-8（a）所示。它的侧柱或端柱位于侧壁或端壁之内，优点是外表平滑，受斜向外力不易损伤，印刷标志也比较方便，外板与内衬板之间留有空隙，故防热效果好，并能减少货物的湿损率。在修理和更换外板时，箱内衬无须取下。
- 外柱式集装箱，如图 4-8（b）所示。它的侧柱或端柱在侧壁或端壁之外，故受外力时，对外板不易损伤，有时可以不要内衬板。
- 折叠式集装箱，如图 4-8（c）所示。它的主要部件（侧壁、端壁和箱顶）能简单地折叠或分解。再次使用时可以方便地再次组合。优点是在回收和保管时能缩小箱的体积，提高运输的经济效果。但由于各主要部件是用铰链连接的，故其强度受较大影响。

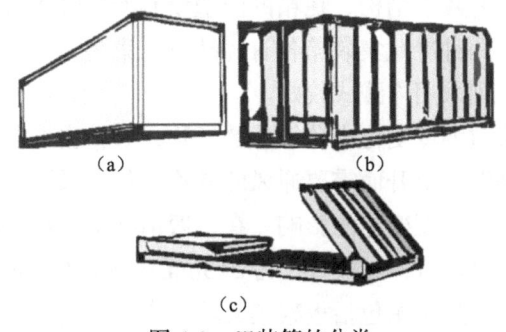

图 4-8 集装箱的分类

- 薄壳式集装箱。它与一般集装箱的结构（由骨架承受荷重，箱的外板与骨架是铆接在一起的）不同，所有的部件组成一个刚体，近似飞机结构。优点是重量轻，它的整体可以承受所发生的扭力而不会引起永久变形，但工艺要求高。

（2）特种货物集装箱。主要有以下几类。

- 干货类集装箱。干货类集装箱一般也是通用集装箱，以装运文化用品、日用百货、医药、纺织品、工艺品、化工制品、电子机械、机械零件等杂货为主。其使用数量约占全部集装箱的70%~80%。各国制造的干货集装箱，其外部尺寸都按国际标准制造，而内部尺寸和其他技术参数根据所采用的材料和结构略有差异。为防止货物在箱内摇动，在箱内设有确保货物稳定的附属设备。这类集装箱大部分为端开门式，端门闭锁即成永闭状态。根据货物的装卸要求，这类集装箱还可分为侧开门式、侧壁全开式和开顶式。

- 通风类集装箱。为适于装载初加工皮货、带根的植物或蔬菜、食品及其他需要一定程度通风和防止潮湿的一般杂货，能有效地保证货物在运输途中不腐烂损坏。在侧壁或端壁设有4~6个通风窗口，如将通风窗口关闭，就和干货集装箱一样。为了强调通风作用，有时也将其称为通风集装箱，如图4-9所示。该箱内装载潮湿货物时，为防止其渗出物对箱内污染和便于洗涤，在箱的内壁涂一层玻璃纤维加强塑料。为了排除集装箱内部的渗水，箱底必须设有放排水旋塞。

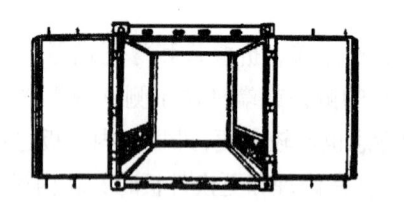

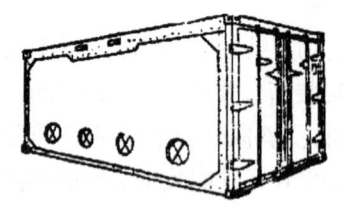

图4-9 通风集装箱

- 保温类集装箱。它可分为冷藏集装箱和保温集装箱两种。冷藏集装箱用于专门运输那些要求一定低温的新鲜水果、蔬菜、肉、水产品等食品。目前国际上采用的冷藏箱有内藏式和外置式两种。内藏式集装箱的箱内装备有冷冻机；外置式集装箱的箱内没有冷冻机，只有隔热结构，在箱的前壁设有冷气吸入口和排气口，由专门的冷藏装置供给冷气。两种冷藏集装箱各有优缺点，集装箱运输时间较长，采用外置式较为合适；反之，则采用内藏式较好。

保温集装箱适于装载对温度变化十分敏感的货物，如精密仪器、油漆、石油等；也适于装载在运输途中不允许温度上升而需要通风的货物，如水果罐头、糖果、葱头等蔬菜类食品，其特点是能隔绝外部温度变化的影响。在一般情况下，箱内温度保持不变。集装箱前壁和箱门上各有几个通风窗口，一般直径为215mm，并装有百叶窗以供开闭。

- 框架类集装箱。这类集装箱包括板架集装箱、汽车集装箱和牲畜集装箱。

板架集装箱用以装载不适于用干货集装箱或开顶集装箱装运的长大件、超重件和轻泡货，如重型机械、钢管、钢锭、裸装机械和设备等。它没有箱顶和侧壁，箱端壁也可以卸掉，只靠箱底和四角柱来承受载荷，故又叫平台或平板集装箱。汽车集装箱是用于专门装载某类车型汽车的专用集装箱。

2）托盘

托盘是一种用于自动化或机械化装卸、搬运和堆存货物的集装工具。其基本功能是装物料，同时还应便于叉车和堆垛机的叉取和存放。为了提高出入库效率和仓库利用率，实现存储自动化作业，通常采用货物连带托盘的存储方法，托盘成为一种存储工具。为了消除转载时码盘、拆盘的工序，人们提出实现托盘流通或联营，即托盘从港内、站内、企业内部使用发展为随车运输，成为一种运输工具；或者将托盘装卸—托盘搬运—托盘存储—托盘运输—托盘售货的过程，连贯发展成为托盘物流。托盘已经成为实现物流合理化的一个重要条件。

（1）托盘的大小。托盘规格尺寸标准化，是托盘流通的必要前提。国际标准化组织于1961年颁布ISO/R198，经过多年的讨论和变化，又于1981年ISO/TC51第八次会议在通过的354号文件中建议采用如下尺寸：800mm×1 200mm、1 000mm×1 200 mm。

（2）托盘的种类。托盘的结构是两层铺板之间夹以纵梁，或一层铺板加装支腿，或其上面加装立柱、挡板而构成货箱。托盘的最小高度以能够使用叉车和搬运车进行作业为宜。一般按结构的不同分为平托盘、箱式托盘、柱式托盘和轮式托盘等，如图4-10所示。

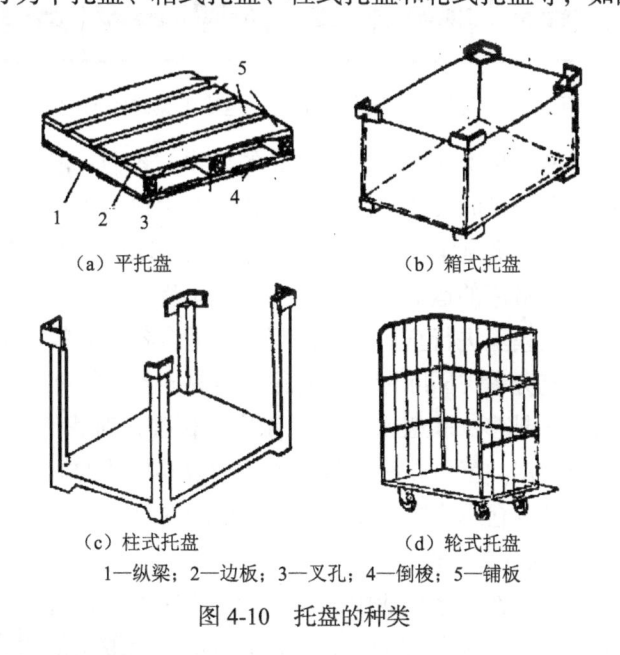

（a）平托盘　　　　　　　（b）箱式托盘

（c）柱式托盘　　　　　　（d）轮式托盘

1—纵梁；2—边板；3—叉孔；4—倒棱；5—铺板

图4-10　托盘的种类

6．物流自动化系统的配置

1）货物单元包装与运输工具之间的配置

在物流自动化系统中，货物经过合理包装后，实现集装单元化，可以提高它的"活性"。

这种货物的包装与容器、托盘、集装箱相互之间尺寸的合理配置，可以借助汽车、火车和其他运输工具实现高效的物流运输。通常它们之间的配置有各种形式（见图4-11）。如能按一定的规律选择尺寸，相互间具有一定的模数关系，就可以大大提高托盘、集装箱和运输工具的满载率，从而提高物流效率。

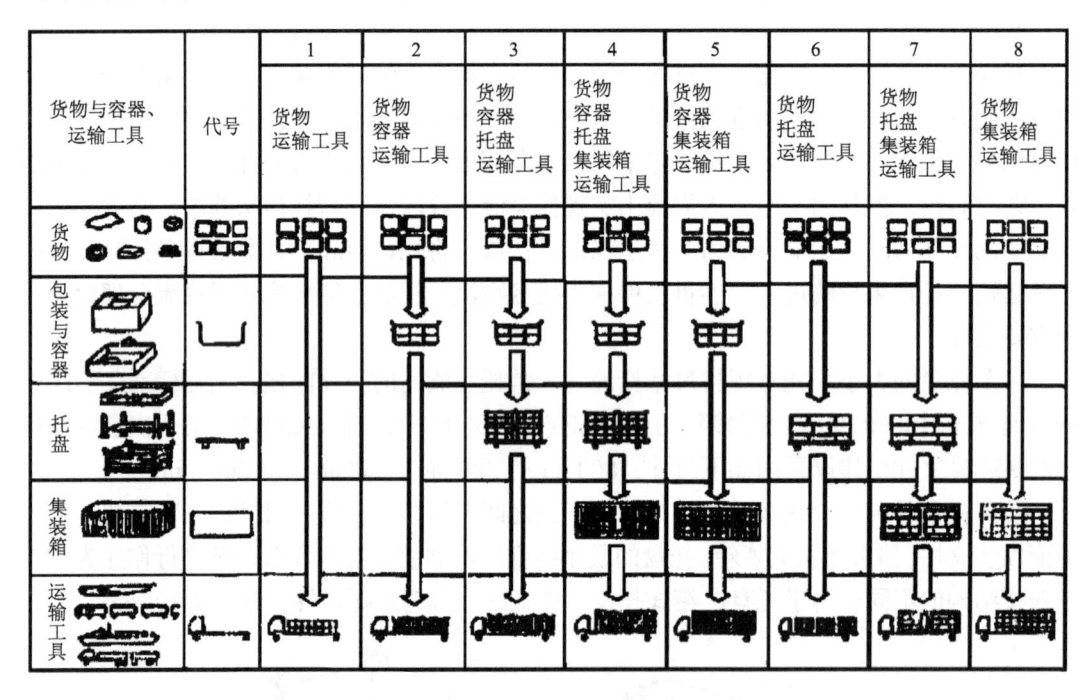

货物与容器、运输工具	代号	1 货物 运输工具	2 货物 容器 运输工具	3 货物 容器 托盘 运输工具	4 货物 容器 托盘 集装箱 运输工具	5 货物 容器 集装箱 运输工具	6 货物 托盘 运输工具	7 货物 托盘 集装箱 运输工具	8 货物 集装箱 运输工具
货物									
包装与容器									
托盘									
集装箱									
运输工具									

图4-11 货物、集装单元器具、运输工具之间的配置

在这些关系之间，托盘标准化是关键。包装的货物或容器一般都码放在托盘上进行搬运，它们的尺寸应能适合托盘的尺寸，使托盘的满载率达到80%以上。包装和容器的尺寸标准，应根据托盘的尺寸标准制定。托盘的尺寸标准通常取决于下列几个方面的因素。

- 托盘必须适合国内常用的运输工具尺寸（如叉车货叉的尺寸）。
- 托盘往往装在集装箱里进行直达运输，因此需适合各类集装箱尺寸的标准。
- 托盘尺寸标准要充分考虑国际标准及有往来贸易国家的标准。我国加入WTO后，跨国物流将会越来越多，积极采用ISO制定的标准，对我们具有重要的现实意义。

托盘尺寸标准一经制定，就可以决定包装尺寸和容器尺寸的标准，并且反过来影响运输工具的尺寸选择，也影响仓库建筑、货架和存储空间的尺寸。

2）集装单元搬运系统作业的改进

随着物流技术的进步，在搬运作业中，不管搬运方法如何合适，也要经常考虑改进作业方式。从图4-12（a）~（d）中可以看出，作业方式改进所取得的效果是很明显的，作业方式简化了，减少了劳动，提高了物流效率，降低了物流费用。

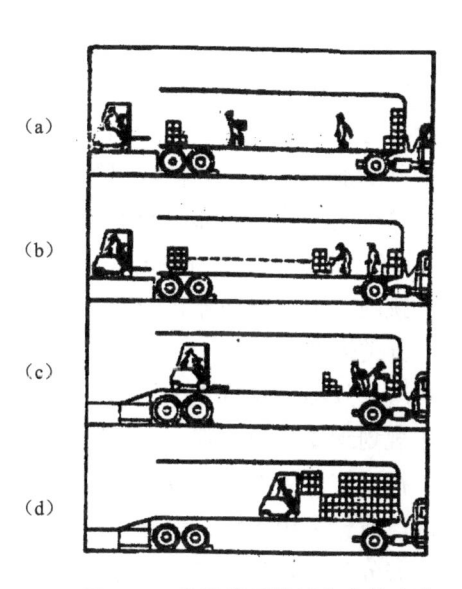

图 4-12 集装单元搬运作业的改进

3）集装箱港口陆地装卸系统

集装箱运输是物流单元机械化、自动化中一种典型的高效、大规模的运输方式，沿海城市的集装箱码头形成了港口与陆地装卸系统，为实现集装箱多式联运、物流一体化提供了基础。

4.3.3 物联网

1．物联网的概念

物联网是通过各种感知设备和 Internet，连接物体与物体的，全自动、智能化采集、传输与处理信息的，实现随时随地科学管理的一种网络。"网络化""物联化""互联化""自动化""感知化""智能化"是物联网的基本特征。

1999 年，美国麻省理工学院率先提出了"物联网"的概念。他们认为，物联网就是将所有物品通过射频识别等信息传感设备与 Internet 连接起来，实现智能化识别和管理的网络。2005 年，国际电信联盟（ITU）发布了《ITU 互联网报告 2005：物联网》，对"物联网"的含义进行了扩展。报告认为，无处不在的"物联网"通信时代即将来临，世界上所有的物体都可以通过 Internet 主动进行信息交换，射频识别技术、传感器技术、纳米技术、智能嵌入技术将得到更加广泛的应用。

物联网作为新生事物，人们对其内涵和外延的理解有很大区别，给其概念、特征所作出的归纳和总结也有很大的差别。如国际电信联盟认为，信息与通信技术的目标已经从任何时间、任何地点连接任何人，发展到连接任何物品的阶段，而万物的连接就形成了物联网，它是对物体具有全面感知能力，对信息具有可靠传送和智能处理能力的连接物体与物体的信息网络，全面感知、可靠传送、智能处理是物联网的特征。

2．物联网的分类

目前，在我国执行的《国民经济行业分类》（GB/T 4754—2002）和于 2011 年 11 月 1 日起施行的第三修订版《国民经济行业分类》（GB/T 4754—2011）中并没有和物联网完全对应的分类。伴随着新兴产业的不断涌现，无疑对物联网等新兴产业的统计范围和增加值测算提出了不小的问题。同时，这个问题给其他部门的工作也带来了不便，如韦浩、魏頔（2010）提出工商部门在对从事新兴行业的企业进行注册登记时，由于缺乏明确的行业分类标准，无形中给工作带来了新的挑战，由此也呼吁我国统计和相关部门尽快制定并出台与物联网等新兴产业相对应的统计分类标准。

在统计上界定我国的物联网产业分类应遵循 3 个原则：一要从我国国情出发，以《国民经济和社会发展第十二个五年规划纲要》为基础；二要能够进行国际比较，既要能与联合国未来施行的物联网产业分类相比较，又要能与 OECD 组织和美国、欧盟、日韩等物联网发展较快的国家制定的物联网产业分类相比较；三是同质性原则。认为物联网产业是国民经济行业分类派生出的一个相关分类，因此，在划分时应以我国国民经济行业分类的小类为基础，按照活动的同质性，将与物联网活动相关的小类行业归并为物联网产业。

中国工程院等专家学者讨论统一认为物联网的关键环节是"感知、传输、处理"，这也是物联网的 3 个特征。基于此，本文将物联网的架构分为 4 个层次，即感知层、传输层、数据层和应用层。为了使物联网产业的统计分类与我国国民经济行业更好地衔接，本文以我国行业分类的最新修订版《国民经济行业分类》（GB/T 4754—2011）为参照，按照上述分类原则，结合物联网产业的定义和物联网架构的 4 个层次，建议我国物联网产业的统计分类为两种：物联网制造业和物联网服务业。

物联网制造业主要对应感知层所需要的感应设备等的制造，以及物联网专用设备、仪器仪表的修理活动。当然，传输层和数据层中需要的高性能计算机、服务器、通信终端如全球定位系统终端和智能终端等设备的制造也是必不可少的。而物联网服务业涉及传输层、数据层和应用层。① 传输层主要指物联信息的传输环节，需要借助各种网络，包括 Internet、2G/3G 网络、无线保真技术（通常也称 Wi-Fi 网络）、其他专有网络等形式传输信息，这些都属于网络通信服务业；② 数据层是对通过网络传输得到的海量数据资源进行处理的过程，因此需要云计算平台、数据挖掘、专门的计算机软件等，由此产生云计算服务业、软件开发与集成服务业、数据处理和存储服务，以及物联网设备、软件的批发零售业，设备租赁业。除此之外，还需要维护与修理物联网计算机软硬件、通信终端等设备的服务业。③ 应用层是物联网技术在各个领域的应用和开发，主要包括物联网行业应用解决方案服务活动，如提供智能医疗、智能电网、智能家居、智能交通、智能物流、精细农业等行业应用的解决方案与咨询服务；物联网基础应用研究服务活动和推广该技术、提供科技中介等服务活动。

3．物联网的关键技术

国际电信联盟报告提出物联网主要有 4 个关键性的应用技术：标签事物的射频识别技

术，感知事物的传感网络技术，思考事物的智能技术，微缩事物的纳米技术。

1）射频识别（RFID）技术

射频识别技术是一种非接触式自动识别技术。它利用无线射频识别技术识别目标对象并获取相关对象的信息。RFID 技术可识别高速运动物体并可同时识别多个标签，操作快捷方便。RFID 技术与 Internet、通信等技术相结合，可实现全球范围内物品跟踪与信息共享。RFID 从硬件上说应该包含两个部分：电子标签和识别器。RFID 技术的技术难点在于：①RFID 反碰撞防冲突问题；②RFID 天线研究；③工作频率的选择；④安全与隐私问题。

2）传感器网络技术

传感器是物体感知物质世界的"感觉器官"，可以从声、光、电、热、力、位移、湿度等信号来感知，为物联网的工作采集、分析、反馈最原始的信息。

传感器网络节点的基本组成包括如下几个基本单元：传感单元（由传感器和模数转换功能模块组成）、处理单元（包括 CPU、存储器、嵌入式操作系统等）、通信单元（由无线通信模块组成）及电源。此外，可以选择的其他功能单元包括定位系统、移动系统及电源自供电系统等。在传感器网络中，节点可以通过飞机布撒或者人工放置的方法使其散布在所感知对象的附近。传感器节点通过"多跳"网络把数据发送给接受发送器（Sink）。Sink 也可以用同样的方式将信息发送给各节点。Sink 直接与 Internet 或通信卫星相连，通过 Internet 或通信卫星实现任务管理节点与传感器之间的通信。在出现节点损坏失效等问题时，系统能够自动调整，从而确保整个系统的通信正常。

传感器网络综合了传感器技术、嵌入式技术、现代网络及无线通信技术、分布式系统技术等。先通过传感器采集所需信息，同时通过嵌入式系统进行实时计算，再通过现代网络及无线通信技术传输所得到的原始信息，最后传入上层服务器进行分布式处理。因此传感器网络的发展必须得到传感器技术、嵌入式技术及网络无线通信技术的支撑。随着纳米技术和微电子技术的发展，嵌入式芯片已得到了飞速的发展，更多功耗低、实时性强、计算能力强的嵌入式芯片得到了普及。3G/4G、ZigBee、Wi-Fi 等无线技术的发展以及以 IPv6 为核心的下一代 Internet 的发展使得更多的物体能方便、有效地接入物联网中。

传感器网络的技术难题首先在于对传感器网络自身的检测与控制，要对传感器网络的运行状态及信号传输通畅性进行监测，研究开发硬件节点和设备的诊断技术，实现对网络的控制。其次是传感器网络的安全问题，传感器网络除了具有一般无线网络所面临的信息泄露、信息篡改、重放攻击、拒绝服务等多种威胁，还面临传感节点容易被攻击者物理操纵，并获取存储在传感节点中的所有信息，从而控制部分网络的威胁。

3）智能技术

物联网所需的智能技术是海量信息的智能分析与控制。海量信息智能分析与控制是指依托先进的软件工程技术，对物联网的各种信息进行海量存储与快速处理，并将处理结果实时反馈给物联网的各种"控制"部件。智能技术是为了有效地达到某种预期的目的，利用知识分析后所采用的各种方法和手段。通过在物体中植入智能系统，可以使得物体具备一定的智能性，能够主动或被动地实现与用户的沟通。

智能分析与控制技术主要包括人工智能理论、人机交互技术、智能分析与控制系统等。通过一系列的智能分析与控制使物联网赋予物体"智能",以实现人与物之间的交互、对话,甚至物与物之间的交互、对话,从而完成各种功能。

4)纳米技术

纳米技术,是研究结构尺寸在 0.1~100mm 范围内材料的性质和应用。纳米技术的发展使物联网中体积越来越小的物体能连入物联网中进行交互和连接。同时纳米技术的发展也促使传感器与嵌入式芯片所需的电子元器件越来越小,使得整个系统更小更快,功耗更少,反应速度更快。

4. 物联网在电子商务物流中的应用

物联网的实现,在电子商务上有着多方面的应用,特别是在电子商务物流方面具有十分重要的推动作用。

1)实现智能仓储

在电子商务物流发展中,仓储是其非常重要的一个方面。应用物联网技术,可以实现智能仓储。现代仓储系统内部不仅物品复杂、形态各异和性能各异,而且作业流程复杂,既有存储,又有移动;既有分拣,也有组合。在智能仓储中,可以利用物联网对仓储货物实现感知、定位、识别、计量、分拣、监控等,这样可以提升拣选效率和速度。2010 年无锡粮食物流中心、济宁物联网大蒜冷库基地,均采用了温度、湿度等传感器感知技术,将传感器技术与其他感知技术集成,实时感知物品的温度、湿度等物理信息,使感知技术得到更深入应用。随着物联网技术的发展,RFID 技术在仓储业的应用也获得了快速发展。

2)实现智能配送

在网络营销过程中,客户投诉主要集中在物流配送服务的质量上,如送错目的地,网络上查询不到物流状态,送货不及时等。物联网通过对包裹贴上电子标签,并在包裹中嵌入 EPC 标签,在物流途中通过 RFID 技术读取标签信息,并传输到处理中心供企业和消费者查询,实现对物流过程的实时监控。这样,企业或消费者就能实现对包裹的实时跟踪,以便及时发现物流过程中出现的问题,有效提高物流服务的质量,提高消费者对网络购物的满意程度。

3)实现智能质量监控

Internet 是一个虚拟的世界,消费者对于网购中的产品是无法感知其质量的,因此产品质量是影响网购的一个非常大的因素。利用物联网技术,从原材料生产和产品生产开始,就在产品中嵌入电子标签,记录产品生产、流通的整个过程。消费者在网上购物时,只要根据卖家所提供的产品 EPC 标签,就可以查询到产品从原材料到成品,再到销售的整个过程,以及相关的信息,从而决定是否购买。

4)实现智能供应链管理

通过物联网,企业可以实现对供应商提供的原材料和产品的实时监控,对整个物流体系进行管理,不仅可对产品在供应链中的流通过程进行监督和信息共享,还可对产品在供应链各阶段的信息进行分析和预测。通过对产品当前所处阶段的信息进行预测，估计出未来的趋势或意外发生的概率，从而及时发出预警或采取补救措施。在整个供应链上，上下游企业通过共享信息，及时了解双方的需求，极大地提高了企业对市场的反应能力，加快了企业的反应速度。

评估练习题

1. 关键概念

（1）物流自动化系统的层次主要包括（　　　）。
 A. 管理层　　　　　　　B. 控制层
 C. 决策层　　　　　　　D. 执行层

（2）按自动化仓库货架的形式可将其分为（　　　）。
 A. 单元式货架仓库　　　B. 贯通式货架仓库
 C. 循环货架仓库　　　　D. 平展式货架仓库

（3）普通货物集装箱根据其结构的不同可分为（　　　）。
 A. 内柱式　　　　　　　B. 外柱式
 C. 折叠式　　　　　　　D. 薄壳式

（4）分拣机的种类很多，主要包括（　　　）。
 A. 悬吊式　　　　　　　B. 倾斜式
 C. 升降推出式　　　　　D. 折叠式

2. 实训题

通过对物流企业的调研，总结物流自动化设备对物流活动绩效的作用。

本章评估测试

1. 能力测验

完成本章学习之后，请根据对本章电子商务物流技术的理解回答下列问题，并将所得分数记录下来。

1=完全不理解；3=理解一些；5=深刻理解

如果你的分数为 42~50 分，则说明你可以继续参加接下来的评估测验；如果你的分数为 33~41 分，则说明你应该再复习一下得分为 1~3 分的基本概念和内容；如果你的分数为 32 分及以下，则应重新认真学习本章内容，并与同学共同探讨不理解的地方。

你是否能够：

- 说出电子商务物流分类及内容。
- 知道电子商务物流技术的评价标准。
- 能够列举主要的物流条形码。

- 说明位置码有哪些含义。
- 说出 EDI 的概念、主要特点和构成要素。
- 了解 EDI 技术在物流中有哪些应用。
- 说出 GIS 的概念及构成。
- 了解 GIS 技术在物流活动中的应用。
- 了解 GPS 技术的应用范围。
- 说出各种物流自动化设备的功能及应用特点。

2. 关键术语回顾

电子商务物流技术是在电子商务物流活动中根据客户需要，完成物流产品主要功能所采用的各类物流技术。由于电子商务客户需要的多样化，所采用的物流技术也呈现不同特点。其中主要包括为实现高效物流管理，方便信息交流而采用的条形码技术；提供专业信息沟通的 EDI 技术；实现实时车辆管理的 GIS 和 GPS 车辆跟踪技术；为提高仓储管理和库存管理效率而广泛采用的自动仓储技术，包括自动化仓库、货架、叉车、分拣设备、集装箱和托盘等。

3. 关键概念回顾

（1）判断正误：电子商务技术既包括管理技术也包括应用技术。
（　　）

（2）判断正误：电子商务物流技术的有效性是指物流技术在物流活动中所具有的功能能够满足客户的需求。
（　　）

（3）判断正误：物流条形码技术主要是在国际范围内提供一套可靠的代码标识体系。
（　　）

（4）判断正误：EAN 13 码是国际通用符号体系，是一种定长、无含义的条形码，没有自校验功能。
（　　）

（5）判断正误：EDI 所需的硬件设备主要有计算机、调制解调器等。（　　）

（6）判断正误：GIS 和 GPS 技术都是可以直接进行物流车辆跟踪的物流应用技术。
（　　）

（7）EDI 的主要工作过程包括（　　）。
A. 接收回执和签发回执　　B. 接收订单
C. 发送订单　　　　　　　D. 制作订单

（8）自动化仓库的主要优点是（　　）。
A. 节省空间　　　　　　　B. 提高仓储空间利用效率
C. 提高自动化作业程度　　D. 降低人员劳动强度

（9）循环货架仓库在作业时（　　）存取货物。
A. 只在垂直方向　　　　　B. 只在水平方向
C. 可以在垂直和水平方向　D. 可以在任意方向

（10）常用的特种集装箱主要包括（　　）。
A. 干货类集装箱　　　　　B. 保温类集装箱

C. 通风类集装箱　　　　　　D. 框架类集装箱

4. 练习题

通过对本地一家仓储型物流园区或物流中心进行调查，了解仓储设备的管理及应用情况。

> **相关链接**
>
> 随着全球经济的不断发展，物流业与其他行业一样也将在世界各国获得相应的发展。随着社会物流量的猛增与对物流服务质量要求的提高，社会对物流技术将提出更高的要求，要求物流设备与手段更加先进适用，物流作业更加高效、优质、安全。而21世纪科学技术的长足发展及其在物流领域的充分应用，又为物流技术的发展提供了保证与基础条件。所以说，21世纪将是物流技术获得飞速发展与长足进步的一个时期。从现有研究与发展迹象来看，电子商务物流技术的发展将呈现以下主要趋势。
>
> （1）物流仓库建筑高层立体化趋势。
> （2）物资存储环境监控自动化趋势。
> （3）物资存储集装化、单位化趋势。
> （4）物资存储秩序管理科学化趋势。
> （5）包装作业实现操作机械化、装载定型化和包装规格化趋势。
> （6）物资质量检测技术处理优质化趋势。
> （7）物资搬运装卸作业机械化、智能化趋势。
> （8）物流系统柔性化趋势。
> （9）物流技术信息化趋势。
> （10）物资存储管理手段科学化、现代化趋势。
> （11）物流技术发展标准化趋势。

网上冲浪

以仓储为基础的物流企业并不是单纯地利用仓库进行存储，而是通过仓储活动向不同方向拓展物流链，构建物流平台，完成诸多物流功能。你可以通过网络访问http://www.cmstd.com.cn/中储物流在线网站，了解我国优秀物流企业是如何以仓储为基础打造物流平台的。看看中储物流在线有限责任公司是以什么样的理念进行企业管理的，其主要业务是什么，公司与哪类性质的组织建立联盟。

案例讨论 ——— Case Discussion

人机互协，快递物流行业里的智慧变革

近日，顺丰楼宇配送机器人公开亮相。据了解，该款机器人主要用于写字楼、商圈、

社区的末端配送，机器人自动驾驶，能自主避障，实现厘米级实时定位；能接入电梯控制系统，自动呼叫电梯，实现全楼宇配送到人。

2019年京东"618购物节"期间，京东发布新款智能配送机器人搭载四轮180°转向系统，可以实现横向行驶、前后轮转向、独立转向、同步转向等操作。现如今，随着电商、快递行业的迅猛增长，智能机器人搭载着"智慧物流"的东风逐渐普及开来。

从传统上来看，物流业是劳动密集型产业。然而，近些年来我国的人口红利却在逐渐消失，劳动成本不断上涨。国家统计局数据显示，中国80后人数大约为2.28亿人，而00后仅为1.46亿人，这表明在未来劳动力短缺将成为企业不得不担忧的问题。劳动力的短缺及劳动成本的增加倒逼传统物流业逐渐向无人化、智能化方向转型，物流业对智能物流机器人的需要愈加迫切。

同时，经济社会的发展经历了第一次工业时代，第二次工业时代，第三次移动互联网时代，现在已经进入工业4.0时代，蕴含着无限的机遇与挑战，实现智能化、信息化、数字化是企业发展的核心，也将是物流革命的必然趋势。

在智能化逐渐普及的今天，对于快递企业而言，如何更好地运用自动化让人工智能发挥更大的动能，无疑是一个新的挑战。

那么，在人工智能火热的当下，目前物流业内能用到的机器人场景有哪些？除了用于末端配送还分别用于物流的哪些环节？人工智能有给物流业带来了什么价值呢？

目前，物流业内的人工智能分为"软""硬"两种，一种是物流装备，如无人配送车、无人机、AGV机器人、码垛机器人、分拣机器人等；另一种则是信息化的服务机器人，如智能语音助手机器人。

就目前发展态势而言，机器人主要集中运用在物流业最耗成本、最耗时间、最耗人力的环节。没有机动车辆的轰鸣，也无需工作人员来回走动，机器人的广泛运用全面提升了仓储、运输、配送环节的作业效率。

从仓储环节来讲，从前是人找货，现在是货找人，智能机器人可以24小时不间断工作，且出错率很低，降低了劳动成本的同时也降低了人员的管理成本，提升了分拨效率。如菜鸟推出的南京机器人分拨中心，该分拨系统可处理超九成商超类包裹，比传统人力分拨效率提升6倍。京东物流的"亚洲一号"智能分拣中心日订单处理能力达到100万单以上，通过系统性的智能机器人设备应用和订单的规模化处理，整体分拣效率比传统作业方式提升5倍。

从配送环节来看，无人机、无人车的运用可以解放大量的劳动力，提升送件取件效率。如在上海交大，菜鸟无人车既可以给大家送快递，也能到校园各处取件，最大荷重100公斤，装200个快递小菜一碟。以前叫快递员上门取件要一两个小时，现在手机上呼叫一辆无人车，四五分钟即到，寄件速度大大提升。

从客服平台来说，快递客服中心每天要满足来自全国各地各种各样的快递服务需求，在引入客服机器人后可以受理数以万计的电话。客户呼入的时候，不管是时效查询、运费、运单还是客户催件、查件都可以采用机器人托管，同时机器人情绪可控，服务标准统一，不仅能解放人力，提升效率，还能提升客户的服务体验。

由此来看，之前人们设想的智能化生活仿佛已经照进现实。虽然 AGV 等仓储物流机器人在消费者的日常生活中不常见，但是机器人客服我们已经司空见惯，在园区等场所也经常可以看到无人机、无人配送车等智能设备。

2016 年麦肯锡报告表明，未来 10 年以内，80%的物品都将由自动化的设备来运送，包括送货机器人、无人机、无人车等。这也让很多快递从业者产生担忧，机器人发展如此之快，运用如此便捷，未来机器人是否会取代人呢？

资料来源：物流报

问题讨论

（1）智能技术在物流过程中如何创造价值？

（2）你认为未来在物流行业，机器人会取代人吗？

第 5 章

电子商务下的物流配送

学习目标

- 理解电子商务下物流配送的基本理论
- 掌握电子商务下物流配送的构成、流程及配送方案的设计
- 了解电子商务下的物流配送中心

关键术语

电子商务，配送，配送中心

引导案例

京东商城的物流问题

京东商城是中国 B2C 市场最大的 3C 网购专业平台，是中国电子商务领域最受消费者欢迎和最具有影响力的电子商务网站之一。截至 2018 年 12 月 31 日，京东商城有超过 21 万个签约商家加入，2018 年的活跃用户数为 3.05 亿人，在线销售家电、数码通信、电脑、家居百货、服装服饰、母婴用品、图书、食品等 11 个大类数万个品牌百万种优质商品，部分分拣中心日订单处理量超过 100 万单，网站日均 PV 超过 1 亿次。巨大的市场和激烈的竞争，对京东商城的物流配送管理提出了更高的要求。

? 辩证性思考

电子商务下物流配送对于第三方物流企业发展的意义。

新型物流配送代表了现代市场营销的主方向，能使商品流通较传统的物流配送方式更容易实现信息化、自动化、现代化、社会化、智能化、合理化、简单化，使货流通畅，物尽其用。

5.1 电子商务物流配送概述

5.1.1 电子商务物流配送的含义

《物流术语》中规定：配送是在经济合理区域范围内，根据用户要求，对物品进行拣选、加工、包装、分割、组配等作业，并按时送达指定地点的物流活动。它将"配"和"送"有机结合起来。配送是一种特殊的、综合的物流活动方式，是商流与物流相结合，包含物流若干功能要素的一种物流方式。我国现在使用的"配送"一词，是原封不动地搬用了日语中的两个日语汉字，赋予了汉语读音。和"配送"相近似的词汇有"交货""运送""分送""投送""输送""供应""供给""发放"等，从配送的实际形态来看，上述词汇都不能对配送做出令人满意的诠释。

5.1.2 电子商务配送的模式

1. 大型第三方物流企业可自行组建电子商务网站

电子商务发展起来以后，店铺销售在一定程度上有所弱化，而作为直接向用户配送商品的物流站点功能得到强化。电子商务任何一笔交易，都含有信息流、商流、资金流和物流。第三方物流就其现代功能来说也集"四流"于一身。因此，第三方物流完全有能力向更广阔的领域延伸，自行组建电子商务网站；突破时间、空间限制，向供应商采购商品，向用户销售和配送商品；实行全天候营业性交易，为全国甚至全球配送商品。

第三方物流企业所从事的电子商务经营模式最好是B2B的电子商务模式，这种模式下的商品配送和支付都比较好解决。但为了扩大商机，B2C的经营模式也不要放弃。

2. 中小型第三方物流企业可参加社会公共服务的电子商务网站

为了扩大知名度，向全国招徕货源，中小型第三方物流企业积极参加社会电子商务网站。在所参加的社会公共服务电子商务网站上设立企业主页，对企业的形象进行宣传，介绍企业的经营实力和经营宗旨，以及通信地址、电话等，以便联系；并且对企业主页信息要经常更新，以便吸引客户。

3. 在全国甚至全球某些城市建立物流配送中心分支机构

电子商务交易是不分国界的。因此，第三方物流企业为了适应电子商务的发展，除企业总部外，还必须在全国甚至全球各地建立物流配送中心分支机构。

在建立物流配送分支机构时，要计算配送商品户数量和配送距离。根据国际经验，日用工业品配送户一般不少于70~80户，最多可达100户；配送距离可达320km左右。为了节约费用开支，必要时不设配送分支机构，而与各地物流企业和拥有物流设施的商业、生产企业建立同盟关系，通过合同让同盟单位提供"门到门"配送服务。或者将物流配送分支机构建成零售网点，既负责当地配送任务，又销售商品，1年左右就可收回投资成本。

5.1.3 电子商务物流配送的特点

1. 虚拟性

虚拟性是指配送活动是在信息网络构筑的虚拟空间中进行的（配送的虚拟性源于网络所具有的虚拟性）。它通过对配送活动的现实虚拟，生成各种虚拟的环境，作用于人的视觉和听觉等，人们不仅可以看到配送活动的图像，而且可以进行配送的操作演示，产生身临其境的感觉。虚拟现实（Virtual Reality）是一种可创建和体验虚拟世界的计算机系统，简称VR。企业利用该系统具有的好处一是可以建立配送中心的订货虚拟系统，以科学合理地确定订购品种和规模；二是企业可以建立库存信息系统，虚拟反映库存品种和规模，以科学合理地确定库存的品种和规模，规划库存的利用效率；三是可以建立虚拟配货装配系统，以科学合理地分配人力和设备，选择合理的运输工具；四是可以建立虚拟进货系统，以科学合理地确定运输线路和时间等。

2. 高效性

企业根据现况建立一套完整有效的自动信息系统，将一些程序化的活动通过自动信息传递系统或计算机辅助决策系统来实现，根据用户的需求情况，通过自动信息传递系统调整库存数量和结构，调节订货数量和结构，进而调整配送作业活动。而对于一些非程序的活动，可通过自动信息传递系统进行提示或预报，进行调节配送，提高信息的传输和配送效率。

3. 低成本性

电子商务不仅使配送双方节约了成本，而且也降低了整个社会的配送成本。

电子商务配送节约了配送双方的库存成本。在电子商务配送的情况下，配送双方可以有效地利用电子商务技术及交易等优势，减小配送双方的库存规模。同时，对于整个社会来说，库存水平也得到了降低，使库存管理的成本和费用相对下降。

电子商务配送降低了配送双方的行销成本。提供配送的一方可实现促销成本及送货成本的降低；需要配送服务的一方可实现信息采集成本等的降低，节约自建配送系统的投资及相应的管理费用。

电子商务配送可使配送双方通过网上结算进行单证传输，实现配送双方的结算成本及单证传输成本的降低。

电子商务配送降低了租金成本。一是它可使企业合理地确定配送场地的面积和地点，提高配送场所的利用率，降低配送场所的使用成本；二是它可以充分利用网络管理的方法与技术对配送活动进行管理，相应地减小办公场地的面积。

4. 个性化

电子商务通过共同筛选技术和神经网络匹配技术来进行配送，能根据用户的不同需求提供一对一的配送服务，更好地满足不同用户的配送需求。个性化服务不仅使普通的大宗配送业务得到发展，而且能够适应用户需求多样化的发展趋势和潮流。它在配送中的应用、推广和发展，将开创配送服务的新时代。

5.1.4 电子商务配送中心的构建原则

1. 系统工程原则

配送中心的工作包括收验货，搬运，存储，装卸，分拣，配货，送货，信息处理，以及与供应商、连锁商场等店铺的连接，如何使它们之间均衡、协调运转，对基于电子商务的城市物流配送功能的实现极其重要。因此，对配送中心系统的构建应根据系统工程的原则，做好配送量的分析和预测，满足配送流程的合理化要求。

2. 价值工程原则

在激烈的市场竞争中，对配送活动的及时性和服务优质化等方面的要求越来越高。在满足商务服务高质量的同时，又必须考虑物流成本的最小化。尤其是配送中心的建造，不管是从企业个体，还是从社会资源的合理利用角度来看，都是一项耗资巨大的工程，必须对建设项目进行可行性研究，并对多个方案进行技术、经济比较，以求取得最大的企业效益和社会效益。

3. 满足工艺、设备、管理科学化的原则

为了使配送中心系统能更好地服务于客户，加速商品流转，实现电子商务的配送功能，提高经济效益和现代化管理水平，配送中心应广泛采用电子计算机、网络信息技术，合理地选择、使用各种先进的物流机械化、自动化设备。

4. 满足配送活动柔性化的原则

在进行现代化配送中心系统的构建时，要求所构建的配送中心根据消费者需求"多品种、小批量、多批次、短周期"的特点，做到系统内的设备、工艺管理科学、合理，而且灵活、多样，满足配送活动的柔性化要求。

5. 可持续发展的原则

在规划、构建配送中心系统时，无论是配送中心地址的选择、建筑物的设计、信息处理系统的设计，还是机械设备的选择，都要追求较强的应变能力，以适应配送量的扩大及经营范围的拓展。

评估练习题

1. 关键概念

（1）电子商务物流配送的特点是（　　）。
A. 虚拟性　　　　　B. 高效性　　　　　C. 低成本性　　　　D. 个性化

（2）电子商务配送中心的构建原则是（　　）。
A. 系统工程原则　　B. 价值工程原则　　C. 柔性化原则　　　D. 科学化原则

（3）判断正误：运输即配送。　　　　　　　　　　　　　　　　　　（　　）

2．实训题

上网查阅资料，了解电子商务物流配送的构建原则。

5.2　电子商务物流配送的路径与流程优化

5.2.1　配送系统的含义

配送系统是由配送活动各要素所组成的，为实现配送目的、发挥配送的功能和作用所形成的一个有机统一体。

配送系统具有以下几方面的特点。

（1）目的性。配送系统的目的性表现在通过配送系统的合理化应用，依据客户的要求，将货物按质按量、准时地送到客户所指定的地点。

（2）集合性。配送系统由一系列配送活动要素组成，配送活动各要素之间既存在着区别，又相互依赖和相互作用，共同完成货物的配送活动。

（3）适应性。配送系统作为物流系统的一个组成部分，首先应适应整体物流系统的要求，不断地根据物流系统的变化来调整结构和功能。其次，它应满足服务对象的要求，根据服务对象的变化和要求来调整自身的结构和功能。只有这样，配送系统才能得以生存和发展，更好地完成其被物流系统和社会赋予的职能。

5.2.2　电子商务环境下的物流配送特点

电子商务与传统商务一样不能离开物流，在新的商务形式下，物流的特征发生了很大的变化。新型的物流配送能使商品流通更容易实现虚拟化、高效化、信息化、产业化、低成本化、个性化、智能化，使物尽其用，货畅其流，既降低物流成本，减少企业库存，提高物流效率，又提高整个社会的经济效益，有利于整个社会企业的宏观调控，促进电子商务行业的健康快速发展。电子商务环境下物流配送特点可以归纳为以下几点。

（1）虚拟化。虚拟化是指在网络构建的虚拟空间中进行配送活动，通过对配送活动的现实虚拟，生成的作用于人的视觉、听觉等的各种虚拟环境。虚拟现实系统的应用使企业能建立以下4个系统：一是订货虚拟系统；二是库存信息系统；三是虚拟配货装配系统；四是虚拟送货系统。

（2）高效化。企业根据用户的需求情况，通过库存信息系统，调整库存数量和结构，提高信息的传输效率。另外，电子商务可以迅速有效地完成单证的传输、信息的交流及配送过程中的支付事项。

（3）产业化。Internet的普及，急速地降低了利用外部资源的交易成本，电子商务企业依靠专业物流企业要比依靠企业自身配送所需的成本低得多。专业物流企业有专业物流技术人员和管理人员，充分利用专业化的物流设施，发挥专业化物流运作管理经验，以求得整体效果最优。电子商务企业利用外部服务力量来实现内部经营业务的增长,企业可以得到量身定制的个性化服务,物流配送的过程由专业的物流配送企业来进行管理,实现了物流配送的产业化。

(4)低成本化。电子商务不仅使配送企业双方节约了成本,而且也降低了整个社会的配送成本。电子商务的低成本化主要体现在如下 3 个方面:一是节约了配送双方的营销成本;二是降低了配送双方的库存成本;三是充分利用了电子信息网络技术,节约了企业租用办公场地的租金,降低了企业的租金成本。

(5)个性化。电子商务的物流配送能根据客户的不同需求,提供一对一的配送服务,能够更好地满足不同客户的配送需求。个性化服务在电子商务物流配送中的应用开创了物流配送服务的新时代。

(6)智能化。要想合理高效地进行物流配送,要解决的问题有很多,如车辆的安排、最优运输路线的选择、配送中心的选址问题等,这都包含了大量的运筹和决策过程,都必须借助智能化系统。为了适应电子商务物流配送的要求,提高物流系统的现代化水平,物流配送的智能化已成为电子商务时代物流配送系统发展的新趋势。

5.2.3 电子商务下物流配送的路径

根据服务功能特点,可将电子商务物流配送的路径分为 3 部分。

1. 整个物流过程中各个环节的连接点

公路货物集散中心是连接长途运输和短途配送的中转基地,港口码头、货运站、机场等则是公路与铁路、水路、空运等各种运输手段的连接据点。在这种情况下,配送必须具有接单、拣货、分装、倒装、调运的综合功能。

1)接单

物流配送中心从用户处接到订单后,即开始着手从供货商处取货。这一功能完全依靠网络手段来进行。

2)拣货

每张用户订单中都至少包含一项以上的商品,将这些不同种类、数量的商品由物流配送中心取出集中起来,就是拣货作业。由于用户在同一时间提出的订货在品种上不完全相同,订货数量也不等,同时中心提供商品的时间也不尽一致,这就要求物流配送中心将专门供货系统提供的商品进行汇集后,根据各用户的订货进行分拣,然后进行分送。商品在物流配送中心保管时,一般是按商品的种类、规格的不同来分区存放的;为了提高保管效率,相同的商品种类、规格,有时还根据其包装方式(集装单元和零星包装)的不同来分区存放。但物流配送中心在配送时,商品需按用户的需求进行分类、暂存,然后装车、分送。拣选分类作业有时在仓库货架内进行,有时在出库输送机上进行,有时由专用拣选机械完成。经拣选后的商品全部贴上印有条形码的发运标志,其内容包括销售店名、商品名称、数量等信息,经输送机送到分拣系统。激光扫描器读取了纸箱上的条形码,获得分拣信息后，发出指令控制分拣机构运作，使商品进入指定的分拣道口。

3）分装

对于小商品，为了降低进货价格和进货费用，往往采取大批量进货的办法，或者供应厂商提供的单个包装的商品数量较大。这种情况下，物流配送中心根据用户的要求，必须对这些商品进行分装，缩小包装以满足用户的需要。对于鲜活商品和农副产品，供应商往往不提供包装，这也要求物流配送中心进行分装后，再分送给各用户。

4）倒装

所谓倒装，就是在物流流程中，为了提高下一流程的效益，从前一包装形式转换成后一包装形式的作业。倒装作业是配送中心的主要工作内容之一。倒装一般分为两大类：商品倒装和运输倒装。商品倒装是为了美化商品及利于零售，一般可以提高商品的价值；运输倒装是为经济、无损地运输、装卸、保管商品而实施的包装。

5）调运

由于用户数量多，分布地域广，要求物流配送中心必须具备调运功能。物流配送中心应根据信息网络所得到的各用户的要货信息，合理安排调运力量，及时向用户送货，充分满足用户的购买要求，在其服务范围内按时按量、迅速地将商品送交各个用户。配备相应的运输设备、装卸设备，这是良好服务的重要保证。

2. 商流活动的连接点

物流配送中心是生产厂、批发商和零售商之间的连接点，相应的物流配送具有保管、库存调节、流通加工（拆零、配货、贴标签）等功能，包括以下5个方面。

1）加工

加工就是物流配送中心先根据用户的需要把货物进行生产前的准备性加工，然后再按要求定点、定量、定时送交用户。它融产品加工于流通业，是生产和流通两大领域内高度专业化分工与协作的必然产物。在西方发达国家，它已成为一种普遍采用的高效物流形式，具有批量大、品种和规格相对集中、用户面广、周转快等特点，因此经济效益和社会效益较高，尤其适用于鲜活商品和农副产品。

2）保管

保管是物流配送中心的主要内容之一。它可使商品创造时间效益，同时稳定商品价格，加强售后服务。充分利用仓库的面积和空间，提高存储商品的入出库频率，货架向高层化发展，作业向机械化、自动化发展，存储机械向小通道或无通道发展，商品账目管理和货位管理向计算机化发展，物流配送中心与上下有关部门的信息交换向计算机网络化发展。

3）仓储

物流配送中心除了对一些品种多，一次采购批量较小，各用户需求不一样的商品集中存储，对于常年销售，采购数量大的商品，也应保持一定的库存储备，随时满足各用户的要求。物流配送中心一定要拥有一个至数个巨型仓库，在一个局域网内进行管理。应当指出的是，作为一个社会化的物流配送中心，其仓库面积再大，也无法容纳过往的所有货物，还需要有大量的大小不等、用途不等、分布均匀的属外界所有的仓库,通过广域网进行统一的虚拟化管理,为己所用。更大量的货物应当保存在周边各地供货厂商的仓库和运输途中等"虚拟仓库"里,由物流配送中心通过计算机管理系统对这些"虚拟仓库"进行网络化管理。同时,配送中心还应有部分直属仓库。

4)信息处理

为了与供应商对接业务,并进行必要的理货,然后及时地向众多用户提供满意的服务,并最大限度地减少物流配送中心的库存,提高工作效率,物流配送中心的信息处理功能是必不可少的。这一功能在整个物流配送中心各项服务功能中的作用十分突出,是核心功能。现代计算机技术和通信技术在我国的迅速发展,已为物流配送中心管理的信息化提供了条件。

5)售后服务

作为唯一直接和最后面对用户的运营实体,物流配送中心应当随时向供应商反馈用户对所送货物的意见,协调供应商根据售后服务规则和用户的要求,解决好产品的安装、使用、维护、维修、更换、退货工作,并完成处理用户投诉等售后服务工作,让用户感到网上购物不仅物有所值,而且放心。

3. 国际物流活动的连接点

物流配送中心也可设置为连接国内物流和国际物流的据点,应具有进口代理和通关报检、保税等特殊功能。

5.2.4 电子商务环境下物流配送的路径优化

1. 物流配送路径优化问题简述

物流配送路径优化问题由丹齐格(Dantzig)及其同事在 1959 年提出,被归结为 Vehicle Routing Problem(VRP),该问题的一般定义为:对一系列的装货点或者卸货点,组织合理的行车路线,使车辆有序地通过它们,在满足一定的约束条件(如货物的需求量、货物的送达时间、车辆的容量限制、车辆的行驶时间等)情况下,达到预定的目标(如费用最少、里程最短、使用车辆尽量少等)。VRP 可以看成旅行商问题(Traveling Salesman Problem,TSP)的扩展,当 VRP 仅仅包含一条路径,运输车辆没有约束时,VRP 就变成了旅行商问题。而 VRP 相当于在 TSP 中给每个城市添加了一个固定的需求量,同时对每辆车进行容量限制,也就是说要求给每辆车分配的顾客需求量之和不能超出该车的载重量。所以通常也把物流配送路径问题称为带有容量限制的配送路径问题(The Capacitated Vehicle Routing Problem,CVRP)。

在对 VRP 不断深入研究的过程中,人们发现 VRP 可以有许多不同的分类,根据约束条件的不同,VRP 可分为以下 3 类。

(1)与顾客需求相关的约束。这种类型的约束条件与顾客需求的本质特点相关,由于现代企业的经营理念正在逐步转变,提倡"以顾客为中心""顾客至上"的服务理念,所以这一类的约束往往是物流配送路径重点考虑的问题。常见与顾客需求有关的约束有时间窗要求、分割送货及集货、送货一体化等。

（2）与配送车辆相关的约束。这种类型的约束条件与服务顾客所用车辆的特征相关，如车辆的型号、载重量是否不同，车队是否异质，车速随时间是否变化，是否有最大路径时间限制，车辆可否重复使用等约束。

（3）与配送中心个数相关的约束。这类约束主要是配送中心的数目，根据企业规模和业务量大小的不同，物流企业或电子商务企业可以在不同区域或者同一区域的不同地方建立配送中心。一般可分为单车场 VRP 和多车场 VRP。

2．物流配送路径优化问题的要素

要想对物流配送路径进行优化，必须先对构成物流配送路径优化问题的各个要素有一个清晰的了解。构成物流配送路径优化问题的主要要素有配送中心、货物、运输车辆、运输网络、客户、目标函数、约束条件和优化算法等。这些基本包含了物流配送路径优化的所有部分，每个要素的条件在路径优化过程中都必须得到充分满足。

（1）配送中心。配送中心是集中分配货物的地方，个数可以是一个或多个。配送中心位置的选取对路径优化也起着至关重要的作用，在配送前，我们必须先考虑配送中心的供货容量和可以提供的货物类别。

（2）货物。物流配送都是围绕货物来展开的，它可以是书、家电、电脑或者是更小的饰物。每种货物都有自己的属性，如重量、体积、对配送时间和地点的要求等。

（3）运输车辆。运输车辆是物流配送的运载工具，路径优化中要考虑的因素有车辆的数量、类型、载货量、行驶的最大距离、停发位置等。

（4）运输网络。运输网络是指配送中心、客户、车辆停放点的平面分布图，有助于路径优化中整体的掌握，包含顶点、无向边和有向弧，其中顶点定位的是配送中心、客户和车辆停放点的位置，无向边和有向弧分别都有方向和权值。

（5）客户。客户可以是企业或个人，为满足客户，要考虑的因素有货物的需求量、到货时间的要求、需求货物的批次及需求货物的满足程度等。

（6）目标函数和约束条件。目标函数和约束条件关系到物流配送路径优化模型的问题，目标函数可以有一个或多个，通常是配送路程的最短、配送费用的最低、配送车辆最少、劳动消耗最低等。物流配送主要考虑的约束条件有：配送中心的运输能力、车辆的最大载货量、配送时间的要求、顾客对货物的要求等。

（7）优化算法。选择一个好的优化算法是物流配送路径优化的关键，从物流配送路径优化问题的提出至今，很多启发式算法和精确算法都被运用到路径优化上，现阶段依然有很多专家学者在这些优化算法上进行改进研究，力求更好地解决物流配送的路径优化问题。

3．物流配送路径优化问题的优化目标

物流配送路径优化问题的优化目标一般有以下 4 个。

（1）物流配送总成本最低。这是物流配送路径优化问题中最常见的优化目标，因为配送总路程和物流配送总成本通常情况下是成正比的，所以一般把物流配送的总成本最小化

和配送总路程最短化看作一个优化目标。

（2）物流运输所用车辆最少。由于增加车辆所需费用，一般比增加每辆车所行驶的路程要高，所以要求使用最少的运输车辆也是比较常见的优化目标。

（3）物流配送客户满意度最优。客户除了对配送商品有要求，有时对配送时间的准时性也有很高的要求，所以企业从这个角度出发，把服务的高质量和配送的准时性作为首选目标时，需要牺牲成本来确保质量。当然企业也可以通过采用提高价格的策略来提供优质服务，以弥补相应的成本损失。

（4）物流配送总等待时间最少。在当今竞争激烈的环境下，时间和金钱是等价的，配送中花费的等待时间越少就越能充分有效地利用配送时间，提高运输效率，把总等待时间的最少化作为目标来优化具有很高的现实意义。

随着企业和顾客对运输要求的不断提高，可能还会有不同的优化目标。这 4 个优化目标中，各自目标的优化是相对的，即选择达成其中一个优化目标必然会导致另一个或几个优化目标的失败，所以我们在选取优化目标时也可以选择多个优化目标以提升成功率。

5.2.5 电子商务环境下物流配送路径优化一般模型

1. VRP 问题描述

从建立模型的角度来看，VRP 模型可以分为 3 类：以车流为基础的模型、以物流为基础的模型、以覆盖度为基础的模型，其他绝大多数模型可以看成这 3 种模型的组合或变现。物流配送路径优化问题模型一般构建成整数规划模型，也有的构建成图论或其他模型，而且这些模型相互之间又存在某种联系。一般情况下，派出一辆车的固定费用远高于车辆行驶费用，所以在车辆数最少的条件下，需要的运输费用也是最少的，因此现在主要研究的是以车流为基础的模型。

一般的 VRP 问题可以定义为：

（1）从一个或多个配送中心出发，用 M 辆汽车，向多个货物需求点（顾客）送货；

（2）已知每个需求点的需求量和位置；

（3）每辆汽车的载重量一定，合理安排车辆运输路线和行车时间；

（4）要求每条路线不超过车辆载重量，每个需求点的货物配送必须而且只能由一辆车来配送；

（5）目标是使运输距离最短或者运输费用最少。

2. VRP 数学模型

假设为单个配送中心，其中模型参数：

Q_k——配送中心所有车辆的集合，其中 $k=1,2,3,\cdots,n$；

q_k——运输车辆所能承载的最大重量；

i——服务的客户，$i=1,2,\cdots n$；

g_i——客户 i 的需求量；

d_{ij}——客户 i 和客户 j 之间的最短距离；

t_{ij}——从客户 i 到客户 j 所需的运输时间；

C_{ij}——目标函数的成本系数，当它为 d_{ij} 时，则优化目标为车辆总运距最短；当它为车辆从客户 i 到客户 j 的运输时间 t_{ij} 时，则优化目标为使车辆总运输时间最短。

定义变量：

$$X_{ijk} = \begin{cases} 1, \text{车辆}k\text{从点}i\text{行驶到点}j \\ 0, \text{其他} \end{cases}$$

$$Y_{ki} = \begin{cases} 1, \text{用户}i\text{由车辆}k\text{完成} \\ 0, \text{其他} \end{cases}$$

数学模型：

$$\min_{i} z = \sum_{i=1}^{n}\sum_{j=1}^{n}\sum_{k=1}^{n} C_{ij} X_{ijk} \quad (5.1)$$

$$\text{s.t.} \sum_{i=1}^{n} g_i y_{ki} \leq p_k, \forall k \quad (5.2)$$

$$\sum_{k} y_{ki} = 1, i = 2, \cdots, n \quad (5.3)$$

$$Y_{ik} = 0 \text{或} 1, i = 0, 1, \cdots, n; \forall k \quad (5.4)$$

$$\sum_{i=1}^{n} x_{ijk} = y_{ki}, j = 0, 1, \cdots, n, \forall k \quad (5.5)$$

$$\sum_{j=1}^{n} x_{ijk} = y_{ki}, j = 0, 1, \cdots, n, \forall k \quad (5.6)$$

$$X_{ijk} = 0 \text{或} 1, i = 0, 1, \cdots, n; \forall k \quad (5.7)$$

式（5.1）表示目标函数，为车辆完成配送任务的最短总运距（或最短运输时间）；式（5.2）表示车辆的承载量约束，即某辆车所承担的所有客户的总需求量不能超过该车辆承载量；式（5.3）确保每个客户只用一辆车来提供服务；式（5.4）表示车辆 k 是否完成了客户 i 的需求；式（5.5）（5.6）表示对于每个客户，只有两个客户与之相连，车辆由一个直接驶向它，再由它直接驶向另一个；式（5.7）表示车辆 k 是否已从客户 i 行驶到客户 j。

3．求解 VRP 的一般方法

VRP 问题一直是物流和算法研究领域的热点问题，对提高物流配送系统效率和节约物流成本有重要的理论和实际意义，目前对于 VRP 问题的求解方法非常多，一般可以分为两大类：精确算法和启发式算法。

1）精确算法

精确算法主要包括分支定界法、割平面法、动态规划法、网络流算法、列生成方法、拉格朗日分解法、K-d 树方法等。它基于严谨的数学方法，在问题的规模较小时，合理的时间内一般可以求得最优解。但精确算法本身存在局限性，随着问题规模的增大会呈指数上升，即指数爆炸，因此精确算法通常用于求解小规模的优化问题。

2）启发式算法

启发式算法是基于经验或直观构造的一种算法，它有 3 个特点：一是许多问题本身就没有严格意义上的最优解；二是要得到某些问题的最优解需要花费的代价太大，得不偿失；三是一些问题并不需要解具有过高的精确度。启发式算法的目标不是求得优化问题的最优解，而是在可接受开销的范围内求得满意解。

5.3 面向电子商务的配送中心的规划设计

5.3.1 电子商务下的物流配送中心

1. 物流配送中心运作类型

物流配送中心按运营主体的不同，大致可以分为 4 种类型。

1）以制造商为主体的配送中心

这种配送中心中的商品，全部是由自己生产制造的，用以降低流通费用，提高售后服务质量，及时将预先配齐的成组元器件运送到规定的加工和装配工位。商品制造到生产出来后，条形码和包装的配合等多方面都较易控制，所以按照现代化、自动化的配送中心设计比较容易，但不具备社会化的意义。

2）以批发商为主体的配送中心

商品从制造者到消费者手中之间有一个传统流通环节叫作批发。一般是按部门或商品类别的不同，把每个制造厂的商品集中起来，然后以单一品种或几个品种的搭配向消费地的零售商进行配送。这种配送中心的商品来自各个制造商，所进行的一项重要活动是对商品进行汇总和再销售，而它的全部进货和出货都是社会配送的，社会化程度高。

3）以零售商为主体的配送中心

零售商发展到一定规模后，就可以考虑建立自己的配送中心，为专业商品零售店、超市、百货商店、建材商场、粮油食品商店、宾馆饭店等服务。它的社会化程度介于前述两者之间。

4）以仓储运输业者为主体的配送中心

这种配送中心具有很强的运输配送能力，地理位置优越，如处于港湾、铁路和公路枢纽，可迅速将到达的货物配送给用户。它提供仓储储位给制造商或供应商，配送中心的货物仍属于制造商或供应商所有，配送中心只是提供仓储管理和运输配送服务。这种配送中心的现代化程度往往较高。

2. 电子商务下的新型物流配送中心的特点

根据国内外物流配送业的发展情况，在电子商务时代，信息化、现代化、社会化的新型物流配送中心可归纳出以下几个特征。

1）物流配送反应速度快

电子商务下，新型物流配送服务提供者对上下游的物流配送需求的反应速度越来越快，前置时间越来越短，配送时间越来越短，物流配送速度越来越快，商品周转次数越来越多。

2）物流配送功能集成化

新型物流配送着重于将物流与供应链的其他环节进行集成，包括物流渠道与商流渠道的集成，物流渠道之间的集成，物流功能的集成，物流环节与制造环节的集成等。

3）物流配送服务系列化

电子商务下，新型物流配送除强调物流配送服务功能的恰当定位与完善化、系列化，实现传统的存储、运输、包装、流通加工等服务外，还在外延上扩展到市场调查与预测、采购及订单处理，向下延伸至物流配送咨询、物流配送方案的选择与规划、库存控制策略建议、货款回收与结算、教育培训等增值服务。提高了以上服务对决策的支持作用。

4）物流配送作业规范化

电子商务下的新型物流配送强调功能作业流程，作业、运作的标准化和程序化，使复杂的作业变得简单，易于推广与考核运作。

5）物流配送目标系统化

新型物流配送从系统角度，统筹规划一家公司的各种物流配送活动，处理好物流配送活动与商流活动及公司目标之间，物流配送活动与物流配送活动之间的关系，不求单个活动的最优化，但求整体活动的最优化。

6）物流配送手段现代化

电子商务下的新型物流配送采用先进的技术、设备与管理手段，为销售提供服务，生产、流通、销售规模更大，范围更广，物流配送技术、设备及管理更加现代化。

7）物流配送组织网络化

为了保证为产品促销提供快速、全方位的物流支持，新型物流配送要有完善、健全的物流配送网络体系，网络上点与点之间的物流配送活动保持系统性、一致性，这样可以保证整个物流配送网络有最优的库存总水平及库存分布，运输与配送快捷、机动，既能铺开又能收拢。分散的物流配送单体只有形成网络才能满足现代生产与流通的需要。

8）物流配送经营市场化

新型物流配送的具体经营采用市场机制，无论是企业自己组织物流配送，还是委托社会化物流配送企业承担物流配送任务，都以"服务—成本"的最佳配合为目标。

9）物流配送流程自动化

物流配送流程自动化是指运送、仓储、货箱排列装卸、搬运等按照自动化标准作业，商品按照最佳路线配送等。

10）物流配送管理法制化

宏观上，要有健全的法律、制度和规则；微观上，新型物流配送企业要依法办事，按章行事。

3．物流配送中心的功能

企业建立自己的物流配送中心，不仅可以满足客户小批量多品种的需求，还可以实现低库存，以满足降低物流总成本的需求。同时，物流配送中心具有创造空间效用、完善运输系统、消除交叉输送、提高物流的经济效益等多种功能。但根据物流配送中心的具体作业流程和业务需求，物流配送中心必须满足和具有以下几种作业需求和功能：① 进货，包括车辆进货、进货卸载、进货点收、理货等功能；② 储存保管，包括入库、调拨、补充、理货等功能；③ 仓储管理，包括盘点（定期、不定期）到期物品、处理（食品、医药）、移仓与储位调整等功能；④ 分拣，包括订单分拣、拣货分类、集货等功能；⑤ 出货，包括流通加工、包装、品检、出货点收、出货装载等功能；⑥ 运输，包括车辆调度、路线安排、车辆运输、交递货物等功能；⑦ 物流信息处理功能；⑧ 其他物流，包括退货、退货卸载、退货点收、退货责任确认、退货废品处理、换货补货等功能。

5.3.2 电子商务下的物流配送中心的规划

物流配送中心的规划，首先应该从其地理位置、规模、布局等外在结构着手，再对其内部作业流程、设备、信息支撑等方面进行规划。针对不同企业背景的物流配送中心，其建设规划也不尽相同，这里主要是从其外部结构、内部作业流程及信息系统3方面进行阐述，再从物流配送中心基本构成要素入手来规划其具体步骤。

1．物流配送中心的外部规划

本书的物流配送中心外部规划主要从其选址、规模两部分进行阐述，当然还包括平面设计，功能区位设计等，但由于不同的配送中心其平面布局及功能区位都有所不同，所以在这里就不再进行阐述。

1）物流配送中心的选址

物流配送中心规划首先应该考虑的问题是选址。任何一个系统都存在于一定的环境之中，如生产系统、服务系统。它和外界环境之间相互影响、相互依赖。外界环境向系统输入原材料、资金、人力、能源和其他社会化因素等；系统又向外界环境输出其产品、劳务、服务和废弃物等。因此，生产和服务系统必然不断地因受到外界环境的影响而调整自身的活动，同时系统的输出结果也不断改变其周围环境。这就说明，生产和服务系统所在的地区条件，对系统的运营与发展是非常必要的。尤其是物流配送中心这样服务性的系统，它的存在几乎完全决定于外界环境。因此，对于物流配送中心的地址选择上一定要考虑其周围地理、市场、商业、人口、交通等外在因素。

物流配送中心的选址问题一定要结合实际情况，进行详细的规划。物流配送中心的选址不仅要符合选址原则，还要符合城市规划、土地资源管理和商品储存安全的要求；物流配送中心的选址要适应商品的合理流向，还要具有交通便利的运输条件、区域环境，要具备供电、道路、通信、贸易等基础设施。当然，对于有些特殊配送中心，还应根据其规模和具体作业流程等因素进行详细分析和选址。配送中心的选址问题，可以建立简单的数学模型，通过求解成本最低的运输规划来解决。目前物流配送中心选址的方法很多，如重心法、整数规划法和权重评分法等。

2）物流配送中心的规模设计

目前国际上还没有一套较为成熟的物流配送中心规模确定方法，一般是通过横向对比国内外已有的物流配送中心建设规模，来确定新建物流配送中心的建设规模。具体来说，物流配送中心的规模大小，是由其经营业务范围的大小及服务对象的多少决定的，主要是根据市场总容、发展趋势及竞争对手的状况来决定。

物流配送中心规模的设定应注意两个方面：① 充分了解社会经济发展的大趋势，对地区、全国乃至世界经济发展有较为准确的预测；② 充分了解竞争对手的状况。如果物流配送中心对其市场占有份额的预测发生大的偏差，将导致设计规模过大或过小。估计偏低，将失去市场非常宝贵的机遇或不能产生规模效益；估计偏高，将造成多余投资，浪费资金，致使企业效益减少。

由于没有现成的规模确定方法可以沿用，企业可以拿国内外已有的配送中心建设规模来做参考。就单个配送中心而言，一般用地规模多在 $5 \times 10^4 m^2$ 以内。地方性配送中心多在 $5 \times 10^4 m^2$ 以下；区域性配送中心用地规模多为 $1 \times 10^4 \sim 11.55 \times 10^4 m^2$，最大不超过 $50 \times 10^4 m^2$。因此，我国建设物流配送中心可根据已有配送中心的规模，再基于企业自身的经营状况来确定其规模的大小。

2. 物流配送中心的作业流程规划

物流配送中心的作业流程规划是指在搬运、保管、包装、流通加工、配送和运输等作业中使用各种先进技术和装备的系统，使物流生产、物流据点、物流仓储、物流配送、运输配送路线和运输手段等实现自动化、快捷化、网络化，以提高整个物流活动的效率，增加物流整体效益。

对配送中心作业进行合理的流程规划，不仅可以缩短物流活动的时间，还可以达到事半功倍的效果。因此，要对作业系统进行详细的流程分析，即针对物流配送中心各个作业内容，分析不同作业的特性及其相互关系，整理出配送中心基本作业流程。一般配送中心其作业流程主要是进货、验收、入库、拣货、流通加工、包装、配货、装运等。在这些作业流程中，拣货作业具有十分重要的作用，是其中极为重要的环节；拣货系统的优良与否不但会影响配送中心系统的生产率，而且也会影响物流配送中心的功能发挥。

拣货作业的目的在于正确而迅速地把用户所需商品集中起来。这里要求的是迅速、准确、高效。

从商品费用的角度来看，物流成本约占商品最终售价的 30%，其中包括配送、搬运、储存等成本单元。一般而言，拣货成本是配送中心作业总成本的 70%~80%，因此若要降低物流搬运成本，从拣货作业上着手进行改进则可以取得很好的效果。

从人力需求的角度来看，目前大多数物流配送中心仍属于劳动力密集型产业，其中与拣货作业直接相关的人力占 50%以上，且拣货作业的时间投入也占整个物流配送中心作业的 30%~40%。由此可见，合理规划拣货作业，利用现代化技术和手段，减少人力投入，缩短时间，实现自动化，对于提高物流配送中心的运作效率具有决定性的作用。

一般物流配送中心的自动分拣系统由控制室、辊道输送线、激光扫描仪等组成，是配送公司的关键设备。控制室内配有计算机、键盘控制器、现场监视器；操作员坐在控制室内，从监视器屏幕上，可以选择查看不同部位商品配送的状况；辊道输送线则将各个仓位、货架连成一体，便于进行自动配送；发往供货对象的各类商品在主输送线上移动时，激光扫描仪会自动阅读商品包装箱上的物流码，将信息送到"道口"，然后被自动转入指定的分支线，送达指定的出口处打包发货或者直接上货架。这一套自动化流水线不仅能大幅度地缩短拣货作业的时间，还能在保证完成大量工作的基础上节省人力。

有些配送中心规模比较大，拣选流水线较长，场地范围大。为了缩短工作人员拣选移动的距离，配送中心有必要配备一些先进设备，如纸箱流动货架、托盘式流动货架、立体化货架等。当然，是否购进先进自动化设备应根据企业的实际情况来决定，结合目前我国劳动力过剩的具体国情，也可以只购买一些基础机械设施，主要依靠劳动力来进行拣选、加工、包装及装运等作业。拣货作业的具体流程也应该结合企业、行业、国情及国际发展趋势来进行合理规划。

3. 物流配送中心的信息系统规划

物流配送中心的信息系统规划是指在保证订货、进货、仓储、拣货、出货、配送及运输等信息通畅的基础上，使通信节点、通信线路、通信手段自动化，网络化，以提高物流配送中心作业系统的效率和信息化水平。

物流配送中心几乎每天都要接收大量来自内部、外部和各个运作环节的信息，如果不及时响应，进行处理和反馈，就不能保证整个物流配送中心的高效运转。物流信息系统是物流配送中心的"大脑指挥室"。

作为一个现代化的物流配送中心，其最主要的功能就是要依靠物流信息的科学高效管理，通过一系列先进物流技术的支撑，实现自动化、快捷化、信息化的物流服务与管理。因此，物流配送中心的信息系统应以现有的信息基础设施为通道，以物流技术为支撑，按照物流市场运行的要求，使原有封闭、单向、单通道的物流信息系统向全程自动电子化信息系统转变。电子化信息系统能够实现单证处理、仓储、运输、流通加工、分拣配货、配送等业务，同时还可以为客户提供网上查询等增值服务。

借助物流信息系统的管理，不仅能及时、准确地获取和处理各种信息，管理不同作业活动，而且还可以杜绝作业差错，缩短作业时间，极大地提高运作效率，增强物流企业服务国内外市场的能力，进一步提高其效益。

物流配送中心的信息系统一般包括以下6个信息管理子系统。物流信息系统必须对各类不同管理子系统进行有机整合与集成，建立它们相互之间的信息交换与传递，建立它们相应的功能链接，从而实现对物流配送中心业务的统筹运作与科学高效的管理。

（1）采购管理系统：一般分为物流模式和配销模式两种。物流模式主要职能是接收进货及验收指令，配销模式主要工作是面向供货商的作业，包括供货商管理、采购决策、存货控制、采购价格管理等系统。

（2）仓储管理系统：该系统包括进出货管理、储存管理、机械设备管理、分拣处理、包装、流通加工、出货配送管理、运输调度等内容。

（3）配送管理系统：该系统的功能主要是按照客户订单，将装配好的货物按照规定的时间、规定的数量，送到正确的客户手中，这一环节对于提高顾客满意度起着关键的作用。

（4）销售管理系统：其主要职能是进行订单处理。

（5）财务计费管理系统：财务计费部门对销售和采购管理系统所传送来的应付、应收账款进行操作，同时对配送中心的整个业务与资金进行平衡、测算和分析，编制各业务经营财务报表，并与银行金融系统联网进行转账。

（6）辅助决策系统：该系统的任务除了获取内部各系统业务的信息，关键在于取得外部信息，并结合内部信息编制各种分析报告和建议报告，作为配送中心高层管理人员决策的依据。

评估练习题

1. 关键概念

（1）电子商务的配送能力是（　　　）。
　A. 配送数量　　　B. 配送费用　　　C. 配送环节　　　D. 配送模式

（2）配送系统的特点是（　　　）。
　A. 目的性　　　　B. 集合性　　　　C. 单一性　　　　D. 适应性

（3）电子商务配送系统的构成是（　　　）。
　A. 管理系统　　　B. 人员系统　　　C. 作业系统　　　D. 网络系统

（4）电子商务下新型配送中心的特点是（　　　）。
　A. 速度快　　　　B. 集成化　　　　C. 规范化　　　　D. 系统化

（5）判断正误：系统化对于电子商务配送中心的建设最为关键。　　　　　（　　）

2. 实训题

任选一种电子商务物流配送中心的运作类型，上网或实地调查该配送中心的运作模式和特点。

本章评估测试

1. 能力测验

完成本章学习之后，请根据对本章电子商务物流配送的理解回答下列问题，并将所得分数记录下来。

1=完全不理解；3=理解一些；5=深刻理解

如果你的分数为 42~50 分，则说明你可以继续参加接下来的评估测验；如果你的分数为 33~41 分，则说明你应该再复习一下得分为 1~3 分的基本概念和内容；如果你的分数为 32 分及以下，则应重新认真学习本章内容，并与同学共同探讨不理解的地方。

你是否能够：

- 说出电子商务下物流配送的概念。
- 举例说明电子商务下物流配送的特点。
- 阐述电子商务下物流配送系统的构成。
- 说明电子商务下物流配送的流程。
- 掌握电子商务下物流配送需求的预测方法。
- 说明电子商务下物流配送方案的制订方法。
- 阐述电子商务下物流配送系统的控制方法。
- 举例说明电子商务下物流配送系统的基础设施规划方法。
- 说明电子商务下新型物流配送中心的特点。
- 解释电子商务下新型物流配送中心应具备的条件。

2. 关键术语回顾

电子商务下的物流配送就是信息化、现代化、社会化的物流配送。物流配送企业采用网络化的计算机技术和现代化的硬件设备、软件系统及先进的管理手段，针对社会需求，严格、守信用地按用户的订货要求，进行一系列分类、编配、整理、分工、配货等理货工作，定时、定点、定量地交给没有范围限度的各类用户，满足其对商品的需求。本章阐述了电子商务物流配送的基本理论，分析了电子商务物流配送的目标、构成、流程、配送方案的设计及电子商务下的物流配送中心规划。

3. 关键概念回顾

（1）配送业务中，除了送货，还有拣选、（　　）、配货等工作。

A. 分货　　　　B. 包装　　　　C. 分割　　　　D. 组装

（2）下列几种配送流程中，（　　）为机电产品的散件、配件的配送流程。

A. 进货—存储—分拣—送货　　　　B. 进货—存储—送货

C. 进货—加工—存储—分拣—配送—配装—送货

D. 进货—存储—加工—存储—装配—送货

（3）一般来讲，大型配送中心内部平面一般被分为若干功能区块，如（　　）等。

A. 进货区　　　B. 分拣配货区　　C. 存储区　　D. 发货区　　E. 订货区

（4）（　　）一般不设存储环节。

A. 流通型配送中心　　　　　　　B. 加工型配送中心

C. 批发型配送中心　　　　　　　D. 生鲜食品配送中心　　E. 供应型配送中心

（5）加工转换型配送中心作业流程的主要特点是（　　）。

A. 主要作业环节是存储和加工　　B. 一般需设立拣选环节

C. 按客户户头设立货位　　　　　D. 加工的产品种类较少

E. 一般不设独立的配货环节

（6）判断正误：物流配送的区域范围不受限制。   （   ）
（7）判断正误：配送中心内部存储设施主要以货架系统为主。   （   ）
（8）判断正误：配送中心作业流程是指配送中心在活动过程中所形成的基本工作顺序。
                                                          （   ）
（9）判断正误：配送规模是配送活动中订单处理、库存、运输、装卸搬运、流通加工等配送作业量的总和。   （   ）
（10）判断正误：配送需求是指一定时期内客户由于经营需要，而产生的对货物配送在时间和费用方面的总要求。   （   ）

4．练习题

调研某一电子商务下的物流配送中心，分析该配送中心的规划方法。

案例讨论 —— Case Discussion

沃尔玛公司由美国零售业的传奇人物山姆·沃尔顿先生于1962年在阿肯色州成立。目前已在全球27个国家开设了超过10 000家商场，下设69个品牌，员工总数220多万人，每周光临沃尔玛的顾客就有2亿人次。其2010年度销售额达4 050亿美元，再次荣登《财富》杂志评选的世界500强榜首，并在《财富》杂志"2010年最受赞赏企业"调查的零售企业中排名第一。沃尔玛何以如此成功？前任总裁大卫·格拉斯这样总结："配送设施是沃尔玛成功的关键之一，如果说我们有什么比别人干得好的话，那就是配送中心"。的确，沃尔玛最大的特点就在于它拥有一流的配送中心。具体体现在以下几个方面。

（一）完善的物流配送体系

沃尔玛在美国已建立了62个配送中心，其配送中心的平均面积约为10万平方米，相当于23个足球场，位置设立在100多家零售店的中央区域，这使得一个配送中心可以满足100多个周边城市销售网点的需求，其运输的半径短而均匀。沃尔玛配送中心以320公里为一个商圈建立一个配送中心，一端为装货月台，另一端为卸货月台。800名员工24小时倒班装卸搬运配送，商品在配送中心停留不超过48小时。

每家店至少每天送一次货（竞争对手每5天一次）。至少一天送货一次意味着可以减少商店或者零售店里的库存。沃尔玛公司共有6种形式的配送中心，分别是"干货"配送中心（生鲜食品以外的日用商品）、食品中心（包括不易变质的饮料及易变质的生鲜食品等）、山姆会员店配送中心（属于批发零售结合）、服装配送中心、进口商品配送中心、退货配送中心。在沃尔玛销售的商品中，有87%左右是经过配送中心的，而沃尔玛的竞争对手仅能达到50%的水平。由于配送中心能降低物流成本50%左右，所以沃尔玛能比其他零售商向顾客提供更廉价的商品。

（二）高效的运输能力

为了满足美国国内4 000多个连锁店的配送需要，沃尔玛公司运用了全球定位的高科技管理手段，保证车队处在一种准确、高效、快速、满负荷的状态。沃尔玛拥有全美最大的私人运输车队,在美国共有近3万个大型集装箱挂车,5 500辆大型货运卡车,昼夜不停地工作。公司的5 500辆运输卡车全部装备了卫星定位系统,每辆车在什么位置,装载什么货物,目的地是哪里,总部一目了然,保证了沃尔玛对发生在配送中心与各店铺之间的运输掌握主控权,能够将货等车、店等货等风险发生的可能性控制在最低限度。其每年的运输总量达到77.5亿箱,总行程6.5亿公里。此外,沃尔玛在运输方面也很讲究策略,其一,加大装载量,提高实载率。沃尔玛的送货卡车有大约16米加长的货柜,比集装箱运输卡车还要长或高,所有的产品从卡车的底部一直装到最高。其二,注重时间管理,沃尔玛的物流部门实行全天候的运作,而且是每天24小时不间断的运作。这为物流配送的速度提供了保证。

(三)先进的物流数据处理中心

沃尔玛是全球第一个发射物流通信卫星的企业,通过建立全球第一个物流数据处理中心,率先实现集团内部24小时计算机物流网络化监控,使采购库存、订货、配送和销售一体化。从计算机开出订单到商品上柜,比竞争对手快3天,节省成本2.5%。在减少库存并保持货价充实率上领先于其他零售商。沃尔玛所有的数据处理都通过一个基于UNIX系统的配送系统进行,并采用传送带、产品代码,以及自动补货系统和激光识别系统。在此过程中,沃尔玛还采用了一些包括零售技术在内的最尖端的技术。如通过网络,可在1小时内对每种商品的库存、上架、销售量全部进行盘点,该系统还可处理工资发放、顾客信息和订货—发货—送货流程,达成公司总部与各分店及配送中心之间的直接通信。在公司的卫星工作室看上一两分钟,就可以了解一天的销售情况。在沃尔玛的物流数据处理当中,非常重要的一点是要确保商店所得到的产品与发货单上完全一致。因此沃尔玛必须有一套非常精确的系统,才可确保整个物流配送过程不会出现任何差错。这样,商店只需把整个卡车当中的产品卸下来就可以了,不用把每个产品检查一遍。其补货系统使得沃尔玛在任何时候都知道现在商店当中有多少产品,有多少产品正在运输过程当中,有多少是在配送中心等。同时它也使沃尔玛能够了解某种产品上周卖了多少,而且可以预测将来可以卖多少。因为沃尔玛所有的产品都有统一的产品代码,沃尔玛可以对这些代码进行扫描和阅读,让供货商们直接了解他们的产品卖得怎么样。以便决定他们的生产情况,并降低企业运作成本。

(四)科学的物流配送流程

沃尔玛配送中心的基本流程是:配送中心收到和汇总用户的订单之后,通过信息系统查询商品库存情况。供应商将商品的价格标签和UPC条形码贴好,运到沃尔玛的配送中心,然后经过筛选和重新打包,分别送到货架的不同位置存放,这时计算机会把它们的方位和数量记录下来。根据商店的要货需求,电脑系统将所需商品的存放位置查出,并打印出商店代号的标签,将来贴到商品上。整包装的商品直接由货架上送往传送带,零散的商品由工作台人员取出后也送到传送带上。传送带上有一些信号灯,员工可以根据信号灯的提示来确定箱子应被送往的商店,然后拿取这些箱子。

在传送过程中经过一系列的激光扫描,读取货箱上的条形码信息。全速运行时,只见纸箱、木箱在传送带上飞驰,红色的激光四处闪射,最终将货物送到正确的卡车上。传送带每天能处理 20 万箱货物，配送的准确率超过 99%。

❓ 问题讨论

（1）试分析沃尔玛配送的成功经验。

（2）通过上述案例，讨论沃尔玛的成功经验对我国连锁零售物流的启示。

第 6 章

电子商务物流模式及创新

学习目标

- 掌握第三方物流的含义、特点及分类
- 了解第四方物流的定义、特征及运作模式
- 熟悉电子商务环境下的物流企业联盟
- 了解电子商务环境下的物流模式创新

关键术语

第三方物流，实物资产型第三方物流企业，信息资产型第三方物流企业，第四方物流，物流联盟

引导案例

当当网的物流模式

当当网是北京当当网信息技术有限公司营运的一家中文购物网站，以销售图书、音像制品为主，兼具小家电、玩具、网络游戏点卡等其他多种商品，总部设在北京。当当网1999年11月开通，目前是全球最大的中文网上图书音像商城，面向全世界中文读者提供近30万种中文图书和音像商品。2010年12月，当当网在美国上市，吸引了全球投资者的目光。

不同于卓越网的物流模式（在大型城市建立自己独立的配送中心，以自身为主，同时相应地在物流高峰期借助一部分第三方的力量；在小型城市及偏远地区以邮政方式为主），当当网采用第三方物流的配送模式。当当网上书店的联合总裁说："我们需要和20多个运输企业、40多个快递公司进行业务合作。"尽管管理和协调的难度增加，却解决了如何在最短时间内送货上门的问题。当当网主要是依靠专业快递公司进行配送，与民营

快递公司合作，并在一些大城市扩建了自己的仓储中心。通过选好配送公司，从而以更快的速度为消费者提供更好的服务。

当当网采用第三方物流的优势在于：

（1）将企业有限的资源集中于巩固和扩展自身核心业务之上；

（2）供应商难以满足其小批量、多批次的货物提供，第三方物流可根据情况在货物配送中进行统筹安排，有效降低成本；

（3）减少企业资金投资，降低资金短缺风险；

（4）第三方物流使企业能够拓展国际业务；

（5）供应链管理思想使第三方物流供需双方形成一种战略联盟关系，在共赢的基础上，保证企业对变化的客户需求具有敏捷的反应；

（6）第三方物流有利于提升社会效益。

然而采取第三方物流配送模式也存在一定弊端，如对第三方物流公司依赖过强等问题。目前，国内的大多数电子商务企业都将物流直接外包给第三方物流公司，以节省人力、物力。然而中国物流行业整体服务水平相对滞后，很难完全满足电子商务公司的个性化需求，顾客投诉率居高不下，因此而造成的配送延误、信息泄漏等问题，已经逐渐成为制约电子商务企业高速发展的瓶颈。

资料来源：马宁：《电子商务物流管理》，人民邮电出版社，2013年，第154～155页。

❓ 案例点评

第三方物流的存在，确实可以使企业集中自己的核心资源和业务。然而，第三方物流选择不当也将在很大程度上限制电子商务企业的发展。因此，是否应该选择第三方物流，以及如何选择第三方物流已成为电子商务企业需要重点考虑的问题。

6.1 电子商务下的第三方物流

随着网络技术和计算机技术的发展，Internet作为一种工具和媒介被引入生产、交换和消费中，人类开始进入电子商务时代。电子商务的兴起和发展，以及全球经济一体化的趋势，呼唤着全球物流模式的发展和创新。

6.1.1 第三方物流的含义

第三方物流是物流专业化的一种形式，指物流活动和配送工作由商品的供方和需方之外的第三方提供，第三方不参与商品的买卖，而是提供从生产到销售整个流通过程的物流服务，包括商品运输、储存、配送及包装加工等一系列增值服务。第三方物流是建立在现代信息技术基础之上的新型物流组织形式，特别是电子商务的载体——Internet为第三方物流的发展提供了良好的条件。

第三方物流产生于 20 世纪 70 年代的美国，由于市场竞争的白热化，物流作为联系客户和消费者的最后环节，其质量和水平直接影响企业与客户的关系和企业市场地位，而生产企业由于专注于技术和产品创新，不可能把太多人力、财力投入到物流系统建设，因此，迫切需要有专门的企业提供高水平的专业化物流服务。第三方物流就是在这个背景下产生的，并因其适应现代市场经济环境而得到迅速推广，如今在发达国家已成为一种主流的物流模式。

常见的第三方物流服务内容包括制定物流策略和开发物流系统，货物集运，选择承运人、货运代理、海关代理，进行运费谈判和支付，仓储管理，物流信息管理和咨询等。可以看出，第三方物流的服务内容大都集中于传统意义上的运输、仓储范畴之内，运输、仓储企业对这些服务较有经验，对业务内容有比较深刻的理解。因此运输、仓储企业向第三方物流服务企业转变或转制比较容易，关键是要突破以往单项业务的思维定式，考虑如何将单项服务内容有机地组合起来，提供物流运输的整体方案。随着物流技术的不断发展，第三方物流作为一个加快物流速度、节省物流费用和提高物流服务质量的有效手段，将在物流领域和社会经济生活中发挥越来越大的作用。

6.1.2 第三方物流的特点

第三方物流是物流服务供给方在特定的时间段内按特定的价格向需求方提供个性化系列物流服务的交易方式。这种物流服务建立在现代电子信息技术基础上，物流活动和配送工作由专业的物流公司或储运公司来完成。支撑第三方物流的信息技术有实现信息快速交换的技术、实现资金快速支付的技术、实现信息快速输入的条形码技术和实现网上交易的电子商务技术等。

第三方服务的用户与提供者之间的战略联盟、物流伙伴关系均要求彼此公开更多的信息，打破传统的业务关系束缚，从"基于交易上"的业务关系向更为一体的、长期的"伙伴关系"转变。这种业务关系带给双方的明显利益，是系统的可靠性提高，用户服务的改善，以及更有效率的成本业绩。对用户或第三方供应者来说，要摆脱比较传统的"交易"关系的影响是不容易的。

第三方物流企业以货主企业的物流合理化为设计物流系统运营的目标。第三方物流企业不一定要有物流作业能力，可以没有物流设施和运输工具，不直接从事运输、保管等作业活动，只负责物流系统设计并对物流系统运营承担责任。具体的作业活动可以再采取对外委托的方式由专业的运输、仓库企业等去完成。

货主企业采用第三方物流方式对于提高企业经营效率具有重要作用。首先，可以使企业专心致志地从事自己所熟悉的业务，将资源集中配置在核心事业上。其次，第三方物流企业可以采用多种方式外协其物流。彻底的方式是关闭物流系统，转移所有的物流职责给第三方物流供应商。对许多自理物流的公司，这一选择变数太多，过渡阶段有作业中断的风险。

具体来看，电子商务下第三方物流的特点表现如下。

1）信息网络化

第三方物流的运作主要依靠的就是信息优势。信息技术是第三方物流发展的基础。第三方物流信息优势主要针对客户的变换需求，客户不会就每项临时的物流需求来建立自己有效的信息优势，所以，依靠第三方物流有时是唯一的选择。第三方物流通过灵活运用物流资源，不仅拥有自身的信息，而且还拥有来自其他组织和物流系统的信息，可以比货主（外包物流服务人和收货人）在了解市场，了解物流平台的情况，灵活运用各种资源，了解价格，了解制度和政策方面更有优势。在其物流服务过程中运用信息技术实现信息实时共享，促进了物流管理的科学化，提高了物流服务的效率。

2）功能专业化

第三方物流的核心竞争能力，除了信息优势就是物流领域的专业化运作优势。第三方物流是一种专业化的物流服务组织，它熟悉市场运作，具有专门的物流设施和信息手段，有长期的客户关系网络，又有专业人才。专业化的物流运作是降低成本，提高物流水平的运作方式，要实施专业化的物流运作，必须具有针对不同物流市场的专业知识，能够提供运输、仓储和其他增值服务。面对需求业务流程的不同，第三方物流供应商能够根据客户业务流程提供"量身定做"的物流服务。对于专门从事物流服务的第三方物流企业，它的物流设计、物流运作过程、物流管理都应该是专业化的，物流设备和设施都应该是标准化的。

3）经营规模化

第三方物流具有规模化经营优势。这种优势是由于它可以组织若干个客户的共同物流。对于不能形成规模优势的单独客户而言，将业务外包给第三方物流企业，可以通过多个客户所形成的规模来降低成本。有了规模，就可以有效地实施供应链、共同配送等先进的运作方式，进一步提高物流服务水平。集多家企业的物流业务于一身是第三方物流企业最基本的特征之一。物流业务的规模化可以让企业的物流设施、人力、物力、财力等资源被充分利用，发挥最大的经济效益。有的还可以采用先进的专用设备、设施，提高工作效率；有的甚至采用先进技术与高科技接轨，与全国乃至全世界接轨，获得因规模化而带来的超额利润。规模效益是第三方物流企业的一个最重要的效益源泉，没有规模就没有效益。这也正是第一方或第二方物流的不足之处。

4）服务创新化

第三方物流企业和客户之间是一种双赢的合作伙伴关系。第三方物流企业的构建和组织，都是基于物流服务这一要求，这是货主物流企业和一般的承运企业所不具备的。应该说，服务优势实际上是第三方物流企业其他优势的综合体现。在社会化大生产更加扩大，专业化分工更加细化的今天，服务已成为企业竞争的关键因素。服务水平实际上已成为第三方物流企业实力的一种体现。实践证明，第三方物流仅仅了解客户的需求是远远不够的，要想为客户提供高水平的物流服务，还必须了解客户的运作流程、行业特点、外包物流的原因和动机，要探讨建立怎样的企业之间协作关系，合作双方如何才能取得双赢的结果等。

第三方物流必须在满足客户当前需求的同时去发现客户潜在的需求，挖掘其未来需求，从而开发适合于不同企业的物流服务，这就决定了第三方物流服务必须是不断创新的。

第三方物流在具有上述诸多优点的同时，也具有一些难以回避的缺点。使用第三方物流会带来很多好处，但也会带来很多负面效应，有的负面效应通过正确的决策是可以避免的，有的负面效应则是这种服务中所固有的，一般是没法避免的。这类负面效应具体有：公司战略机密泄露的风险；出现连带经营风险；客户关系管理的风险；对物流的控制能力降低的风险等。

因此，企业在选择第三方物流服务商时，多考虑一些第三方物流的负面效应是必要的。尤其是那些拥有核心商业机密的企业，或者是客户资源比较独特的企业，一般应慎重选择使用第三方物流。

6.1.3 第三方物流的类型

就第三方物流本身来讲，很难按照某一单一标准进行分类，根据标准的不同有如下几种划分方法。

1. 按资产和管理特征划分

可划分为以下 3 种。

1）资产型第三方物流企业

这种第三方物流企业可分为实物资产型第三方物流企业和信息资产型第三方物流企业两种。

实物资产型第三方物流企业是指物流供应商拥有从事专业物流活动或约定物流活动的装备、设施、运营机构、人才等生产条件，并且以此作为自身的核心竞争能力。

信息资产型第三方物流企业是指物流供应商不拥有实物资产或租赁实物资产，而以人才、信息和先进的物流管理系统作为向客户提供服务的手段，并以此作为自身的核心竞争力。信息资产型第三方物流企业的最大优势是，由于不拥有庞大的实物资产，所以可以通过有效地运用虚拟库存等手段，获得较低的成本。但是其资信度较实物资产型第三方物流企业低。

2）管理型第三方物流企业

管理型第三方物流企业不把拥有实物资产作为向客户服务的手段，而是以本身的管理、信息、人才等优势作为核心竞争力。这种类型的第三方物流企业，不是没有资产，而是主要拥有信息类资产。在网络经济时代，实际是以"知识"作为核心竞争力，通过网络信息技术的深入运用，以高素质的人才和较强的管理力量，利用社会的设施、装备等劳动手段，最终向客户提供优良服务。

3）优化型第三方物流企业

优化型第三方物流企业完全拥有管理型第三方物流企业在信息、组织、管理方面的优势，同时建立必要的物流设施装备系统，而不是全面建设这种系统。因此，它不仅具有上述两种第三方物流的优点，而且避免了过大投资、系统灵活服务水平不足的缺点。

2．根据第三方物流企业服务内容和服务对象的多少来划分

可划分为以下4种。

1）针对少数客户提供低集成度物流服务的第三方物流企业

这种第三方物流企业有两种情况：一是作为第三方物流成长的阶段而存在的，即由于物流企业发展初期的服务能力和客户资源有限所导致的；二是第三方物流企业将自身的发展定位于以有限的资源和能力满足少数客户特定的物流服务需求。一些中小型的第三方物流企业较适合这一定位。

2）同时为较多的客户提供低集成度物流服务的第三方物流企业

这是目前存在比较多的一种第三方物流企业。从国内物流业的发展和国外的实践看，这类物流企业有望成为我国未来物流市场上第三方物流企业的主流模式，典型的企业有宝供物流、宏鑫物流等。

3）针对较少的客户提供高集成度物流的第三方物流企业

这种第三方物流企业所提供的物流服务个性化很强，介入客户的营运程度也比较深，与客户往往结成战略伙伴关系，甚至进行共同投资。这种第三方物流企业在西方发达国家市场中很典型。例如，Fedex在欧洲就同某家具公司共同成立了一家物流公司，专门负责该家具公司全球物流业务的管理和运作。这类第三方物流企业由于其服务的特殊性，一般很难实现大规模经营。

4）同时为较多的客户提供高集成度物流服务的第三方物流企业

这种第三方物流企业在我国还没有出现，即使在西方发达国家，能同时为很多家企业提供高集成度物流服务的物流企业也是很少见的。

3．从第三方物流企业的来源划分

可划分为以下7种。

1）由不同类型的传统物流企业转型而来的第三方物流企业

如由运输、仓储、企业转型而来的一些企业，依托原有的客户资源和网络资源及组织运作能力，在市场的牵引或客户的驱动下，不断扩展自己的服务范围，进而为客户提供综合物流服务。

2）由工商企业分离而来的第三方物流企业

如海尔等一些大公司，原本是托运人或自行组织物流，为了适应市场，将自身的物流资源分离出来并整合外部资源，向社会提供专业化的物流服务。

3）由多方合资、合作而成立的第三方物流企业

这种新设的物流企业一经成立便是第三方物流企业了，这种企业整合了各方优势和客户资源，向客户提供系统化、增值化的物流服务。

4）起源于货运代理公司的第三方物流企业

这种企业在原有的信息服务和货运过程协调的基础上，通过实物存储和运输环节的延

伸，达到为客户提供综合一体化物流服务的目的。

5）来自财务和信息咨询服务公司的第三方物流企业

这些企业原本致力于系统咨询服务，为了给客户增加更多的价值，它们也开始涉入有关电子商务、物流和供应链管理等方面的咨询和设计工作。

6）来自港口、码头、铁路的第三方物流企业

这类企业基于终端作业的优势，设立专业的物流公司，并将业务延伸至运输和配送等环节，进而为客户提供功能一体化的物流服务。

7）来自电子商务服务商的第三方物流企业

随着电子商务的兴起，一些电子商务服务商分别推出系统配置、EDI、货物跟踪、信息系统集成、库存管理等与电子商务相关的物流解决方案，从而进入物流增值服务领域。

> **相关链接**
>
> "第三方物流"一词于20世纪80年代中后期开始盛行，当时它是对物流环节的要素进行外包的一个主要考虑因素。在1988年美国物流管理委员会的一项顾客服务调查中，首次提到"第三方服务提供者"，这种新思维被纳入顾客服务职能中。它也被用来描述"与服务提供者的战略联盟"，尤其指"物流服务提供者"。合同制物流也是指物流职能的外包。从更大范围看，不仅包括仓储、运输和电子数据交换，也包括订货履行、自动补货、选择运输工具、包装与贴标签、产品组配、进出口代理等。上述提及的服务和其他许多服务，正逐渐由企业提供转向由合同制供应商提供。

辩证性思考

电子商务下第三方物流的功能主要体现在哪些方面？

评估练习题

1. 关键概念

（1）下列属于第三方物流特点的是（　　　）。

A. 信息网络化　　　　B. 功能专业化

C. 经营规模化　　　　D. 服务创新化

（2）判断正误：管理型第三方物流企业不把拥有实物资产作为向客户服务的手段，而是以本身的管理、信息、人才等优势作为第三方物流的核心竞争力。（　　　）

2. 实训题

联系实际，分析第三方物流对电子商务发展的作用。

6.2 电子商务下第三方物流企业联盟

6.2.1 物流企业联盟的概念

为了突破我国中小物流企业发展的瓶颈，需要寻求一种新的企业组织模式，使物流企业从对立竞争走向合作竞争。物流企业联盟就是这样一种企业组织模式。

所谓物流企业联盟是指两个或两个以上的物流企业为了实现资源共享、优势互补、风险或成本共担等特定战略目标，在保持自身独立性的同时，通过股权参与或契约联结的方式建立较为稳固的合作伙伴关系，并在某些领域采取协作行动的松散型网络组织。

6.2.2 物流企业联盟的意义

组建物流企业联盟对提高我国物流企业竞争力有着极其重要的意义。

1. 可以提高 TPL（Third-party Logistics，第三方物流）企业的专业化水平

TPL 企业通过缔结联盟，可促使企业有效地实现规模重组和相互间的分工协作，通过深化企业在联盟中的分工，从而提高企业的专业化水平。

2. 可以提高我国 TPL 企业的国际竞争力

TPL 企业通过缔结联盟，可充分发挥物流服务的网络优势。通过合作创建的网络可以以较低的费用扩大市场，使各企业有机会在全球范围内更有效地利用联盟资源，从而提高自身竞争力。

3. 聚合资源

TPL 企业通过缔结联盟，能联结互补的技术与市场，有效地聚合国内外物流资源，促进 TPL 企业之间构建合作创新机制，增强物流服务创新能力，从而提高竞争力。

6.2.3 物流企业联盟的支撑系统

目前研究的物流企业联盟支撑系统主要有以下两类。

（1）多代理系统（Multi Agent System，MAS），企业之间在此系统上可以实现点对点的信息交换，也即 P2P 结构，企业的多代理系统之间的地位是对等的。目前对这类系统的研究都是从单个企业的角度出发，以企业自身为中心建立多代理系统。多代理系统一方面与企业内部的业务系统紧密相连，另一方面通过 Internet 与其他企业的多代理系统通信，使企业的业务系统之间能实现高效率的信息交换。

（2）以集中数据库为基础，企业通过系统提供的工具实现潜在合作伙伴信息的查询、评价及构建物流企业联盟，本质上是一种 C/S（客户机/服务器）结构。这类物流企业联盟支撑系统一般由第三方机构实施，并以营利为最终目的。企业在支撑系统的数据库中注册自己的各类信息，同时利用支撑系统提供的工具实现合作伙伴的选择和评价，并构造自己的物流企业联盟或加入其他企业的价值链中。

6.2.4 物流企业联盟模式

物流企业联盟模式多种多样，美国学者赛蒙因依据股权参与和合伙人的数量这两个标准，提出了以下4种模式。

1. 契约性协议

联盟的伙伴共同投入力量进行联合研究与开发、联合生产和联合营销等活动。

2. 非正式合作

合伙人在一起工作，但没有形成对双方都具有约束力的协议。

3. 股权参与

某企业在其他企业中占有一定的股权，合伙人继续以独立的实体从事经营，但各自都能得到对方优势所提供的好处。

4. 国际联合

为应对技术与开发的高额成本和巨大风险而在国际之间的企业联合。

根据TPL企业的发展特点及近年来国外物流企业联盟的经验，目前我国TPL企业战略联盟的模式主要是股权式联盟和契约式联盟。股权式联盟与契约式联盟各自有其优势和劣势，TPL企业在建立联盟时可根据企业自身情况进行联盟模式的选择。

契约式联盟更强调相关企业的协调与默契，其在经营上的灵活性、自主权和经济效益等方面比股权式战略联盟有更强的优越性；而股权式联盟在扩大企业实力上有更大优势。当联盟所实现的局部结合不能解决很多问题，企业参与联盟合作的部分和未参与联盟的部分没有明确的界线时，契约式联盟就转化为股权式联盟。

6.2.5 物流企业联盟的建立方式

物流企业联盟有不同的建立方式，主要包括如下几种。

1）纵向一体化物流战略联盟

纵向物流联盟是指处于物流活动不同作业环节的企业之间通过相互协调形成的合作性、共同化的物流管理系统，针对我国的实际情况，有在不同物流作业环节下具有比较优势的各个物流企业之间进行合作和形成供应链战略联盟两种方式值得借鉴。

2）横向一体化物流战略联盟

所谓横向物流联盟是指相同或者不同地域的服务范围相同的物流企业之间达成的协调、统一运营的物流管理系统。如对具有专线运输优势的中小型民营物流企业而言，可以通过自发地整合、资产重组、资源共享，依靠自身优势，在短时间内形成合力和核心竞争力，而且自己研发信息系统，使企业在物流领域实现质的突破，形成一个完善的物流网络体系。另外，以连锁加盟形式创建企业品牌的方式也以不断扩大的物流规模获得了人们的普遍关注。

此外，由处于平行位置的几个物流企业结成联盟也是横向联盟的一种形式。目前国内真正能提供物流一站式服务的大型物流企业并不存在。组建横向一体化物流联盟能使分散的物流产业获得规模效益，进行集约化运作，从而降低成本和风险。

3）混合型物流战略联盟

这种联盟中既有处于平行位置的物流企业，也有处于上下游位置的中小企业，它们的核心是第三方物流机构。由于同一行业中多个中小企业存在着相似的物流需求，第三方物流机构水平一体化管理可使它们在物流方面合作，使社会分散的物流获得规模效益，提高物流效率。这种物流战略联盟可由众多中小企业联盟成员共担风险，降低企业物流成本，并能从第三方物流机构得到过剩的物流能力与较强的物流管理能力，提高企业经济效益。同时第三方物流机构通过统筹规划，能减少社会物流资源的浪费，减少社会物流过程中的重复劳动。

6.2.6 物流企业联盟的伙伴选择

关于物流企业联盟的伙伴选择方法，主要有以下几种。

1）动态聚类方法

将候选企业分类，归并相似的候选盟员，逐步缩小搜索域。应用聚类方法可以得到候选成员基于评价指标集的排序，简便地选择候选盟员，动态聚类法适合在大量候选者之中进行初选。

2）遗传算法

遗传算法对非结构化问题独特的寻优能力使其能够用于选择物流企业联盟盟员。但是，该法的正确实现必须以准确地找到评价指标到联盟效益的映射关系为前提条件，但映射关系的确定是尚待解决的课题。因此，遗传算法的可操作性较差。

3）层次分析法

层次分析法具有定性与定量相结合处理各种决策因素的特点，成为伙伴选择中多目标综合评价的主要解决途径。

4）灰色评价法

灰色评价法评价指标大多是一些主观指标，或者称为定性指标、软指标，而且这些指标是多层次的、复杂的。对于物流企业联盟中伙伴的评价建立在评价者的知识水平、认识能力和个人偏好之上，评价信息相对完全的情况，适用灰色评价法求解。

6.2.7 物流企业联盟的发展前景

物流企业联盟的理论在国外的实践中得到广泛的应用，展现了物流企业联盟战略管理的发展前景。我国很多企业也已吸收了物流企业联盟的思想，共同谋求更好的发展。

物流企业联盟具有快速响应市场变化、实现企业有限资源的优化配置、组织形式灵活、投资少、风险分散等突出的优势，能够解决我国物流企业发展中面临的许多问题，物流企业联盟作为现代物流企业适应快速多变、日趋激烈的市场竞争的有效手段，对我国物流企业应对国外大型物流企业的挑战具有重要意义。

评估练习题

1. 关键概念

（1）第三方物流的发展模式主要有（　　）。
A. 竞争发展模式　　　　B. 自主发展模式
C. 合作发展模式　　　　D. 混合发展模式

（2）判断正误：物流费用与顾客服务费用之间存在二律背反现象。　　（　　）

2. 实训题

总结电子商务下第三方物流企业的经营方式及经营策略。

6.3 电子商务下的第四方物流

在美国，不少第三方物流提供商协助管理和协调整个物流的运作，已取得令人满意的效果，为货主企业节约了不少成本。但是，当物流作为跨地区甚至跨国的全球化运作时，第三方物流提供商在综合技术、集成技术、战略和全球扩展能力方面存在局限，不得不转而求助于咨询公司、集成技术提供商等物流服务提供商，由其评估、设计、制订及运作全面的供应链集成方案，由此形成了第四方物流。作为一个全新的概念，第四方物流的提出融合了诸多现代管理思想。从本质上讲，第四方物流对物流过程进行功能整合，对物流作业有了更大的自主权。它以整合供应链为己任，向企业提供完整的物流解决方案。与第三方物流仅能提供低成本的专业服务相比，第四方物流则能控制和管理整个物流过程，并为整个过程提出策划方案，再通过电子商务把这个过程集成起来，以实现快速、高质量、低成本的物流服务。电子商务中的第三方物流是对传统物流的继承和突破，而第四方物流完全是电子商务环境下的新兴产物，包含有更多的管理创新意识。由于其强调协同合作，对第三方物流并不构成威胁，相反，二者相互补充，可进一步扩大物流服务范围，增强物流服务能力，提高物流管理水平。

6.3.1 第四方物流的定义

美国著名管理咨询机构埃森哲公司最早提出了第四方物流的概念：第四方物流供应商是一个供应链的集成商，对公司内部和具有互补性的服务供应商所拥有的资源、能力和技术进行整合和管理，提供一整套供应链解决方案。第四方物流主要是对制造企业或分销企业的供应链进行监控，在完成企业物流的基础上，整合社会资源，使物流信息得到充分共享、社会物流资源得到充分利用。

我们应该从以下几个方面出发来认识第四方物流。

（1）第四方物流既不是委托企业全部物流和管理服务的外包，也不是完全由企业自己管理和从事物流，而是一种中间状态，这一点与第三方物流的外包性质是有所不同的。之所以如此，其原因在于物流业务的外包有一定的优势，例如，它能够减少委托企业在非核心业务或活动方面的精力和时间，改善对客服务，有效地降低某些业务活动方面的成本，以及简化相应的管理关系等。但与此同时，企业内部的物流协调与管理也有其好处，即它能够在组织内部培育物流管理的技能，对客户服务水准和相应的成本实施严格的控制，并且与关键客户保持密切的关系和直接面对面的沟通。正是出于以上两方面的考虑，第四方物流并没有采用单一的模式来应对企业物流的要求，而是将两种物流管理形态融为一体，在统一的指挥和调度之下，将企业内部物流与外部物流整合在一起。

（2）由前一个性质所决定，第四方物流组织往往是主要委托客户企业与服务供应组织（如第三方、IT服务供应商及其他组织）之间通过签订合资协议或长期合作协议而形成的组织机构。在第四方物流中，主要委托客户企业表现为两重身份：一是它本身就是第四方物流的参与者，因为第四方物流运作的业务中包含了委托客户企业内部的物流管理和运作，这些活动需要企业直接参与，并且加以控制；二是主要委托客户企业同时也是第四方的重点客户，它构成了第四方物流生存发展的基础或市场。由上述两重身份所决定，在第四方物流组织中，主要委托客户企业不仅有资本上的参与，而且它们也将内部的物流运作资产、人员和管理系统交付给第四方物流使用，第四方物流在使用这些资产、系统的同时，向主要委托客户企业交付一定的费用。

（3）第四方物流是委托客户企业与众多物流服务提供商或IT服务提供商之间唯一的中介。由于第四方物流要实现委托客户企业内外物流资源和管理的集成，提供全面的供应链解决方案，因此，仅仅是一个或少数几个企业的资源是无法应对这种要求的，它势必在很大程度上广泛整合各种管理资源，这种第四方物流内部可能在企业关系或业务关系的管理上非常复杂。尽管如此，对于委托客户企业而言，它将整个供应链运作管理的任务委托给的对象只是第四方物流。所以，任何因为供应链运作失误而产生的责任，不管实现的差错是由哪个具体的参与方或企业造成的，一定是由第四方物流承担，这是第四方物流全程负责管理的典型特征。

（4）第四方物流大多是在第三方物流充分发展的基础上产生的。从前面几个特性可以看出，第四方物流的管理能力应当是非常高的，不仅要具备某个或某几个业务管理方面的核心能力，还要拥有全面的综合管理能力和协调能力。其原因是它要将不同参与企业的资源进行有机整合，并根据每个企业的具体情况，进行合理安排和调度，从而形成第四方物流独特的服务技能和全方位、纵深化的经营诀窍，这显然不是一般企业所能具备的。从发展的规律看，除了主要委托客户企业，高度发达和具有强大竞争能力的第三方物流才是孕育第四方物流的土壤。这些企业由于长期以来从事物流供应链管理，完全具有相应的管理能力和知识，并且优秀的第三方物流企业已经开始从事各种高附加值活动的提供和管理，具备了部分综合协调管理的经验，所以，这类企业才有可能发展成为第四方物流企业。相反，没有第三方物流市场的充分发展，特别是优秀第三方物流企业的形成和壮大，第四方物流是很难形成的，这不是通过简单的企业捏合就能实现的。有必要强调的是，有些人将提供信息解决方案的 IT 服务供应商或企业软件供应商等同于第四方物流企业，这是完全错误的观点。虽然第四方物流中往往有 IT 方案供应商的参与，也需要建立大量的信息系统，但是，第四方物流企业如同我们在前面探讨的那样，是一种全方位物流供应链管理和运作服务的供应商，而且它与委托客户是一种长期持续的关系，双方牢牢地捆绑在一起，并且具备集成各种管理资源的能力，这不是单一的 IT 服务供应商所能涵盖的。

如图 6-1 所示，通过第四方物流这一中心，将第三方物流和信息技术服务供应商结合起来，第四方物流充当了管理和指导多个第三方物流的角色。也就是说，第四方物流在第三方物流的基础上对管理和技术等物流资源做了进一步整合，为客户提供了全面意义上的供应链物流解决方案。

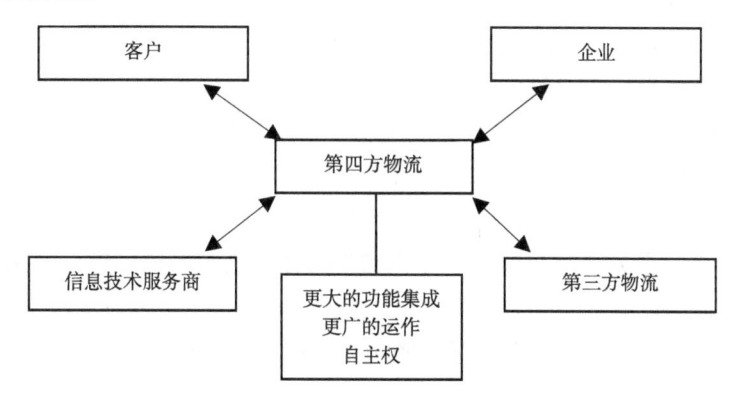

图 6-1　第四方物流示意图

因而，第四方物流的出现，突破了单纯发展第三方物流的局限性，能真正地做到低成本运作，实现最大范围的资源整合。第四方物流可以看成物流一体化进入更高层次后的产物。随着对物流服务更深层次、更全面要求的提高，制造商和零售商日益趋向外包其物流业务。作为能与客户的生产、市场及分销数据进行全面、在线连接的一个战略伙伴，第四方物流必将具有广阔的发展前景。需要指出的是，第四方物流领域虽然发展前景广阔，但进入的门槛却很高。国外研究表明，企业要想进入第四方物流领域，必须具备以下条件。

（1）拥有国际水准的供应链策略制订、业务流程重组、技术集成和人力资源管理能力。
（2）在集成供应链技术和外包能力方面处于领先地位。
（3）在业务流程管理和外包的实施方面拥有一大批富有经验的供应链管理专业人员。
（4）能同时管理多个不同的供应商，具有良好的关系管理和组织能力。
（5）具有全球化的地域覆盖能力和支持能力。
（6）具有对组织变革问题的深刻理解和管理能力。

6.3.2　第四方物流的特征

第四方物流具有策划、实施和监督供应链管理方面的能力。第四方物流概念的中心思想是，企业集中于其核心能力的发展，把在销售、运作和供应链管理上的责任移交给第四方物流企业。第四方物流信息平台使企业之间的信息可以更快地得以交换，从而可以在最小误差的条件下预计在什么地方、什么时间需要多少什么样的产品，最优化地配置企业资源，通过费用、质量和速度的优化，实现最佳物流方案的制订。第四方物流最重要的作用在于，以IT技术为依托，在整个供应链管理上对资源进行分配。

从第四方物流的概念和基本特性可以看出，第四方物流在现实的运作过程中，其表现出来的功能特点如下。

1. 第四方物流提供了一整套完善的供应链解决方案

它集成了管理咨询和第三方物流的能力，不仅能够降低实时操作的成本和改变传统外包中的资产转换，还能够通过优秀的第三方物流、技术专家和管理顾问之间的联盟，为客户提供最佳的供应链解决方案。

2. 执行、承担多个供应链职能和流程的运作

第四方物流开始承接多个供应链职能和流程的运作责任，其工作范围远远超过传统的第三方物流的运输管理和仓库管理的运作，包括制造、采购、库存管理、供应链信息技术、需求预测、网络管理、客户服务管理和行政管理。第四方物流通过影响整个供应链来增加价值。第四方物流充分利用了一批服务提供商的能力，包括第三方物流、信息技术供应商、呼叫中心和电信增值服务商等，再加上客户和第四方物流的自身优势，第四方物流能够通过提供一个全方位的供应链解决方案来满足企业的复杂需求，关注供应链管理的各个方面，既提供不断更新和优化的技术方案，又能满足客户的独特需求。

6.3.3 电子商务环境下第四方物流的运作模式

在当今的供应链环境中，随着市场竞争的加剧，企业对降低物流成本的追求导致了物流提供商有必要从更高的角度来看待物流服务，把提供物流服务从具体的运输管理协调和供应链管理上升到对整个物流供应链的整合优化和供应链方案的再设计。现代技术的不断更替和电子商务影响力的迅速扩展使顾客期望越来越高，供应链上各节点企业对内要求整合资源和向外要求扩展的需求不断扩大。顾客未满足的期望推动企业重新评估其供应链战略，这些因素相互作用，共同推动了第四方物流的产生。

第四方物流是集合和管理包括第三方物流在内的物流资源、物流技术、设施，依托现代信息技术提供完整的供应链解决方案。这种有影响的、综合的供应链解决方案，将为客户带来更大的价值。第四方物流不仅控制和管理特定的物流服务，而且对整个物流过程提出策划方案。所以，第四方物流高效率运作必须有强有力的电子商务平台提供支持，电子商务也就构成了第四方物流模型的重要组成部分。

第四方物流的运作模式有知识密集型模式、方案集成商定制模式和行业创新者模式三种。

1. 知识密集型模式

在知识密集型模式中，以较低资产和供应链管理为主体的第四方物流公司作为核心加

入高资产的第三方物流公司，提供物流先进技术、供应链战略思想、个性化项目管理等补充功能，为多个用户提供全面的物流服务。

2．方案集成商定制模式

第四方物流为一个客户运作和综合管理，提供供应链解决方案。第四方物流对自己和第三方物流的资源、能力和技术进行综合管理，借助第三方物流为客户提供全面、集成的供应链解决方案。第三方物流通过第四方物流提供的方案为客户提供服务，第四方物流作为一个枢纽，可以集成多个服务供应商的能力和客户能力。该方案实现了在客户组织的供应链中各组成部分之间价值的有效传递。

3．行业创新者模式

在行业创新者模式中，第四方物流为同一行业的很多个客户设计开发和提供一套促进同步化和共同合作的供应链解决方案，以整合整条供应链的职能为重点，第四方物流将第三方物流加以集成，向下游的客户提供供应链解决方案。在方案设计过程中，第四方物流的责任非常重要，因为它是上游第三方物流的集群和下游客户集群的枢纽。行业创新解决方案会给整个行业带来最大的利益，这种工作模式十分复杂，第四方物流会通过卓越的运作策略、技术和供应链运作实施来提高整个行业的运作效率。

第三方物流建立在企业物流业务外包的基础上，第四方物流是建立在第三方物流基础上的企业物流规划能力的外包，第四方物流的发展将使企业进一步摆脱传统物流的束缚，集中精力发展企业核心业务，促进企业运作效率的提高。

这三种模式的复杂性依次递增，但无论采取哪一种模式，第四方物流都是在解决企业物流外包的基础上，解决物流信息充分共享和物流资源充分利用的问题，都突破了单纯发展第三方物流的局限性，能够真正实现低成本运作，最大范围地整合物流资源。因此，第四方物流是发展我国物流产业的助推器，是促进我国物流产业升级的切入点。

6.4 电子商务环境下物流模式的创新

6.4.1 逆向物流

1．逆向物流的内涵

20世纪80年代以来，随着产品更新换代速度的加快，被消费者淘汰、丢弃的物资日益增多。同时，社会对环境保护问题日益关注，土地掩埋空间的减少和掩埋成本的增加，可利用的资源日益匮乏，引起了人们对物料循环再利用、循环再生、物料增值的日益重视，这就是逐渐受到关注的逆向物流。逆向物流作为物流活动的重要组成部分，早已存在于人们的经济活动中。但长期以来，学者和企业管理者更多地关注产品的正向物流，即供应商—生产商—批发商—消费者，而对这些物品沿供应链的逆向物流却不太关注。逆向物流和正向物流方向相反,而且总是相伴发生的。

逆向物流概括起来主要包括以下 4 个方面的内容:

(1) 逆向物流的目的是重新获得废弃产品或有缺陷产品的使用价值,或是对最终的废弃物进行正确的处理。

(2) 逆向物流的流动对象是产品、用于产品运输的容器、包装材料及相关信息,将它们从供应链终点沿着供应链的渠道反向地流动到相应的节点上。

(3) 逆向物流的活动包括对上述流动对象的回收、检测、分类、再制造和报废处理等活动。

(4) 尽管逆向物流是指物品的实体流动,但同正向物流一样,逆向物流中也伴随了资金流、信息流及商流的流动。

2. 逆向物流的特点

逆向物流和正向物流方向相反,而且总是相伴发生的。逆向物流具有以下特点。

1) 输入的多元性

正向物流的原材料供应主要由供应商实现,而逆向物流的原材料来自多方。

(1) 制造商,主要是生产过程中产生的次品和废品。

(2) 经销商,主要包括过量存货、过季存货及有质量缺陷的产品。

(3) 消费者,主要指终端使用过的返回产品(End of Use,EOU)、报废产品(End of Life,EOL)等。

逆流物的分布广泛,对于某一企业而言,其产品可能针对某一区域或某一市场,这样数据收集起来相对容易。而逆流物的产生是不可避免的,即使一定区域或特定市场的产品进入消费者手中以后,也会由于各种原因流通到不同的地区。

2) 产生的难以预见性

废弃和回收物流产生的时间、地点、数量是难以预见的。正向物流系统一般只涉及市场需求的不确定性,而逆向物流系统中的不确定性要高得多,不仅要考虑市场对再生产品需求的不确定性,而且还要考虑废品回收供给和处理的不确定性。逆向物流的不确定性可以大致分为两个方面:内部不确定性和外部不确定性。内部不确定性如产品质量水平、再制造的交货时间、处理的产出率等;外部不确定因素是指处理过程之外的因素,如逆流物返回的时间、数量和质量、需求的时间和水平等。这些将导致库存的不稳定、生产计划的不准确、市场竞争力的缺失等不确定性。

3) 发生地点的分散性

逆向物流可能产生于生产领域、流通领域或生活消费领域,涉及任何领域、任何部门、任何个人,在社会的每个角落都在日夜不停地发生着,正是这种多元性使其具有分散性。而正向物流则不然,按量、准时和指定发货点是其基本要求。这是由于逆向物流发生的原因通常与产品的质量或数量的异常有关。

4）预测的复杂性

由于逆流物是新产品或供应原材料的全部或一部分，那么对某一个产品而言，如果是作为整体出售，只需对其需求进行预测。而该产品一旦解体或报废成为逆流物，就会产生一倍或几倍的逆流物种类或数量，这样就需要对每种逆向流物进行预测，从而增加了预测的复杂性。

5）价值的递减性

逆向物流具有价值递减性。产品从消费者流向经销商或生产商，其中产生的一系列运输、仓储、处理等费用都会冲减回流产品的价值。即报废产品对于消费者而言，没有什么价值。

6）喇叭形供应链结构

和正向供应链结构相反，逆向供应链是由多到少的结构，使用过的产品是逆向物流供应链的开始，众多产品的消费者都是逆向供应链的供应者，汇集到企业是逆向供应链的终点，所以表现为供应链从源到汇，从下游到上游，数量由多到少，呈现喇叭形结构。逆向物流产生的地点较为分散、无一定的规则且数量小，不能集中一次性向接收地转移。

3. 逆向物流的意义

逆向物流包含回收物流与废弃物流。逆向物流虽不能直接给企业带来效益，但其对环境保护和资源可持续利用来说，意义却十分重大，也非常有发展潜力。西尔斯公司物流执行副总裁曾说："逆向物流也许是企业可以降低成本的最后的处女地了。"

一方面，逆向物流处理得好，可以增加资源的利用率，减少能源的消耗，降低经济成本，减少环境污染，提高经济效益。

另一方面，逆向物流如果处理不当，则会造成许多公害。例如，把有毒物质弃入江河，对饮用江水的人产生危害；将废电池随意丢弃，对土壤损害极大。一枚纽扣电池可以污染600t 水，相当于一个正常人一生的饮水量。一些有毒有害的废弃物已经对土壤、地下水、大气等造成现实或潜在的严重污染。

美国逆向物流委员会1999年对各公司所做的专项调查表明，当年的逆向物流成本超过350亿美元。有关部门的调查显示，我国可回收利用却没有利用的再生资源价值高达300多亿元，每年大约有500万t废钢铁、20多万t废有色金属、1 400万t废纸及大量的废塑料、废玻璃、废电池没有被回收利用。

对逆向物流的处理程序是将逆向物流的物资中有再利用价值的部分加以分拣、加工、分解，使其成为有用的物质，重新进入生产和消费领域。其他基本或完全丧失了使用价值的最终排泄物，或焚烧，或送到指定地点堆放掩埋，对含有放射性物质或有毒物质等一类特殊的工业废物，还要采取特殊的处理方法，返回自然界。

6.4.2 云物流

1. 云计算在物流领域的应用

在物流领域中应用云计算，可以让物流企业根据自己的实际规模和需求，动态地从

Internet 的云端选择相应可视化的资源和服务，从而满足企业在日常运营过程中的各项 IT 服务的需要。

IBM 智慧的"物流云"就提出了类似的概念。它提供了一个基于云计算技术的智慧物流方案，可以把物联网运用于物流领域，全面提高货物装卸、运输、仓储、检修和通关的智能化水平，实现物流业的高效、快捷、集约、透明，从而节约管理成本、提高管理水平。而作为云软件服务和应用开发平台的 PaaS（Platform as a Service，平台即服务），它一方面提供构建和运行软件服务的平台，另一方面负责管理所有的硬件和软件资源，通过 Internet 为客户提供符合需求的、基于 Web 的软件解决方案。PaaS 可提供所需的所有运行在 Internet 中的应用基础设施，用户只需"打开水龙头"获取服务即可，不必担心幕后的复杂性。PaaS 是基于订阅模式的一项技术，所以用户只需为他所使用的功能付费即可。利用 PaaS，独立软件开发商和企业 IT 部门能够更专注于创新，而不是复杂的基础设施；物流企业可以将预算更多地投入到能提供真正的商业价值的地方，而不是花费大量资金和人力在基础设备的购买和养护上。

2．云计算系统及平台发展现状

目前，亚马逊、谷歌、IBM、微软、Sun 等公司纷纷开始建设云计算基础设施或云计算平台，此外，开源组织和学术界也纷纷提出了许多云计算系统或平台构建方案。

（1）谷歌的云计算基础设施。Google 的云计算基础设施是在最初为搜索应用提供服务的基础上逐步扩展的，主要由分布式文件系统、大规模分布式数据库、程序设计模式、分布式锁机制等几个相互独立又紧密结合的系统组成。

（2）IBM"蓝云"计算平台。IBM 的"蓝云"计算平台是由数据中心、IBM Tivoli 监控软件、IBM DB2 数据库、IBM Tivoli 部署管理软件、IBM Web Sphere 应用服务器及开源虚拟化软件和一些开源信息处理软件共同组成的。

（3）Sun 的云基础设施。Sun 提出的云基础设施体系结构包括服务、应用程序、中间件、操作系统、虚拟服务器、物理服务器 6 个层次，并提出了"云计算可描述为从硬件到应用程序的任何传统层级提供的服务"的观点。

（4）微软的 Azure 云平台。微软的 Azure 云平台包括 3 个层次：底层，即微软全球基础服务系统，由遍布全球的第 4 代数据中心构成；云基础设施服务层，以 Windows Azure 操作系统为核心，主要从事虚拟化计算资源管理和智能化任务分配；Windows Azure 之上是应用服务平台，发挥着构件的作用，为用户提供一系列服务。

（5）亚马逊的弹性计算云。亚马逊是最早提供云计算服务的公司之一。该公司的弹性计算云平台建立在公司内部的大规模计算机、服务器集群之上，该平台为用户提供网络界面操作在"云端"运行的各个虚拟机实例。

3．基于 SOA 的云计算平台框架

不同的云计算平台有不同的特点，特别是在平台的使用上，透明计算平台同时为用户提供了用户实际接触的客户端节点及无法接触的远程虚拟存储服务器，是一个半公开的环境。谷歌的云计算平台环境是私有的环境，除了开放有限的应用程序接口，如 Google Web Toolkit、Google App Engine 及 Google Map API 等，Google 并没有将云计算的内部基础设施共享给外部的用户。IBM 的"蓝云"计算平台则是可供销售的软、硬件集合，用户基于这些软、硬件产品可构建自己的云计算应用。亚马逊的弹性计算云则是托管式的云计算平台，用户可以通过远端的操作界面直接操作使用，看不到实际的物理节点。此外，再从其他角度比较各个云计算系统的不同之处，可以看出，虽然云计算系统在很多方面具有共性，但实际上各个系统之间还是存在很大区别的，这也给云计算用户或者开发人员带来了不同的体验。

针对这些云计算平台，我们在设计基于 SOA 的云计算平台的体系结构时，将涉及包括硬件和系统软件在内的多个层次。总体而言，大致可以分成如下 3 层。

1）硬件平台

硬件平台就是所谓的 IaaS（Infrastructure as a Service，基础设施即服务），主要面向用户提供虚拟化的计算机资源、存储资源、网络资源，包括服务器、网络设备、存储设备等在内的硬件设施，它是云计算的数据中心。硬件平台首先要有可扩展性（Scaling），用户可以假定硬件资源无穷多，根据自己的需要，动态地使用这些资源，并根据使用量来支付服务费，不需要为需要购买、维护多少设备来支持当前访问量而犯愁。

2）云平台

这里的云平台专指 PaaS，提供服务开发工具和基础软件（如数据库、分布式操作系统等），从而帮助云服务的开发者开发服务系统。另外，它也是云服务的运行平台，需要具有 Java 运行库、Web2.0 应用运行库、各类中间件等。

3）云服务

云服务是指可以在 Internet 上使用一种标准接口来访问的一个或多个软件功能。它类似之前提出的"软件即服务 SaaS（Software as a Service）"。但与 SaaS 不同的是，传统的"软件即服务"的系统需要服务提供商自己提供和管理硬件平台和系统平台，而云计算平台上的云服务，不需要提供硬件平台和云平台。客户可以通过 Internet 随时随地访问各类服务，从而访问和管理自己的业务数据，而不需要到客户现场去安装和调试软件、配置服务器等。

目前，很多厂商已经提供了上述某些平台，如 IBM 的 Smart Business Storage Cloud 和亚马逊的 EC2 主要是一个云计算的硬件平台（硬件作为一项服务）；谷歌的 Application Engine 主要是一个云平台；Salesforce 则是云服务的提供商。

总而言之，通过虚拟化的方式，云计算平台能够极其灵活地满足各类需求，而不受硬件的局限。在构建云计算硬件平台时，主要需要考虑存储结构，这不仅仅需要考虑存储的容量，更重要的是需要考虑磁盘数据的读写速度。单个磁盘的速度很有可能限制服务程序对于数据的访问，因此在实际使用过程中，需要将数据分布到多个磁盘之上，并通过对多个磁盘的同时读写来达到提高速度的目的。此外，数据如何放置也是一个非常重要的问题。Google File System 的集群文件系统和基于块设备的存储区域网络（SAN）系统提供了两种可行的存储技术。开源的 Hadoop HDFS（Hadoop Distributed File System）实现了类似

Google File System 的功能，提供了一个构建硬件平台的解决方案的参考。

6.4.3 冷链物流

1．冷链物流的定义

冷链物流泛指冷藏冷冻类物品在生产、储存、运输、再加工及销售的全过程中始终处于规定的低温环境下（0~4℃），以保证物品质量和性能的系统工程。它是以保持低温环境为核心要求的供应链系统，是随着科技进步及制冷技术的快速发展而发展起来的，以冷冻工艺学为基础、以制冷技术为手段的低温物流过程。

冷链物流适合的商品一般可以分为 3 类：初级农产品，包括蔬菜、水果、肉、禽、蛋、水产品、花卉等；加工后的食品，如速冻食品，禽、肉、水产等包装熟食，冰激凌和奶制品等；特殊商品，如药品和疫苗等。

2．冷链物流的特点

作为物流的重要组成部分，冷链物流除了具有一般物流的特点，还具有自身的特点，比如对冷藏技术和时间的严格要求，这是冷链物流与其他物流的主要区别。除此之外，冷链物流还具有以下特点。

（1）建设投资大，技术复杂。
（2）要求冷链各环节具有更高的组织协调性。
（3）有效控制运作成本与冷链发展密切相关。
（4）冷链物流市场经营规模小，网络松散。

6.4.4 电商物流一体化平台——"菜鸟"网络

近几年来，迫于国内外市场竞争的压力，我国生产企业纷纷改革其传统的物流管理模式，积极推行现代物流管理模式。生产企业物流改革成功的关键是取得物流内部和外部的一体化，传统的分段式物流管理模式已无法满足如今短交货期、高质量、低成本、高服务水平的市场竞争要求。企业需要从更高层面上来组织物流活动，对从原材料采购到产品交付整个过程的物流活动进行统一管理。由于物流贯穿于企业采购、生产、销售的全过程，贯穿于企业与上下游企业之间形成的供应链，因而物流一体化绝不是对企业局部的小改造，它的实施要求企业从战略到战术都做出改变，除了制定恰当的物流战略，选择合适的物流运作模式也是非常重要的，它关系到企业能否有效地实施物流一体化。

1．电商物流一体化的定义

有关专家指出，物流一体化就是利用物流管理，使产品在有效的供应链内迅速移动，使参与的各方企业都能获益，使整个社会获得明显的经济效益的过程。所谓物流一体化就是以物流系统为核心，由生产企业经物流企业、销售企业直至消费者的供应链的整体化和系统化。

物流一体化是在第三方物流的基础上发展起来的新的物流模式。在这种模式下，物流企业通过与生产企业建立广泛的代理或买断关系，与销售企业形成较为稳定的契约关系，在将生产企业的商品或信息进行统一组合处理后,按部门订单要求配送到店铺。这种模式还表现为用户之间广泛地交流供应信息,从而起到调剂余缺、合理利用、共享资源的作用。

2. 菜鸟网络

阿里以其强大的市场影响力、雄厚的财力,联合国内众多行业龙头企业建立了"菜鸟网络科技有限公司"(以下简称菜鸟),并启动实施了"中国智能物流骨干网"项目。菜鸟的目标是制造一个开放的社会化、智能化物流大平台(类似物流领域的阿里巴巴平台),指导企业在全国各地聪明存货(需求发生前刚刚存货),并最终在国内任意地区实现24小时送达服务,为阿里平台上的电商企业提供了强大物流服务支撑,并为全社会提供大数据基础上的智能物流服务。

菜鸟网络的基本架构是,依托 Internet 技术,整合阿里平台上的所有企业资源(包括网络零售商家、消费者、商品和各类物流企业),建立大数据平台,打造所谓"天网";以自建、共建、改造、合作等多种模式,在全国各地建设公共储配物流中心等物流基础设施,布局"地网"。为各种商业企业(如电商企业、O2O 企业、物流企业、快递企业、制造企业、服务企业等)提供不同层次、不同内容的物流服务。

> **相关链接**
>
> 本质上说,物流联盟就是力图使作为整体的系统产生更高的效率,从而实现双赢。著名的管理学家彼得·德鲁克说过,今后的组织将是一个"基于知识和基于信息上的组织"。随着对机构精简的不断强调,导致许多劳动密集型职能的外包,第三方物流活动会更加活跃。

辩证性思考

1. 电子商务第三方物流的发展趋势如何?
2. 试评价电子商务环境下物流的创新模式。

评估练习题

实训题

调查电子商务第三方物流在我国的发展现状及趋势。

本章评估测试

1. 能力测验

完成本章学习之后,请根据对本章电子商务物流概念的理解回答下列问题,并将所得分数记录下来。

1=完全不理解；3=理解一些；5=深刻理解

如果你的分数为 42~50 分，则说明你可以继续参加接下来的评估测验；如果你的分数为 33~41 分，则说明你应该再复习一下得分为 1~3 分的营销概念和内容；如果你的分数为 32 分及以下，则应重新认真学习本章内容，并与同学共同探讨不理解的地方。

你是否能够：

- 准确理解第三方物流的含义。
- 说明电子商务下第三方物流有哪些特点。
- 分析第三方物流企业的类型是如何划分的。
- 简述电子商务下第三方物流的典型运作模式。
- 说明选择第三方物流企业的依据。
- 回答出电子商务企业如何选择物流模式。
- 说出电子商务下第三方物流的经营方式。
- 结合实际简述电子商务下第三方物流的经营策略。
- 试述我国发展第三方物流面临的机遇和挑战。
- 分析第三方物流发展的趋势。

2. 关键术语回顾

第三方物流是物流专业化的一种形式，指物流活动和配送工作由商品的供方和需方之外的第三方提供，第三方不参与商品的买卖，而是提供从生产到销售整个流通全过程的物流服务，包括商品运输、储存、配送及包装加工等一系列增值服务。资产型第三方物流企业可分为实物资产型第三方物流企业和信息资产型第三方物流企业两种。实物资产型第三方物流企业是指物流供应商拥有从事专业物流活动或约定物流活动的装备、设施、运营机构、人才等生产条件，并且以此作为自身的核心竞争能力。信息资产型第三方物流企业是指物流供应商不拥有实物资产或租赁实物资产，而以人才、信息和先进的物流管理系统作为向客户提供服务的手段，并以此作为自身的核心竞争力。当物流作为跨地区甚至跨国的全球化运作时，第三方物流提供商在综合技术、集成技术、战略和全球扩展能力方面存在局限，不得不转而求助于咨询公司、集成技术提供商等物流服务提供商，由其评估、设计、制订及运作全面的供应链集成方案，由此形成了第四方物流。电子商务中的第三方物流是对传统物流的继承和突破，而第四方物流包含有更多的管理创新意识，二者相互补充，进一步扩大物流服务范围，增强物流服务能力，提高物流管理水平。

3. 关键概念回顾

（1）对于第三方物流业者来说，充实信息网可以（　　）。
A. 增加物流成本　　　　　　B. 提高管理
C. 实现物流最优化　　　　　D. 实现信息共享

（2）电子商务下第三方物流发展的动力主要来自（　　）。
A. 电子商务企业间的竞争力　B. 第三方物流服务的供需双方
C. 企业信息化程度　　　　　D. 新的物流管理理念

（3）判断正误：第三方物流简称为 TPL。　　　　　　　　　　　　　（　　）

（4）判断正误：电子商务企业物流服务主要采用第三方物流。　　　　（　　）

4．练习题

请你结合实际情况，分析我国电子商务环境下第三方物流的现状及发展规划。

网上冲浪

在电子商务环境下第三方物流的应用范围不断扩大，以满足顾客服务的各种物流需求。登录大连久久物流有限公司网站（http://9956.net），通过访问这一网站，试了解第三方物流企业的运作方式，企业的战略规划及战略方针，以及电子商务下第三方物流企业的市场定位。

案例讨论　　　　　　　　　　　　　　　　　Case Discussion

天猫、京东"嘴仗"背后：物流或成电商平台必争之地

就在京东、天猫针对谁是线上线下商超霸主一事的争论尚未消停之际，一向以自营物流为豪的京东集团CEO刘强东日前又在央视的节目上跟菜鸟打起了"嘴仗"。在新近播出的央视《对话》栏目中，京东集团CEO刘强东评价了京东物流的竞争对手菜鸟网络，他称菜鸟网络本质还是要在几个快递公司之上搭建数据系统，最后，几家快递公司的大部分利润，都会被菜鸟网络吸走。菜鸟网络新闻发言人则很快回应称，"一家没有平台共享思维的企业，眼界只能停留榨取合作伙伴利润养活自己上，不可能理解赋能伙伴、提升行业、繁荣生态的意义"。

实际上，京东和菜鸟二者的发展路径并不一样，严格来讲，并不能在同一个维度去区分谁优谁劣。

京东的物流模式为建造自己的物流体系，归属于自营物流模式。早在2007年，京东就开始建设自有的物流体系。2009年初，京东斥资成立物流公司，开始全面布局全国的物流体系。京东分布在华北、华东、华南、西南、华中、东北、西北的7大物流中心覆盖了中国各大城市，并在杭州等城市设立了二级库房，仓储面积在2012年底已经超过100万 m²。除此之外，京东还斥巨资建设"亚洲一号"现代化仓库设施。上海的"亚洲一号"一期工程面积近10万 m²，后续工程全部建完后预计总体仓储面积将达20多万 m²。2016年京东快递共有6个"亚洲一号"投入使用，2017年4月25日，京东集团宣布内部组织架构调整：京东物流独立运营，组建京东物流子集团。京东物流未来的服务客户不仅包含电商平台的商家，也会包含众多的非电商企业客户，以及社会化的物流企业，向全社会输出京东物流的专业能力，帮助产业链上下游的合作伙伴降低供应链成本。京东称，物流子集团5年后要成为年收入规模过千亿元的物流科技服务商。京东物流在广受争议之后终于成长起来，不仅满足了自身物流的需求，还进一步开始扩展营业范围，向其他客户提供物流服务，

开始转向第三方物流。

　　菜鸟物流起步较晚，主要是因为京东这个竞争对手给的压力太大，菜鸟物流成立之初就一再强调：阿里巴巴集团永远不做快递，菜鸟网络的"智能物流骨干网"建起来后，不会抢快递公司的生意。阿里希望菜鸟能够像淘宝一样搭建平台，将各个专业的第三方物流公司的优势连接起来，通过信息连通，资源共享，再结合阿里的技术优势，提升物流行业整体的行业效率和服务水平。菜鸟网络董事长童文红在2016年菜鸟联盟年度合作伙伴大会上晒出了菜鸟物流成立半年多来的成绩单。菜鸟联盟次日达覆盖超1 000个区县，2016年的"双11"，菜鸟联盟智能仓配网络5天发货超过1亿件，这一规模已经成为全国仓配之最。在代表仓配能力的物流时效方面，菜鸟联盟经过短短9个多月的发展，当日达和次日达覆盖区县从300多个增长到1 000多个。

　　时至今日，两家公司都可以说是成功者，但是两家在对电商至关重要的物流模式的决策上却截然不同。京东组建了自营的京东物流，将物流把控在自己手中，阿里则和各家物流公司组建了菜鸟网络科技有限公司，号称专注打造的"智能物流骨干网"将通过自建、共建、合作、改造等多种模式，在全中国范围内形成一套开放的社会化仓储设施网络。

　　无论如何，在用户的眼里，更在意如何能有最佳的体验，特别电商与物流又有着天然的契合性，因此也可以说，物流的重要性越来越凸显，已成电商的兵家必争之地。在电商平台和产品日趋同质化的大背景下，物流体验往往就成为了消费者购物时候的一个带有极大变量的因素。因此，强化物流环节，不让其掉链子，也就成为当下电商平台竞争的一个新决战地。

? 问题讨论

（1）试分析京东及菜鸟各自物流的优缺点，并且提出改进建议。
（2）试从两家企业的实际情况分析他们各自物流模式选择的原因。

第 7 章

电子商务与供应链

学习目标

- 了解电子供应链管理的概念和基本内容
- 掌握电子商务化供应链管理的几种模式
- 掌握电子商务化供应链物流管理的基本内容
- 掌握电子商务与供应链管理的整合思想与方法

关键术语

电子供应链管理，快速响应，有效客户反应，电子订货系统，企业资源规划，整合

引导案例

戴尔的高效供应链

戴尔公司以"直接经营"模式著称，其高效运作的供应链和物流体系使它能够在全球IT行业不景气的情况下逆市而上。谈到戴尔公司在全球的业务增长，戴尔副总裁萨克斯表示这要归功于戴尔独特的直接经营模式和高效供应链："直接经营模式使我们在供应商、戴尔及客户之间构筑了一个我们称为'虚拟整合'的平台，保证了供应链的无缝集成。"

事实上，戴尔的供应链系统早已打破了传统意义上"厂家"与"供应商"之间的供需配给的固定模式。在戴尔的业务平台中，客户变成了供应链的核心。萨克斯先生谈道："由于戴尔的直接经营模式，我们可以从市场得到第一手的客户反馈和需求，然后，生产等其他业务部门便可以及时将这些客户信息传达到戴尔原材料供应商和合作伙伴那里。"这种在供应链系统中将客户视为核心的"超常规"运作，使得戴尔将库存周期缩短至 4

天，而竞争对手大都还徘徊在 30~40 天。这样，以 IT 行业零部件产品每周平均贬值 1% 计算，戴尔产品的竞争力显而易见。

在不断完善供应链系统的过程中，戴尔公司还敏锐地捕捉到 Internet 对供应链和物流带来的巨大变革，不失时机地建立了包括信息收集、原材料采购、生产、客户支持、客户关系管理，以及市场营销等环节在内的网上电子商务平台。在网站上，戴尔公司和供应商共享包括产品质量和库存清单在内的一整套信息。与此同时，戴尔公司还利用 Internet 与全球超过 113 000 个商业和机构客户直接开展业务，通过戴尔公司网站，用户可以随时对戴尔公司的全系列产品进行评比、配置，并获知相应的报价。用户也可以在线订购，并且随时监测产品制造及送货过程。

戴尔公司在电子商务领域的成功实践使"直接经营"插上了腾飞的翅膀，极大地增强了其产品和服务的竞争优势。今天，基于微软 Windows 操作系统，戴尔公司经营着全球规模最大的 Internet 商务网站，其范围覆盖 80 个国家，提供 27 种语言或方言、40 种不同的货币报价，每季度有超过 9.2 亿人次浏览该网站。

资料来源：马宁：《电子商务物流管理》，人民邮电出版社，2013 年，第 195~196 页。

❓ 辩证性思考

随着供应链理论的兴起和普及，越来越多的企业，尤其是跨国企业从供应链的优化中获取了极大的竞争优势。而因为企业状况不同，其采用的管理策略和信息共享程度不同，使得供应链在不同的企业中取得了不同的效果。戴尔这种基于高效供应链的直接经营模式为何能够带来竞争优势？

通过前面几章的讨论，我们已经对电子商务物流系统的特点、组成与设计，以及在电子商务环境下的物流技术与物流配送有了一些了解。在本章中，我们将学习电子商务对目前与未来企业的发展有怎样的冲击作用，这不仅仅表现在日常的物流运作方面，实际上，它对物流企业组建供应链管理的模式及各个方面都必将产生巨大的影响。下面将系统地介绍电子商务与供应链管理的内容。

7.1 电子供应链管理概述

20 世纪 90 年代后，物流领域的许多环节中开始运用 Internet 电子商务技术。以计算机信息网络技术为代表的新技术革命对物流业的影响，绝不只表现为交易方式的改变，更重要的是，它带来了物流业内部作业流程和经营管理的一系列深刻变革，在流通领域引发了一场"新型物流革命"。

信息技术的发展带来了一种全新的商务模式——电子商务，而实现电子商务与供应链相接的电子供应链管理为供应链的优化提供了一种有效手段。

7.1.1 电子供应链管理的基本概念

电子供应链管理是指以电子商务等信息技术为手段，对企业的整个组织流程，诸如产品服务设计、销售预测、采购、库存管理、制造或生产、订单管理、物流、分销和客户满意度等进行管理和改进的思想和方法。

电子商务包括的内容相当广泛，有 E-mail、电子数据交换、增值网、快速响应系统、电子转账、交易事务处理、联机服务及多媒体导购等。

电子供应链管理主要通过电子商务与供应链的整合来实现，整合的角度包含企业的整个组织流程，如产品开发设计、采购和资源搜索、营销及客户服务、生产制造及日常安排、物流供应、人力资源等。

企业要想在未来的市场竞争中取得胜利，必须实现电子供应链管理，以满足具体的消费者需求，电子商务恰好可以满足企业组建供应链网络的需要。具体来说，企业的电子供应链管理可以分为以下 4 个方面。

1．电子商务与企业战略的衔接

电子供应链管理下的企业战略是一种受消费最终需求拉动的战略，企业必须满足消费者的个性化要求，提供个性化的服务，以赢得消费者的信赖，争取更多的客户，这就要求从企业价值链星群的核心组织开始，使电子商务在每个组织成员的商务战略中发挥更大的核心作用。因此，企业必须将电子商务与企业的战略衔接起来，才能满足电子供应链管理的要求。

具体来说，就是要求企业转变传统的思维观念，逐步采用先进的技术手段，充分利用电子商务的功能特性，实现企业经营方式的变革。

2．企业采购方式的变革

实施电子供应链管理，还要求企业对其采购方式进行变革。因此，采购部门必须通过电子商务的手段，与主要供应商建立有效的关系，以实现更大程度的成本节约。

电子供应链管理要求企业将电子采购技巧运用于采购实践，使采购流程由内部自动化发展为外部供应链协同作业，这样，可以很大程度地提高企业的采购效率，节约大量成本。要想实现电子采购，企业必须首先了解电子网络的形成，重视对先进供应链管理技巧的运用，巩固其内部采购行为，也就是统一规划、管理企业各部门的采购行为，由采购部门来集中进行采购。此时由于企业的一次性采购量很大，将可以从供应商那里获得更多的价格优惠，从而在一定程度上降低采购成本。其次，采购部门应该将采购行为逐步推进到一个新的、技术要求更高的环境当中，它所处的价值链星群中的其他企业也应当应用更多基于网络的技巧，从而使企业可以通过电子方式完成更多的传统采购活动，比如确定产品和服务，做出采购决策，下订单，接受订单和支付供应商等。但在此之前，企业需要对供应商进行评估，然后将潜在供应商数目逐渐缩小到合适的数量。采购部门应确认每种商品的供应都能得到满足。

3．工程设计、生产规划、日程安排和生产加工系统的优化

在工程设计、生产规划、日程安排和生产加工领域，企业电子供应链管理的实施主要通过 ERP 系统来实现。ERP 是一整套用来实现企业内部不同部门之间平衡的应用程序，它可以为企业的资源规划和生产加工创造最有利的条件。

通过使用 ERP，可以帮助客户通过电子网络直接访问最新的生产规划、日程安排和制造模块信息，这样企业就可以及时为客户解决疑难问题，为供应商和消费者提供他们所需要的解决方案，从而能够更好地控制及改进生产处理流程，并为客户带来更满意的服务。

此外，ERP 还有助于企业提高自己进行工程设计和生产规划的能力，以及对实际成本的进一步控制能力，从而改善企业的会计核算和财务管理能力。在 ERP 模式下，要求企业把注意力转向客户、供应商和商业伙伴，同时与多个企业部门和企业之间实现更深入的合作，以改进供应链的流程步骤。在实施电子商务项目的过程中，企业必须对即将要安装的应用程序按其重要性进行排序。这样做是为了避免忽视协同作业的重要性，因为协同作业过程中出现的瓶颈常常会限制网络的进一步发展。

ERP 系统整合了所有后端的生产管理，如生产日程安排、账单和订货应用程序。电子商务系统和中间设备实现了 ERP 之间的连接，从而导致一个整合化的 ERP 网络系统的形成，这个网络系统将把交易伙伴连接起来，最终提高整个网络的运营效率。

4．改善企业的销售和客户服务的能力

电子供应链管理要求对销售和服务进行变革，以彻底改变这些活动在人们心目中的定义。同时，企业还必须考虑到对最新技术的应用，以建立起以客户为中心的企业文化。

通过整合电子商务与供应链管理，将一些必要的信息与处理过程转移到网上，能够有效地响应客户需求。在这个过程中，企业除了进行必要的网络硬件配置，更主要的是实现其销售人员的自动化管理。只有实现销售人员的自动化管理，才能使企业有效地实施电子供应链管理，对客户和消费者数据、最有价值的客户所要求的产品和服务细则，以及多个企业同时发出的联合采购数据进行有效的分析利用和不间断管理。

销售人员的自动化管理，主要通过客户关系管理（Customer Relationship Management，CRM）系统来实现。利用 CRM，可以帮助企业争取、培养和保留客户及消费者。此外，电子商务为企业和客户之间的互动提供了一种有效手段。目前，一些主流的软件公司已经开始提供客户互动和 Internet 交易的整合方案。如 Oracle 公司提供的 Oracle 3I 就是一个用于账单登记和支付的前端办公室的应用程序软件包，包括一个电子目录、报价表技术、产品配置、一个与交易处理相连接的订购模块，以及一个信用卡认证和支付服务的模块。

7.1.2　电子商务对供应链管理的影响

1．信息传递变为网状结构

通过电子商务的引入，供应链伙伴之间可以实现信息的共享，信息的传递由原来的线性结构变为网状结构。分销商可以方便地通过企业外网查看零售商的库存情况，从而制订购销计划，而不必根据零售商的订单来预测需求情况；制造商也可以访问分销商甚至零售

商的库存数据，了解更准确的需求信息，以合理地安排生产。这可以有效地避免由于多重预测所带来的信息失真。客户的理性对策现象很多时候是基于主观的预测而产生的。通过 Internet，供应链下游成员也可以了解上游成员的生产能力和库存信息，有效缓解客户的焦虑，避免夸大订单所带来的波动。

2. 交易票证单据实现标准化与网上传输

电子数据交换是电子商务的一个重要组成部分，将商业或行政事务处理按照一个公认的标准，形成结构化的事务处理或文档数据格式，借助网络技术，将企业之间的各种交易的票证单据按统一格式在网上传输，使企业实现无纸化交易、计算机辅助订货，从而提高交易效率，降低成本。统计表明，通过电子数据交换，每张订单的处理费用可降低 70%～80%。采用电子数据交换技术后，客户的订货频率大大提高，可以缓解由于批量订货带来的生产计划大的波动。同时，电子数据交换使企业与伙伴间建立起更密切的合作关系，使商业运转的各个环节更加协调一致，使分散的业务更统一、合理，从而使资金流动、库存、成本、服务获得改善。

3. 实现对消费者需求的即时反应

通过网上与消费者直接的信息交流，制造商可以有效地了解市场需求，对市场做出快速响应，满足顾客个性化的要求。近几年兴起的大规模定制是优化供应链、提高客户反应能力的一种有效方式。它可以充分了解顾客的实际选择，按订单制造、交货，没有生产效率的损失，且实现一对一的联系；因为减少了库存与仓储，更有获利的把握，且可以保证客户满意度。电子商务的进一步发展，给定制业创造了良好的环境。

实践证明，采用电子商务可以使企业获得巨大的成功。例如，思科系统是世界上最大的电子商务商家，它的业务有 80% 都是通过 Internet 完成的。这家总资产高达 120 亿美元的公司的主要业务是提供网络连接系统。它所采用的通过电子商务手段来满足客户个性化需求的战略，使自己在短短几年时间内便迅速晋升为《财富》500 强之首。在未来，所有的企业都将成为技术型企业，都能够以终端客户喜欢的方式来满足他们的需要。商务和技术必须结合起来，这个过程是任何人都无法阻挡的。因此，企业必须抓住信息技术发展的大趋势，将电子商务与供应链结合起来，这样才能顺应企业发展的潮流。

评估练习题

1. 关键概念

（1）电子供应链管理是指以_____等信息技术为手段，对企业的整个组织流程，诸如_____、_____、_____、_____、_____、_____、_____、_____和_____等进行管理和改进的思想和方法。

（2）企业的电子供应链管理可以分为（　　）等几个方面。

A. 电子商务与企业战略的衔接

B. 企业采购方式的变革
C. 工程设计、生产规划、日程安排和生产加工系统的优化
D. 改善企业的销售和客户服务的能力

2. 实训题

选择一家公司，了解其电子供应链管理有什么作用，属于哪种类型。

7.2 电子商务化供应链管理的典型模式

常见的电子商务化供应链管理的模式有：快速响应、有效客户反应、电子订货系统、企业资源规划等。下面具体阐述这几种典型模式。

7.2.1 快速响应

快速响应（Quick Response，QR）是指物流企业面对多品种、小批量的客户，不是储备产品，而是准备各种要素，在客户提出需求时，以最快的速度及时完成配送，提供所需服务或产品。其目的是减少原材料到客户的时间和整个供应链的库存，最大限度地提高供应链管理的运作效率。

1．QR 的起源

从 20 世纪 70 年代后期开始，美国纺织服装的进口急剧增加，到 20 世纪 80 年代初期，进口商品约占纺织服装行业总销售量的 40%。针对这种情况，美国纺织服装企业一方面要求政府和国会采取措施阻止纺织品的大量进口，另一方面进行设备投资来提高企业的生产率。即使这样，廉价进口纺织品的市场占有率仍在不断上升，而本地生产的纺织品市场占有率在连续下降。为此，一些主要的经销商成立了"用国货为荣委员会"，一方面，通过媒体宣传国产纺织品的优点，采取共同的促销活动；另一方面，委托零售业咨询公司 Kurt Salmon 从事提高竞争力的调查。Kurt Salmon 在经过了大量充分的调查后指出，虽然纺织品产业供应链各环节的企业都十分注重提高各自的经营效率，但是整个供应链的效率并不高。为此，Kurt Salmon 建议零售业者和纺织服装生产厂家合作，共享信息资源，建立一个快速响应系统来实现销售额增长，实现顾客服务的最大化及库存量、商品缺货、商品风险和减价最小化的目标。

2．QR 的实践

1985 年以后，QR 概念开始在纺织服装等行业普及应用。下面以美国零售业著名企业沃尔玛与服装制造企业 Seminole 公司，以及面料生产企业 Milliken 合作建立 QR 系统为例，说明 QR 的发展过程。

沃尔玛与 Seminole 和 Milliken 建立 QR 系统的过程可分为以下 3 个阶段。

1）QR 的初期阶段

沃尔玛在 1983 年开始采用 POS 系统，1985 年开始建立 EDI 系统，1986 年与 Seminole

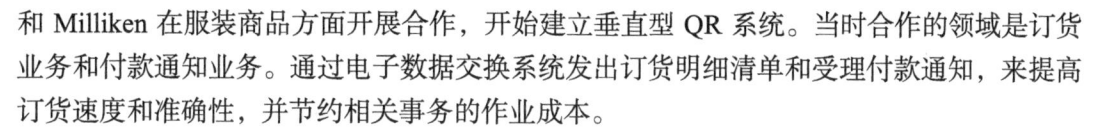

和 Milliken 在服装商品方面开展合作，开始建立垂直型 QR 系统。当时合作的领域是订货业务和付款通知业务。通过电子数据交换系统发出订货明细清单和受理付款通知，来提高订货速度和准确性，并节约相关事务的作业成本。

2）QR 的发展阶段

为了促进行业内电子化商务的发展，沃尔玛与行业内的其他商家一起成立 VICS 委员会（Voluntary Inter-Industry Communications Standards Committee）来协商确定行业统一的 EDI 标准和商品识别标准。VICS 委员会制定了行业统一的 EDI 标准，并确定商品识别标准采用 UPC 商品识别码。沃尔玛基于行业统一标准设计出 POS 数据的输送格式，通过 EDI 系统向供应方传送 POS 数据。供应方通过沃尔玛传送来的 POS 信息，可及时了解沃尔玛的商品销售状况，把握商品的需求动向，并及时调整生产计划和材料采购计划。

供应方利用 EDI 系统在发货之前向沃尔玛传送预先发货通知（Advanced Shipping Notice，ASN）。这样，沃尔玛事前可以做好进货准备工作，同时可以省去货物数据的输入作业，使商品检验作业效率化。沃尔玛在接收货物时，用扫描读取机器读取包装箱上的物流条形码，把扫描读取机器读取的信息与预先存储在计算机内的 ASN 进行核对，判断到货和 ASN 是否一致，从而简化了检验作业。在此基础上，利用电子支付系统向供应方支付货款。同时只要把 ASN 数据和 POS 数据进行比较，就能迅速知道商品库存的信息。这样做的结果使沃尔玛不仅节约了大量事务性作业成本，而且还能压缩库存，提高商品周转率。在此阶段，沃尔玛开始把 QR 的应用范围扩大至其他商品和供应商。

3）QR 的成熟阶段

沃尔玛把零售店商品的进货和库存管理的职能转移给供应方（生产厂家），由生产厂家对沃尔玛的流通库存进行管理和控制，即采用供应商管理库存（Vendor Managed Inventory，VMI）。沃尔玛让供应方与之共同管理营运沃尔玛的流通中心。在流通中心保管的商品所有权属于供应方。供应方对 POS 信息和 ASN 信息进行分析，把握商品的销售和沃尔玛的库存动向。在此基础上，决定在什么时间，把什么类型商品，以什么方式向什么店铺发货。发货的信息预先以 ASN 形式传送给沃尔玛，以多频度、小数量的方式进行连续库存补充，即采用连续库存补充计划（Continuous Replenish ment Program，CRP）。由于采用 VMI 和 CRP，供应方不仅能减少本企业的库存，还能减少沃尔玛的库存，实现整个供应链的库存水平最小化。另外，对沃尔玛来说，省去了商品进货的业务，节约了成本，同时能集中精力于销售活动。并且，事先能得知供应方的商品促销计划和商品生产计划，能够以较低的价格进货。这些为沃尔玛进行价格竞争提供了条件。

从沃尔玛的实践来看，QR 是一种零售商和生产厂家建立（战略）伙伴关系，利用 EDI 等信息技术，进行销售时点的信息交换及订货补充等其他经营信息的交换，用多频度、小数量配送方式连续补充商品，以实现缩短交纳周期，减少库存，提高顾客服务水平和企业竞争力为目的的供应链管理模式。美国学者 Jamie Bolton 认为 QR 是准时制方式（Just in time，JIT）在零售行业的一种应用。

3．QR 在物流领域的应用

QR 在物流领域中的应用可分为 3 个阶段。

1）第一阶段

给所有商品附上条形码。条形码技术为我们提供了一种对流通中的物品进行标识和识别的方法，企业可通过该技术及时了解有关产品在供应链中的位置，进而做出快速反应。

现在 ID 附签技术发展相当快，记入的信息量不断扩大。由于一次可读多个 ID 附签，物流及其相关业务的处理效率得到了大幅度提高。ID 附签不仅记录条形码的商品信息，如商品名称、数量、送货人、发货方等，还记录交货时间和供应商的发货时间。在一些发达国家，由于 ID 附签包含货单的全部内容，已经变成了电子货单。通过 ID 附签，可以随时检验货物，克服货物分拣错误及票据与货物不相符的问题，提高出库的准确度。由于 ID 附签不需直接接触就可读取，可实现验货检查。

如果将 ID 附签同 GPS 连接的话，则可以随时跟踪掌握车辆货物动态，提高运输配送效率。

2）第二阶段

在第一阶段基础上增加与内部业务处理有关的策略，如自动补货系统与商品即时出售等，并传输发收货双方的通知报文等。

一般情况下，供应商接到订单后，商品出库是通过人工操作的。为了提高作业效率和准确性，一些厂商目前开始采用自动拣货系统（或自动补货系统）。自动拣货系统主要分为数码拣货系统、平板车拣货系统、纸签拣货系统等。

数码拣货系统安装在实施分拣功能的货架上，其主要构成分为计算机监控、各色指示灯、显示屏等。补货员即使完全不知道某种商品或其摆放位置，也可按照显示屏指令和指示灯，准确找到所补商品。

平板车拣货系统通过通信向等候在平板车旁的拣货员发送出库指令。拣货员看到显示屏上的指令后，按照显示的商品名称、数量从相应货架提取货物。所分拣的商品装箱前，首先要用平板上装有的扫描仪器确认商品的条形码，确认无误后方可装箱。

纸签拣货系统在现场备有纸签印刷机，每当拣货时，按照所需数量印刷出标有商品名称及条形码的标签之后，给所拣商品逐一贴上纸签，如最后没有剩下标签，则可确认数量无误。

总之，通过定向分拣系统和条形码商品检验系统，可以实现高效率的供货作业。

3）第三阶段

与贸易伙伴密切合作，双方采用更高级的 QR 策略，以对客户的需求做出快速反应。一般而言，企业内部效率优化较为容易，但双方在合作时往往会遇到很多障碍。因此，每个企业必须把自己当作供应链的一个环节，来保证整条供应链的利益。只有认识到这一点，才能不会因一己之利，而影响整体利益。

4. QR 成功应用的效果

Blackburn 研究结果显示,零售商在应用 QR 系统后,可以产生如下效果。

1)销售额大幅度增加

原因主要有以下几个方面。

(1)经营成本降低,从而能降低销售价格,增加销售。
(2)伴随着商品库存风险的减小,商品以低价位定价,可以增加销售。
(3)能避免缺货现象,从而避免销售机会的丧失。
(4)易于确定畅销商品,能保证畅销商品的品种齐全,连续供应,增加销售。

2)商品周转率大幅度提高

原因是可以减少商品库存量,并保证畅销商品的正常库存量,加快商品周转。

3)需求预测误差大幅度减小

这里需要指出的是,虽然应用 QR 的初衷是为了对抗进口商品,但是实际上并没有出现这样的结果。现在随着竞争的全球化和企业经营的全球化,QR 管理系统迅速在各国企业界普及。航空运输为国际间的快速供应提供了保证。目前,QR 方法已成为零售商实现竞争优势的工具。同时随着零售商和供应商结成战略联盟,竞争方式也从企业与企业间的竞争转变为战略联盟与战略联盟之间的竞争。

7.2.2 有效客户反应

1. 有效客户反应的定义

有效客户反应(Efficient Customer Response,ECR)指以满足顾客要求和最大限度降低物流过程费用为原则,能及时做出准确反应,使提供的物品供应或服务流程最佳化的一种供应链管理战略。换句话说,ECR 是一个生产厂家、批发商和零售商等供应链组成各方相互协调和合作,更好、更快并以更低的成本满足消费者需要为目的的供应链管理系统。

ECR 的优势在于供应链各方为了提高消费者满意度这个共同的目标进行合作,分享信息和诀窍。ECR 是一种把以前处于分离状态的供应链联系在一起来满足消费者需要的工具。

ECR 的战略主要集中在以下 4 个领域:有效的店铺空间安排(Efficient Store Assortment)、有效的商品补充(Efficient Replenishment)、有效的促销活动(Efficient Promotions)和有效的新商品开发与市场投入(Efficient New Product Introductions)。

2. ECR 的特征

ECR 的特征表现在以下 3 个方面。

1)管理意识的创新

传统的产销双方的交易关系是一种此消彼长的对立型关系,即交易各方以对自己有利的买卖条件进行交易。简单地说,是一赢一输型关系。ECR 要求产销双方的交易关系是一种合作伙伴关系,即交易各方通过相互协调合作,实现以低的成本向消费者提供更高价值服务的目标,在此基础上追求双方的利益。简单地说,是一种双赢型关系。

2）供应链整体协调

传统流通活动缺乏效率的主要原因在于厂家、批发商和零售商之间存在企业间联系的非效率性，以及企业内采购、生产、销售和物流等部门或职能之间存在部门间联系的非效率性。传统的组织以部门或职能为中心进行经营活动，以各个部门或职能的效益最大化为目标。这样虽然能够提高各个部门或职能的效率，但容易引起部门或职能间的摩擦。同样，传统的业务流程中各个企业以各自的效益最大化为目标，这样虽然能够提高各个企业的经营效率，但容易引起企业间的利益摩擦。ECR要求各部门、各职能及各企业之间打破隔阂，进行跨部门、跨职能和跨企业的管理和协调，使商品流和信息流在企业内和供应链内顺畅地流动。

3）涉及范围广

既然ECR要求对供应链整体进行管理和协调，ECR所涉及的范围必然包括零售业、批发业和制造业等相关的多个行业。

3．ECR中涉及的物流管理技术

ECR系统要求准时配送和顺畅流动。实现这一要求的方法有实施连续库存补充计划、应用计算机辅助订货系统、预先发货通知、供应商管理库存、交叉配送、店铺直送等。

（1）连续库存补充计划利用及时准确的POS数据确定销售出去的商品数量，根据零售商或批发商的库存信息和预先规定的库存补充程序确定发货补充数量和发送时间，以小批量多频度方式进行连续配送，补充零售店铺的库存，提高库存周转率，缩短交纳周期、时间。

（2）计算机辅助订货（Computer Assisted Ordering，CAO）系统是基于库存和客户需求信息利用计算机进行自动订货的系统。

（3）预先发货通知指生产厂家或批发商在发货时利用电子通信网络提前向零售商传送货物的明细清单。这样零售商事前可以做好货物进货准备工作，同时可以省去货物数据的输入作业，使商品检验作业效率化。

（4）供应商管理库存指生产厂家等上游企业对零售商等下游企业的流通库存进行管理和控制。具体地说，生产厂家基于零售商的销售、库存等信息，判断零售商的库存是否需要补充。如果需要补充的话，就自动地向本企业的物流中心发出发货指令，补充零售商的库存。VMI方法包括了POS、CAO、ASN和CRP等技术。在采用VMI的情况下，虽然零售商的商品库存决策主导权由作为供应商的生产厂家把握，但是，在店铺的空间安排、商品货架布置等店铺空间管理决策方面仍然由零售商主导。

（5）交叉配送（Cross Docking，CD）指在零售商的流通中心，把来自各个供应商的货物按发送店铺迅速进行分拣装车，向各个店铺发货。在交叉配送的情况下，流通中心仅是一个具有分拣装运功能的通过型中心，有利于交纳周期的缩短，减少库存，提高库存周转率，从而节约成本。

（6）店铺直送（Direct Store Delivery，DSD）方式是指商品不经过流通配送中心，直接由生产厂家运送到店铺的运送方式。采用店铺直送方式可以保持商品的新鲜度，减少商品运输破损，缩短交纳周期、时间。

7.2.3 电子订货系统

电子订货系统（Electronic Ordering System，EOS）是指企业间利用通信网络（VAN 或 Internet）和终端设备以在线连接方式进行订货作业和订货信息交换的系统。EOS 按应用范围可分为企业内的 EOS 系统（如连锁店经营中各个连锁分店与总部之间建立的 EOS 系统）、零售商与批发商之间的 EOS 系统，以及零售商、批发商和生产厂家之间的 EOS 系统。EOS 的基本框架如图 7-1 所示。

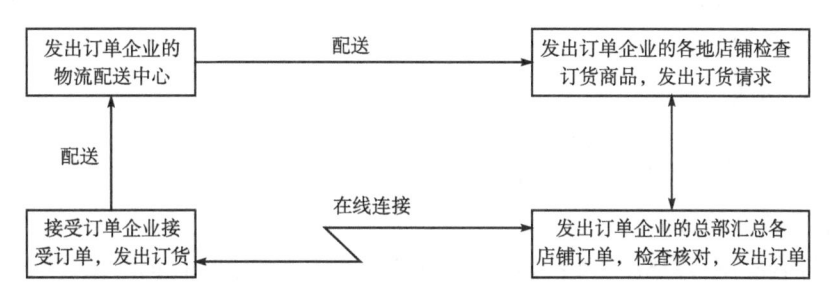

图 7-1 EOS 的基本框架

EOS 能及时、准确地交换订货信息，它在企业物流管理中的作用如下。

（1）对于传统的订货方式，如上门订货、邮寄订货、电话订货、传真订货等，EOS 系统可以缩短从接到订单到发出订货的时间，缩短订货商品的交货期，降低商品订单的出错率，节省人工费。

（2）有利于降低企业的库存水平，提高企业的库存管理效率，同时也能防止商品特别是畅销商品缺货现象的出现。

（3）对于生产厂家和批发商来说，通过分析零售商的商品订货信息，能准确判断畅销商品和滞销商品，有利于企业调整商品生产和销售计划。

（4）有利于提高企业物流信息系统的效率，使各个业务信息子系统之间的数据交换更加便利和迅速，丰富企业的经营信息。

企业在应用 EOS 时应注意以下内容。

（1）订货业务作业的标准化，这是有效利用 EOS 的前提条件。

（2）商品代码的设计。在零售行业的单品管理方式中，每个商品品种对应一个独立的商品代码，商品代码一般采用国家统一规定的标准。对于统一标准中没有规定的商品，则采用本企业自己规定的商品代码。商品代码的设计是应用 EOS 的基础条件。

（3）订货商品目录账册（Order Book）的制作和更新。订货商品目录账册的设计和运用是 EOS 系统成功的重要保证。

（4）计算机及订货信息输入/输出终端设备的添置和 EOS 系统设计是应用 EOS 系统的基础条件。还需要制定 EOS 系统应用手册并协调部门间、企业间的经营活动。

7.2.4 企业资源规划

1. ERP 的定义

ERP 虽然已经广泛地应用于企业管理，但是至今也没有一个统一的定义。各国政府、学者、企业界人士都根据自身的立场和对 ERP 的认识程度，给出了许多不同的表述。以下是比较具有代表性的定义。

ERP 是指建立在信息技术基础上，以系统化的管理思想，为企业决策层及员工提供决策运行手段的管理平台。ERP 系统集信息技术与先进的管理思想于一身，成为现代企业的运行模式，反映时代对企业合理调配资源，最大化地创造社会财富的要求，成为企业在信息时代生存、发展的基石。

另外，还可以从管理思想、软件产品、管理系统 3 个角度出发定义 ERP。

1) 从管理思想的角度

ERP 是由美国著名的计算机技术咨询和评估集团 Garter 提出的一整套企业管理系统体系标准，其实质是在制造资源规划基础上进一步发展而成的面向供应链的管理思想。

2) 从软件产品的角度

ERP 是综合应用客户机/服务器体系、大型关系数据库结构、面向对象技术、图形用户界面、第四代语言（4GL）网络通信等信息技术成果，面向企业信息化（或数字化）管理的软件产品。

3) 从管理系统的角度

ERP 是整合企业管理理念、业务流程、基础数据、制造资源、计算机硬件和软件于一体的企业资源管理系统。

2. ERP 的管理思想

1) 体现对企业供应链资源进行管理的思想

现代企业的竞争已经不是单一企业与单一企业间的竞争，而是一个企业供应链与另一个企业供应链之间的竞争，即企业不但要依靠自己的资源，还必须把经营过程中的有关各方，如供应商、制造工厂、分销网络、客户等纳入一个紧密的供应链中，才能在市场上获得竞争优势。ERP 系统正是适应了这一市场竞争的需要，实现了对整个企业供应链的管理。

2) 体现精益生产和敏捷制造的思想

ERP 系统支持混合型生产方式的管理。其管理思想表现在两个方面。一是"精益生产"（Lean Production）的思想，即企业把客户、销售代理商、供应商、协作单位纳入生产体系，同它们建立起利益共享的合作伙伴关系，进而组成一个企业的供应链。二是"敏捷制造"（Agile Manufacturing）的思想。当市场上出现新的机会，而企业的基本合作伙伴不能满足新产品开发生产的要求时，企业组织一个由特定的供应商和销售渠道组成的短期或一次性供应链，形成"虚拟工厂"，把供应和协作单位看成企业的一个组成部分，进而组织生产，并用最短的时间将新产品打入市场，时刻保持产品的高质量、多样化和灵活性，这就是"敏捷制造"的核心思想。

3）体现事先计划与事中控制的思想

ERP 系统中的计划体系主要包括企业战略规划、生产计划大纲、主生产计划、物料需求计划、能力计划、采购计划、销售执行计划、利润计划、财务预算和人力资源计划等。而且这些计划功能与价值控制功能已完全集成到整个供应链系统中。另外，ERP 系统通过定义与事务处理相关的会计核算科目与核算方式，在事务处理发生的同时自动生成会计核算分录，保证资金流与物流的同步记录和数据的一致性。从而可以根据财务资金现状，追溯资金的来龙去脉，并进一步追溯所发生的相关业务活动，便于实现事中控制，实时做出决策。

3．ERP 的发展历程

ERP 从 20 世纪 40 年代产生开始已经历了几十年的发展，关于 ERP 发展阶段的划分有详有略，有的书将其简单地划分为 MRP 阶段、MRP Ⅱ 阶段、ERP 阶段。本书将从 ERP 产生开始，逐步论述时段式 MRP 结构原理、闭环式 MRP 结构原理、MRP Ⅱ 结构原理和 ERP 结构原理等内容，使读者对 ERP 发展的各个阶段有一个清晰的认识。

从 20 世纪 40 年代提出订货点方法（Order Point Method）至今，ERP 理论的形成与发展实际上经历了 5 个阶段：第 1 阶段——订货点方法；第 2 阶段——时段式 MRP；第 3 阶段——闭环式 MRP；第 4 阶段——MRP Ⅱ，由于制造资源规划与物料需求规划均可简称为 MRP，因此，为了区别于传统的物料需求规划，将制造资源规划简称为 MRP Ⅱ；第 5 阶段——ERP。表 7-1 描述了 ERP 的上述 5 个阶段所经历的时代、当时的企业经营特点和企业的需求，以及涉及的相关理论基础。

表 7-1 ERP 理论的形成历程图

阶　　段	ERP 的发展历程	问 题 提 出	企业的经营特点	理 论 基 础
第 1 阶段：20 世纪 40 年代	订货点方法（手工管理）	如何确定订货时间和订货数量	• 降低库存成本 • 降低采购费用	• 库存管理理论
第 2 阶段：20 世纪 60 年代	时段式 MRP	如何根据主生产计划确定订货时间、订货品种、订货数量	• 追求降低成本 • 手工订货成本 • 生产缺货频繁	• 库存管理理论 • 主生产计划 • BOM
第 3 阶段：20 世纪 70 年代	闭环式 MRP	如何保证从计划制订到有效实施的及时调整	• 计划偏离实际 • 手工完成车间作业计划	• 能力需求理论 • 车间作业计划 • 计划、实施、反馈与控制的循环
第 4 阶段：20 世纪 80 年代	MRP Ⅱ	如何实现管理系统一体化	• 追求竞争优势 • 各子系统间缺乏联系，甚至彼此矛盾	• 决策技术 • 系统仿真技术 • 物流管理技术 • 系统集成技术

续表

阶　　段	ERP 的发展历程	问 题 提 出	企业的经营特点	理 论 基 础
第 5 阶段：20世纪 90 年代	ERP	如何在企业及合作伙伴范围内利用一切可利用的资源	• 追求技术、管理创新 • 追求适应市场环境的快速变化	• 事前控制 • 混合型生产 • 供应链技术 • JIT 和 AM 技术

在 ERP 的发展历程中，所经历的各阶段都具有"向上兼容性"，即第 2 阶段与第 1 阶段的关系是：时段式 MRP 包含了订货点方法的所有功能，并且是订货点方法的提升和扩展。同样，第 3 阶段与第 2 阶段的关系、第 4 阶段与第 3 阶段的关系、第 5 阶段与第 4 阶段的关系也是如此。因此在本节的以下叙述中，仅对 ERP 的第 2~5 阶段的理论和结构原理予以介绍。

1) 时段式 MRP 的结构原理

时段式 MRP 又称为基本 MRP 或直接简称为 MRP。它是在订货点方法的基础上提出来的。它与订货点方法的区别有 3 点：一是通过产品结构将所有物料的需求联系起来；二是将物料需求划分为独立需求和相关需求；三是对物料的库存状态数据引入时间分段概念。

MRP 中的物料泛指产品、零部件、在制品、原材料甚至工装工具等。

MRP 的理论思想是：根据当时主生产计划（Master Production Schedule, MPS）表上需要的物料种类、需求量，以及有多少库存来决定订货和生产。因此，MRP 是一种根据需求和预测来测定未来物料供应、生产计划和控制的方法，MRP 提供了物料需求的准确时间和数量。

根据 MRP 的理论思想，得到 MRP 的结构原理图，如图 7-2 所示。

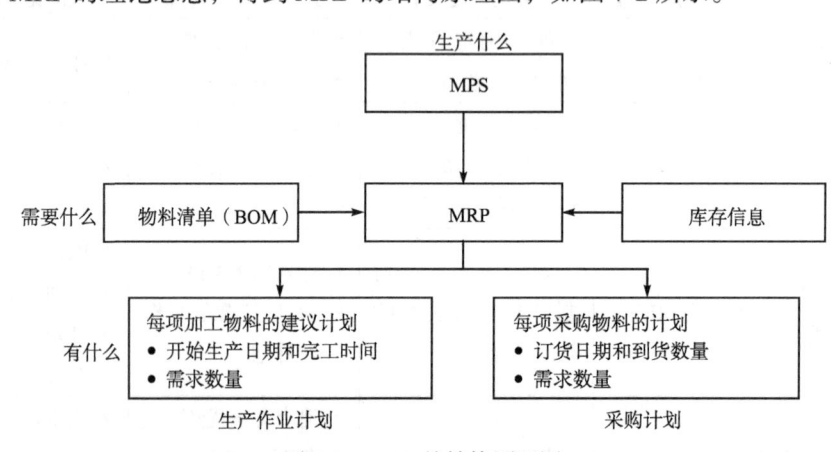

图 7-2　MRP 的结构原理图

由图 7-2 中可以看出，MRP 的基本任务主要有两个：一是从最终产品的生产计划（独立需求）导出相关物料（原材料、零部件等）的需求量和需求时间（相关需求）；二是根据物料的需求时间和生产（订货）周期来确定其开始生产（订货）的时间。

2）闭环式 MRP 的结构原理

时段式 MRP 计划的编制与实施主要基于以下两个前提。首先，假定已有了主生产计划，并且主生产计划是可行的。这也就意味着在已经考虑了生产能力是可能实现的情况下，有足够的生产设备和人力来保证生产计划的实现。其次，MRP 假设物料采购计划是可行的，即认为有足够的供货能力和运输能力来保证完成物料的采购计划。

而这两个前提在实际中是不可能具备或不可能完全具备的。对于前提一，已制订的主生产计划应该生产什么，属于 MRP 系统功能的管辖范围；而工厂生产能力有多大，能生产些什么，则属于制订主生产计划的范围，对此，MRP 显得无能为力。对于前提二，某些物料由于实际市场紧俏，供货不足或者运输工作紧张而无法按时、按量满足物料采购计划，致使 MRP 的输出将只能是设想而无法付诸实现。

因此，用 MRP 方法所计算出来的物料需求的日期有可能因设备和工时的不足而没有能力生产，或者因原料的不足而无法生产。

为了解决上述问题，20 世纪 70 年代末便提出了闭环 MRP。其理论思想是：以整体生产计划为系统流程的基础（MRP 以订单为基础），考虑了能力需求规划，使物料需求计划成为可行的计划；同时，将车间现场管理和采购也全部纳入 MRP，把财务子系统和生产管理子系统结合为一体，采用"计划—执行—反馈"的管理模式，形成一个完整的生产资源规划及执行控制系统。

3）MRP II 阶段

尽管闭环式 MRP 的管理思想较为先进和实用，对生产计划的控制也比较完善，但是其运行过程主要是物流的过程。而生产的运作过程，产品从原材料的投入到成品的产出过程都伴随着企业资金的流通过程。对这一点，闭环式 MRP 却无法反映出来。况且资金的运作会影响生产的运作，如采购计划制订后，若由于企业的资金短缺而无法按时完成，就会影响到整个生产计划的执行。

为了解决上述问题，1977 年美国著名生产管理专家奥列弗·怀特（Oliver Wight）提出了一个新概念——制造资源规划，它的简称也是 MRP，但内涵更加丰富。为了与传统的 MRP 区别开来，我们将之称为 MRP II。

MRP II 的理论思想是：以 MRP 为核心，将 MRP 的信息共享程度扩大，使生产、销售、财务、采购、工程紧密结合在一起，共享有关数据，组成一个全面生产管理的集成优化模式。它是对一个企业的所有资源编制计划并进行监控与管理的一种科学方法。其中，制造资源包括生产资源（如物料、人力、设备等）、市场资源（如销售市场、供应市场等）、财政资源（如资金来源、资金支出等）及工程设计资源（如产品结构、工艺路线设计等）。

MRP II 包括决策层、管理层、执行层的有关计划，集成了应收、应付、成本及总账的财务管理。其采购作业根据采购单、供应商信息、收货单及入库单形成应付款信息（资金计划）；销售商品后，会根据客户信息、销售订单信息及产品出库单形成应收款信息（资金计划）；可根据采购作业成本、生产作业信息、产品结构信息、库存领料信息等产生生产成本信息；能把应付款信息、应收款信息、生产成本信息和其他信息等记入总账。产品的整个制造过程都伴随着资金流通的过程。通过对企业生产成本和资金运作过程的掌握，调整企业的生产经营规划和生产计划，因而得到更为可行、可靠的生产计划。

4）ERP阶段

ERP的定义已在前面给出，在此不再重复。ERP中的企业资源包括企业的"三流"资源，即物流资源、资金流资源和信息流资源。ERP实质上就是对这"三流"资源进行全面集成管理的管理信息系统。

ERP理论与系统是从MRPⅡ发展而来的，不仅继承了MRPⅡ的基本思想（制造、供销及财务），还大大地扩展了管理的模块，扩大了管理的范围，能更加灵活或"柔性"地开展业务活动，实时地响应市场需求。

ERP主要包括了下述模块（或子系统）。

（1）生产预测。
（2）销售计划。
（3）经营计划（生产计划大纲）。
（4）物料需求计划。
（5）能力需求计划。
（6）车间作业计划。
（7）采购管理。
（8）库存管理。
（9）质量管理。
（10）设备管理。
（11）存货管理。
（12）财务管理。
（13）ERP的有关扩展应用模块。

4．ERP与MRPⅡ的区别

1）在资源管理范围方面的差别

MRPⅡ主要侧重对企业内部人、财、物等资源的管理；ERP系统在MRPⅡ的基础上扩展了管理范围，把客户需求和企业内部的制造活动及供应商的制造资源整合在一起，形成企业一个完整的供应链，并对供应链上所有环节如订单、采购、库存、计划、生产制造、质量控制、运输、分销、服务与维护、财务管理、人事管理、实验室管理、项目管理、配方管理等进行有效管理。

2）在生产方式管理方面的差别

MRPⅡ系统把企业归类为几种典型的生产方式进行管理，如重复制造、批量生产、按订单生产、按订单装配、按库存生产等，对每种类型都有一套管理标准。而在20世纪80年代末90年代初期，为了紧跟市场的变化，多品种、小批量生产及看板式生产等则是企业主要采用的生产方式，由单一的生产方式向混合型生产发展，ERP能很好地支持和管理混合型生产环境，满足企业的这种多角化经营需求。

3）在管理功能方面的差别

ERP 除具有 MRP II 系统的制造、分销、财务管理功能外，还增加了支持整个供应链上物料流通体系中供、产、需各个环节之间的运输管理和仓库管理功能，支持生产保障体系的质量管理、实验室管理、设备维修和备品备件管理功能，支持对工作流（业务处理流程）的管理功能。

4）在事务处理控制方面的差别

MRP II 是通过计划的及时滚动来控制整个生产过程的，实时性较差，一般只能实现事中控制。而 ERP 系统支持在线分析处理（On Line Analytical Processing，OLAP）、售后服务（质量反馈），强调企业的事前控制能力，可以将设计、制造、销售、运输等通过集成来并行地进行各种相关的作业，为企业提供对质量、适应变化、客户满意、绩效等关键问题的实时分析能力。

此外，在 MRP II 中，财务系统只是一个信息的归结者，它的功能是将供、产、销中的数量信息转变为价值信息，是物流的价值反映。而 ERP 系统则将财务计划和价值控制功能集成到了整个供应链上。

5）在跨国（或地区）经营事务处理方面的差别

现在企业的发展，使得企业内部各个组织单元之间、企业与外部的业务单元之间的协调变得越来越多和越来越重要，ERP 系统应用完整的组织架构，从而可以支持跨国经营的多国家地区、多工厂、多语种、多币制应用需求。

6）在计算机信息处理技术方面的差别

随着 IT 行业的飞速发展、网络通信技术的广泛应用，ERP 系统得以实现整个供应链信息的集成管理。ERP 系统采用客户/服务器（C/S）体系结构和分布式数据处理技术，支持 Internet/Intranet/Extranet、电子商务和电子数据交换。此外，还能实现在不同平台上的互操作。

5. ERP 的主要功能模块简介

ERP 是将企业所有资源进行集成管理，简单地说是将企业的三大流，即物流、资金流、信息流进行全面一体化管理的管理信息系统。它的功能模块不同于以往的 MRP 或 MRP II，不仅可用于生产企业的管理，而且在许多其他类型的企业，如一些非生产型、公益事业的企业也可导入 ERP 系统，进行资源计划和管理。但本书将仍然以典型的生产企业为例来介绍 ERP 的功能模块。

在企业中，一般的管理主要包括 3 方面的内容：生产控制（计划、制造）、物流管理（分销、采购、库存管理）和财务管理（会计核算、财务管理）。这三大系统本身就是集成体，它们相互之间有相应的接口，能够很好地集成在一起对企业进行管理。另外，要特别一提的是，随着企业对人力资源管理的重视，已经有越来越多的 ERP 厂商将人力资源管理纳入 ERP 系统，使其成为一个重要的组成部分。

1）财务管理模块

企业中，财务管理是极其重要的，所以，在 ERP 整个方案中它是不可或缺的一部分。ERP 中的财务模块与一般的财务软件不同，作为 ERP 系统中的一部分，它和系统的其他模块有相应的接口，能够相互集成。例如，它可将由生产活动、采购活动输入的信息自动计入财务模块生成总账、会计报表，取消了输入凭证烦琐的过程，几乎完全替代了以往传统的手工操作。一般的 ERP 软件的财务部分分为会计核算与财务管理两大块。

（1）会计核算。会计核算主要是记录、核算、反映和分析资金在企业经济活动中的变动过程及其结果。它由总账、应收账、应付账、现金、固定资产、多币制等模块构成。

- 总账模块。它的功能是处理记账凭证输入、登记，输出日记账、一般明细账及总分类账，编制主要会计报表。它是整个会计核算的核心，应收账、应付账、固定资产核算、现金管理、工资核算、多币制等各模块都以其为中心来互相传递信息。
- 应收账模块。应收账指企业因销售商品、物资或供应劳务等业务应向客户收取的款账。该模块包括发票管理、客户管理、付款管理、账龄分析等功能。它和客户订单、发票处理业务相联系，同时将各项事件自动生成记账凭证，导入总账。
- 应付账模块。应付账是企业应付购货款等账。该模块包括了发票管理、供应商管理、支票管理、账龄分析等。它能够和采购模块、库存模块完全集成以替代过去烦琐的手工操作。
- 现金管理模块。它主要对现金流入/流出进行控制，以及对零用现金及银行存款进行核算。它包括了对硬币、纸币、支票、汇票和银行存款的管理。在 ERP 中提供了票据维护、票据打印、付款维护、银行清单打印、付款查询、银行查询和支票查询等和现金有关的功能。此外，它还和应收账、应付账、总账等模块集成，自动生成凭证，导入总账。
- 固定资产核算模块。此模块完成对固定资产的增减变动，以及折旧、有关基金计提和分配的核算工作。它能够帮助管理者对目前固定资产的现状有所了解，并能通过该模块提供的各种方法来管理资产，以及进行相应的会计处理。它的具体功能有：登录固定资产卡片和明细账，计算折旧，编制报表，自动编制转账凭证，并转入总账。它和应付账、成本、总账模块集成。
- 多币制模块。这是为了适应当今企业开展国际化经营，对外币结算业务要求增多的情况而设置的。多币制将企业整个财务系统的各项功能以各种币制来表示和结算，客户订单、库存管理及采购管理等也能使用多币制进行交易。多币制和应收账、应付账、总账、客户订单、采购等各模块都有接口，可自动生成所需数据。
- 工资核算模块。自动进行企业员工的工资结算、分配、核算及各项相关经费的计提。它能够登录工资、打印工资清单及各类汇总报表，计提各项与工资有关的费用，自动做出凭证，导入总账。这一模块是和总账、成本模块集成的。
- 成本模块。它将依据产品结构、工作中心、工序、采购等信息进行产品的各种成本的计算，以便进行成本分析和规划，还能用标准成本法或平均成本法按地点维护成本。

（2）财务管理。财务管理的功能主要是基于会计核算的数据，再加以分析，从而进行相应的预测、管理和控制活动。它侧重于财务计划、控制、分析和决策。

- 财务计划。根据前期财务分析制订下期的财务计划、预算等。
- 财务分析。提供查询功能和通过用户定义的差异数据的图形显示，进行财务绩效评估、账户分析等。
- 财务决策。这是财务管理的核心部分，中心内容是做出有关资金的决策，包括资金筹集、投放及管理。

2）生产控制管理模块

这一部分是 ERP 系统的核心所在，它将企业的整个生产过程有机地结合在一起，使得企业能够有效地降低库存，提高效率；同时各个原本分散的生产流程自动连接，也使得生产流程能够前后连贯地进行，而不会出现生产脱节，耽误生产交货时间。生产控制管理是一个以计划为导向的先进的生产管理方法。企业需要首先确定总生产计划，再经过系统层层细分后，下达到各部门去执行，即生产部门以此生产，采购部门按此采购等。

（1）生产计划大纲（Production Plan，PP）。该计划的任务是根据经营计划的目标，确定企业的每类产品在未来的 1~3 年内，每年、每月生产多少，需要哪些资源。生产计划大纲总是与资源需求有关，因此，有些文献也将生产计划大纲视为资源需求计划。

（2）主生产计划。它根据生产计划、预测和客户订单的输入来安排将来各周期中提供的产品种类和数量，是一个将生产计划转为产品计划，在平衡了物料和能力的需要后，精确到时间、数量的详细的进度计划。它是企业在一段时期内安排的总活动，是一个稳定的计划，是根据生产计划、实际订单和对历史销售分析得来的预测产生的。

（3）物料需求规划。在主生产计划决定生产多少最终产品后，再根据物料清单，把整个企业要生产的产品的数量转变为所需生产的零部件的数量，并对照现有的库存量，可得到还需加工多少、采购多少的最终数量。这才是整个部门真正依照的计划。

（4）能力需求规划。它是在得出初步的物料需求计划之后，将所有工作中心的总工作负荷与工作中心的能力平衡后所产生的详细工作计划，用以确定生成的物料需求计划从企业生产能力的角度来衡量是否可行。能力需求规划是一种短期的、当前实际应用的计划，其对象是工作中心。

（5）车间控制。这是随时间变化的动态作业计划。它将作业分配到具体各个车间，然后再进行作业排序、作业管理、作业监控。

（6）产品数据管理。在编制计划中需要许多生产基本信息，这些基本信息就是制造标准。包括零件、产品结构、工序和工作中心，它们都需要用唯一的代码在计算机中加以识别。具体包括：

- 物料代码。这是对物料资源的管理方式，是给予每种物料的唯一的代码识别。ERP 系统对物料信息的处理均是以物料代码作为操作对象的，因此，对物料进行编码是 ERP 系统的重要基础性工作。

- 物料清单（Bill of Material，BOM）。这是指产品所需零部件明细表及其结构。它表明了产品—部件—组件—零件—原材料之间的结构关系，以及每个组装件所包含的下属部件（或零件）的数量和提前期。这里的"物料"一词有着广泛的含义，是所有产品、半成品、在制品、原材料、毛坯、配套件、协作件和易耗品等与生产有关的物料的统称。物料清单是一种树形结构，因此，又称为产品结构树。
- 工序。这是指加工步骤及制造和装配产品的操作顺序。它包含加工工序顺序，指明各道工序的加工设备及所需要的额定工时和工资等级等。
- 工作中心。工作中心是基于设备和劳动力状况，将执行相同或相似工序的设备、劳动力组成的一个生产单元。工作中心也是进行生产进度安排、核算能力和计算成本的一个基本单位。工作中心可以由车间里的一个或多个工作人员、一个小组或一个工段、一个成组加工单元或一个装配场地等组成，甚至一个实际的车间也可作为一个工作中心。换言之，一个车间可以由一个或多个工作中心组成，一条生产线也是由一个或多个工作中心组成的。工作中心的设置可以大大简化管理流程。工作中心也是ERP系统的基本加工单位，是进行物料需求计划与能力需求计划运算的基本资料。物料需求计划中必须说明物料的需求与产出是在哪个工作中心完成的，能力需求是指哪个工作中心的能力。粗能力计算针对的是关键工作中心。在工艺路线文件中，一道工序或多道工序对应一个工作中心。经过工作中心加工的物品要发生加工费用，产生加工成本。因此，可以将一个或多个工作中心定义为一个成本中心。
- 工作日历。工作日历是用于编制计划的特殊形式的日历。它将普通日历转换成顺序计数的工作日，并除去周末、节日、停工和其他不生产的日子。通常计划是按工作日历编制的。

3）物流管理模块

（1）销售管理。销售管理包括对产品的销售计划、销售产品、销售地区、销售客户各种信息的管理和统计，并可对销售数量、金额、利润、绩效、客户服务做出全面的分析。在分销管理模块中大致有以下3方面的功能。

- 客户信息的管理和服务。它能建立一个客户信息档案，进行分类管理，进而进行针对性的客户服务，以达到最有效地保留老客户，争取新客户的目的。在这里，要特别提到的就是最近新出现的CRM软件，即客户关系管理，ERP与它的结合必将大大提高企业的效益。
- 对于销售订单的管理。销售订单是ERP的入口，所有的生产计划都是根据它下达并进行排产的。销售订单的管理贯穿在产品生产的整个流程之中。它包括：
  — 客户信用审核及查询（客户信用分级，用来审核订单交易）；
  — 产品库存查询（决定是否要延期交货、分批发货或用代用品发货等）；
  — 产品报价（为客户做不同产品的报价）；
  — 订单输入、变更及跟踪（订单输入后，变更的修正及订单的跟踪分析）；
  — 交货期的确认及交货处理（决定交货期和发货事务安排）。

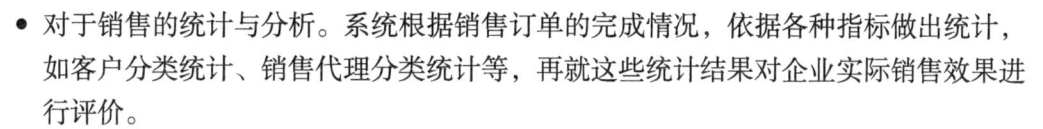

- 对于销售的统计与分析。系统根据销售订单的完成情况，依据各种指标做出统计，如客户分类统计、销售代理分类统计等，再就这些统计结果对企业实际销售效果进行评价。

（2）库存管理。

- 物料的入库。物料入库包括采购订单的来料入库、生产完工入库、生产剩余物料入库及销售退货入库。各种入库方式都可以通过自定义来实现。对采购订单的来料入库根据采购订单接收物料（安排检验），办理入库手续，开收来料入库单（收货单、入库单），分配材料库存货位，同时检查来料是否与订单相符；生产完工入库后进行生产成本的计算，数据转入财务子系统处理；销售退货有不同的处理方式，如扣减货款、换货等，相关数据都转入财务子系统。

- 物料的出库。物料出库有生产领料、非生产领料与销售提货。生产计划的领料按车间订单（加工单、工票或组装计划，都来源于主生产计划）与工序用料，并可以根据物料清单与工艺路线自动生成工序领料单；非生产领料有多种形式，系统可以自由定义领料的类别；销售提货按销售订单或合同生成出货单据，并可自动生成销售订单与合同的出货单。上述过程都可以给财务子系统传递相关数据及生成财务记账凭证。

- 物料的移动管理。物料的移动是库存之间（有时会在分厂之间和分公司）的物料调拨，这种物料可以不经过检验（但经过长途运输也要检验，可以通过设置系统参数进行控制），也可以根据系统参数设置要求生产凭证。

- 库存盘点。库存盘点是对库存物品的清查，是对每种库存物料进行清点数量、检查质量及登记盘点表的库存过程，其主要目的是清查库存的实物是否与账面数相符，以及检查库存物资的质量状态（可用库存量）。实物数与账面数有出入的，要调整物料的账面数量，做到账物相符，并且应遵守相应的管理处理流程。每种库存物料都设立相应的盘点周期，并可以通过系统自动提示相应的需盘点物料。盘点方法一般有冻结盘点法和循环盘点法两种。正在冻结盘点的物料需停止进行出入库操作，而循环盘点可以同时进行出入库盘点。

- 库存物料信息分析。可从各种角度对库存物料信息进行分析。例如，日常的物料进、出、存的业务数据分析，物料占用资金的分析，物料来源和去向分析，物料 ABC 分类分析等，以便为高层进行决策提供基础数据。

（3）采购管理。其内容是确定合理的订货量、优秀的供应商和保持最佳的安全储备。通过采购管理能够随时提供订购、验收的信息，跟踪和催促外购或委托外加工的物料，保证货物及时到达。建立供应商的档案，用最新的成本信息来调整库存的成本。具体内容如下。

- 供应商信息查询（查询供应商的能力、信誉等）。
- 催货（对外购或委托外加工的物料进行跟踪和催促）。

- 采购与委托外加工统计（统计，建立档案，计算成本）。
- 价格分析（对原料价格分析，调整库存成本）。

4）人力资源管理模块

以往的 ERP 系统基本上都是以生产制造及销售过程（供应链）为中心的。因此，长期以来一直把与制造资源有关的资源作为企业的核心资源来进行管理。但近年来，企业内部的人力资源越来越受到企业的关注，甚至被视为企业的资源之本。在这种情况下，人力资源管理作为一个独立的模块，被加入 ERP 系统，和 ERP 中的财务、生产、物流系统组成了一个高效的、具有高度集成性的企业资源系统。它与传统方式下的人事管理有着根本的不同。

（1）人力资源规划的辅助决策。此功能对于企业人员、组织结构编制的多种方案进行模拟比较和运行分析，并辅之以图形的直观评估，辅助管理者做出最终决策。

- 制定职务模型，包括职位要求、升迁路径和培训计划，根据担任该职位员工的资格和条件，系统会提出针对此员工的一系列培训建议，一旦机构改组或职位变动，系统会提出一系列职位变动或升迁建议。
- 进行人员成本分析，可以对过去、现在、将来的人员成本做出分析及预测，并通过 ERP 集成环境，为企业成本分析提供依据。

（2）招聘管理。人才是企业最重要的资源。有了优秀的人才，才能保证企业持久的竞争力，而人才靠招聘而来，所以招聘工作对人才的管理很重要。招聘系统一般提供以下几个方面的功能。

- 进行招聘过程的管理，优化招聘过程，减少业务工作量。
- 对招聘的成本进行科学管理，从而降低招聘成本。
- 为选择聘用人员的岗位提供辅助信息，并有效地帮助企业进行人才资源的挖掘。

（3）工资核算。

- 能根据公司跨地区、跨部门、跨工种的不同工资结构及处理流程制定与之相适应的工资核算方法。
- 与时间管理直接集成，能够及时更新工资数据，掌握员工的工资核算动态。
- 核算功能通过和其他模块的集成，根据要求自动调整工资结构及数据。

（4）工时管理。

- 根据本国或当地的日历，安排企业的运作时间及劳动力的作息时间表。
- 运用远程考勤系统，可以将员工的实际出勤状况记录到主系统中，并把与员工工资、奖金有关的时间数据导入工资系统和成本核算中。

（5）差旅核算。系统能够自动控制从差旅申请、差旅批准到差旅报销的整个流程，并且通过集成环境将核算数据导入财务成本核算模块中。

> **相关链接**
>
> **ERP 帮助伊利实现数字化管理**
>
> 　　内蒙古伊利集团是全国乳品行业龙头之一，主要生产具有清真特色的"伊利"牌系列乳制品及相关食品。伊利采用随时在线的 ASP 方式，并选定用友集团伟库 ERP 网络公司作为合作伙伴。在实施过程中，伟库根据伊利的需求对 ERP 进行了大量的修改，实施方案、发现问题、解决问题同时进行。伊利建成分销管理系统的投资规模在几百万元，包括服务器、客户端设备、数据中心、咨询、实施和软件费用在内。
>
> 　　信息系统给伊利带来的效益是明显的。分销管理系统从运行到现在，流程更加通畅，管理部门可以知道每件发生的事情，知道有多少库存，多少应收账，卖了多少货，卖给谁了。系统中积累了一年的完整数据以后，可用以支撑做销售计划、销售判断、竞争对手分析等。

辩证性思考

美国及日本的电子商务物流解决方案对我国有什么启示？
（1）ERP 对企业业务实施有什么作用？
（2）在 ERP 实施过程中要注意什么？

评估练习题

1．关键概念

（1）常见的电子商务化供应链管理的模式有（　　）。
A．快速响应　　B．有效客户反应　　C．电子订货系统　　D．企业资源规划
（2）判断正误：快速响应的目的是减少原材料到客户的时间和整个供应链的库存，最大限度地提高供应链管理的运作效率。（　　）

2．实训题

选择一个国内未实现电子供应链管理的企业，针对其业务模式的特点，设计一个电子供应链系统，并说明应该选择什么类型的系统，具备怎样的功能。

7.3　电子商务供应链物流管理

　　物流供应链管理是以物流为对象的供应链管理，致力于所有物流活动一体化的整个供应链管理。物流供应链管理的目标是根据物流在整个供应链体系中的重要性，降低整个物流成本和物流费用水平，降低库存，通过供应链中各种资源运作效率的提升，赋予经营者更大的能力来适应市场变化并及时做出反应，从而做到物尽其用，货畅其流。

物流供应链管理与传统的物料控制及储运管理有很大不同，主要体现在以下4个方面：① 将供应链看成一个整体；② 要求并最终依靠对整个供应链进行战略决策；③ 供应链管理对库存有不同看法，从某种角度来看，库存不一定是必需的，它只是起平衡作用的最后的工具；④ 供应链管理要求采用系统化、信息化、现代化、社会化、综合化、一体化、全球化、多功能化、集成化的管理方法来统筹整个供应链的各个功能。

过去物流与供应链管理一直是分开和独立地在各自的产业界讨论与应用的。直到最近这几年，随着世界经济、信息技术和物流实践的迅速发展，业界人士开始从整体上认识物流，将内、外物流结合，将物流的若干要素有机联系在一起，追求物流总体效果，物流理论中内、外物流结构的供应链管理由此产生。

内外物流结合的物流供应链管理是将物流活动视为由原料采购、生产、分配、销售和产品到达最终用户所组成的一定流量的环环相扣的链。它通过综合从供应者到消费者供应链的运作，使物流与信息流达到最优化。企业追求全面的系统的综合效果，而不是单一的、孤立的片面观点。供应链管理是全过程的战略管理，其目的不仅是降低成本，更重要的是提供用户期望以外的增值服务，以产生和保持竞争优势。从某种意义上讲，供应链是物流系统的充分延伸，是产品与信息从原料到最终消费者之间的增值服务。

物流供应链的管理不再把库存当作维持生产和销售的措施，而将它作为一种供应链的平衡机制。通过简化供应链和经济控制论等方法解除薄弱链来寻求总体平衡。通过物流JIT要求供应链上的所有要素同步，减少无效作业，做到采购、运输、库存、生产、销售及供应商、用户的营销系统的一体化，促进物料与产品的有效流动，追求物料通过每个配送渠道的整个流动的最高效率，以杜绝生产与流通过程中的各种浪费。通过QR预测未来需求而做出快速反应，重组自己的业务活动以减少前导时间和成本，最终缩短产品在供应链上的时间。通过ECR消除系统中不必要的成本和费用，降低供应链各个环节如生产、库存、运输等方面的成本，最终给客户带来更大的效益而进行密切合作。此时物流在供应链管理中扮演着举足轻重的角色，为供应链成员提供个性服务，满足生产和需要的时效性、正确性，解决物流系统共同化等高难度的问题。

世界经济一体化的发展，使得许多企业在全球范围内采购原材料，进出口商品，合资合作，进行策略联盟或建立海外子公司，此时，就要求企业处理好跨链节、跨组织、跨职能、跨国界的多重复杂关系，要求企业生产和流通全面实现现代化、系统化、专业化和高效率。而信息技术的发展及 Internet/Intranet/Extranet 技术的日益成熟，使得企业在短期内建立合作关系，打破联合公司间的时空间隔，充分利用变化多端的种种市场机会成为可能；使企业对全球瞬息万变的市场做出快速机动灵活的反应成为可能；使整个物流系统的精密化、高效化、集约化、快速化和低成本化成为可能；使物流实现信息化、多功能化、全球化成为可能。而要使企业在全面、迅速地了解世界各地消费者的需求偏好的同时，快速进行订单处理，生产规划，运输规划，国际物流设计，满足全球顾客需求，就必须运用全球供应链管理。

目前连接企业上、中、下游物流与供应链管理的观念正受到全球越来越多企业的肯定，许多国际化经营的企业正充分应用信息技术,在全球范围内合理地调度企业人、财、物,以迎合随时变化的市场需要。网络时代的全球供应链管理成为跨国企业在 21 世纪全球运筹管理的重要策略。

全球供应链的优势来自通过选择合适的生产地点,实施更好的管理,达到更大的经济规模来提高经济效益。然而,随着全球范围供应链的延伸,松散式整体化和长鞭效应（Bullwhip,即成员的个体优化,而供应链整体非最优）的出现,要求企业注意全球化物流（国际物流）出现的三大整合。

（1）由区域范围向世界范围地理位置的整合。

（2）由原来只重视企业内部的产品销售、财务管理等个别功能的组合,转变为以流程串联的机能整合。

（3）由只重视单一企业的效率和产销关系,转变为向前与供应商的供应链连接,向后与销售商、经销商至顾客的供应链整合。

物流供应链管理通过配送物流的流程（The Distribution & Logistics Process）,串联产品从供应商、制造商物流转运配送到消费者,去完成整体企业物流的使命及目标,充分利用国际化的物流网络、物流设施和物流技术,实现货物在国际间的流动与交换,以促进区域经济的发展和世界资源的优化配置。对这一点企业要明确了解。

评估练习题

1. 关键概念

物流供应链管理是以_____为对象的供应链管理,致力于所有物流活动_____管理的整个供应链。

2. 实训题

调研我国的一家家电销售连锁企业,阐述如何通过物流供应链管理的思想来构成其供应链,并说明应该如何实现和改进。

7.4 电子商务与供应链管理系统的整合

供应链管理是多层次、多目标的系统工程,随着供应链赖以生存的市场环境的不断发展,供应链管理的核心任务也在不断变化。在迅猛发展的电子商务时代,供应链管理的核心任务可以归纳为：动态联盟的系统化管理、生产两端的资源优化管理、不确定性需求的信息共享管理、生产的敏捷化管理。

电子商务有微观和宏观两个层次。微观层次是指以网络为平台的商品买卖活动。而宏观层次的外延则要宽泛得多,不仅包括直接带来利润的商品买卖活动,而且还包括所有借助网络技术和信息技术进行的支持利润产生的其他活动，如产品生产、需求服务、销售支持、用户服务、业务协调等。电子商务的兴起是一场由技术手段飞速发展而引发的商业运作模式的革命，传统经济活动的生存基础、运作方式和管理机制均发生了彻底改变，传统的市场理念也面临巨大的冲击。以下讨论电子商务与供应链管理系统整合的核心任务。

1. 动态联盟的系统化管理

在电子商务时代，企业的生存空间由物理的市场地域转变为虚拟市场空间。虚拟市场空间以信息为基础，为信息所控制。虚拟市场空间的出现改变了消费者必须通过市场地域使用或享受产品/服务的状况，同时弱化了生产者必须通过市场地域获得资源、进行生产的限制。通过信息交互，各种生产、交易活动从依赖物理地域转变成依靠市场虚拟空间进行，伴随这种转变，供应链中任何一个企业赖以生存的物理价值链也转向虚拟化、信息化。企业可以凭借聚合、组织、选择、综合、发布等信息处理手段寻求新的价值创造点。图 7-3 描述了价值创造链向价值创造矩阵的转化，矩阵中任何一个交点都可以成为企业的价值创造点。

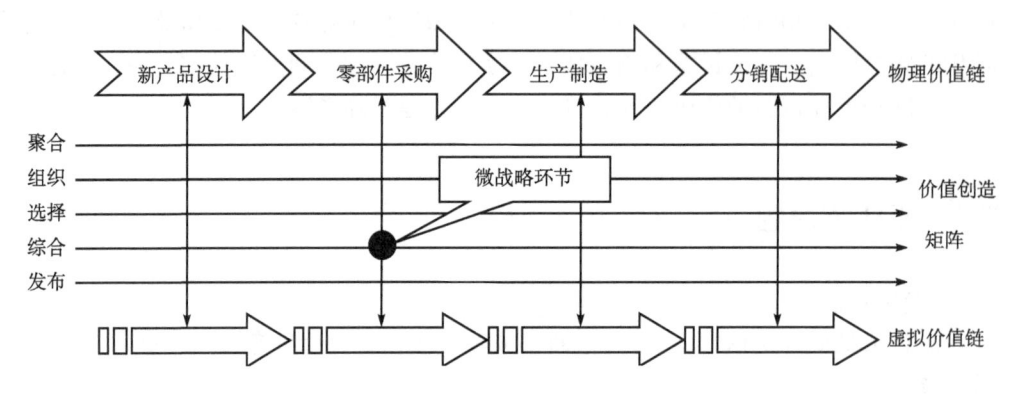

图 7-3 价值创造链向价值创造矩阵的转化示意图

相对于传统的位于物理价值链上的战略环节而言，电子商务时代的企业生存在由更多的微战略环节构成的价值创造矩阵上。战略环节的这种二次分解强化了企业的横向解式，这种强化一方面为企业创造出更大的生存空间，另一方面也增加了企业与供应链中其他成员发生合作和冲突的可能性。同时，微战略环节的出现进一步强调了企业对动态联盟的依赖性。所以，供应链管理在电子商务时代的首要任务就是对生存在价值创造矩阵上组成动态联盟的企业群体进行系统化管理。

2. 生产两端的资源优化管理

在电子商务时代，市场呈现出前所未有的趋同性——不同产品在功能方面联合统一的趋势。

市场趋同性与电子商务具有不可分割的内在联系。一方面，推动电子商务迅猛发展的信息技术逐步渗透到各个独立的行业中，不同行业（如通信、办公设备、消费者电子产品、媒介、计算机等）之间的界限逐渐强化；另一方面，趋同性促进了生产者与生产者、生产者与消费者、消费者与消费者在市场空间中的交互,这又反过来促进了电子商务的发展。市场趋同性促使生存于不同生产领域、不同生产环节的企业在各自的微战略环节上努力保持个体与企业群体的一致,这种努力使企业之间信息流与物流的交互变得更加频繁和复杂。众所周知,由于长期以来企业在生产制造环节上引进了各种科学管理方法,如TQC、JIT、MRP II,企业内部生产已经变得"精益"起来;而位于生产两端的各种活动,如零部件供应管理和产成品的流通配送,则成为供应链上的"非精益"环节。市场趋同性恰恰加剧了企业在这些"非精益"环节上的活动。所以,如何通过对生产两端进行资源优化管理,使这些"非精益"环节"消肿减肥"比以往任何时候都更有意义。

3. 不确定性需求的信息共享管理

在电子商务时代,生产者与消费者的关系发生了彻底变化。这种变化可以归因于市场空间的出现。在超越传统物理时空的电子时空下,消费者的差异化需求得到了更大程度的满足,进而发展出更加复杂多变的需求;同时,由于各种生产资源在电子商务平台上的虚拟化,生产者在更大程度上具备了满足这种日益多变的需求的生产能力。结果是:生产者与消费者的关系由生产者依靠4Ps(Product,Price,Place,Promotion)将产品"推"(Push)给消费者,逐步转变为消费者"拉动"(Pull)生产者。

4. 生产的敏捷化管理

电子商务时代的市场竞争表现为竞争互动(Competitiveness Dynamics)。在"链"与"链"的竞争中,一方遭遇"攻击"的时间在产品生命周期上大大提前;同时,它本身"进攻"另一方的能力也在增强。这主要是因为以下几点。

(1)市场趋同性弱化了任一"链"依靠独特的产品/服务占有市场的能力。

(2)电子商务的发展促进了各种世界性标准的建立,这些标准正在逐渐打破或降低市场进入壁垒。

(3)作为"动力源"的消费者的各种信息在Internet上几乎是共享信息,任一"链"已经无法依靠独占信息而维持自己独特的消费群体。

(4)市场空间的出现为更多企业创造了参与竞争的条件。

结果是,更频繁的遭遇攻击和主动攻击(竞争互动)逐渐取代了传统的竞争活动。面对竞争互动,供应链中任一企业的产品战略都应该是"自灭自新"(Cannibalization),即通过主动创造新产品,淘汰自己的旧产品来创造优势,而不是单纯保持优势。电子商务时代,供应链管理必须依靠持续获取短暂的竞争优势来创造持续的竞争优势。在这种竞争战略指导下,缩短产品的上市周期成为在日趋激烈的市场竞争中获胜的关键,而上市周期的缩短则要求供应链管理必须关注于从产品研发周期、采购供应周期、加工制造周期直至流通配送周期全过程的缩短。

通过以上讨论我们得出,电子商务与供应链管理系统的整合,有效提升了企业的竞争实力,降低了企业的竞争成本,具体作用有以下几点。

1）促进企业与其供应商采购事务的协调

企业通过外网浏览供应商的产品目录，根据需求签发订单，并通过电子数据交换发送；供应商接到订单后，合同审核人员通过企业内网查看库存情况、生产计划情况和销售商的信誉度来确定是否接受订单，并与供应商通过网络进行信息交换，协商合同条款，签订合同。

2）促进物料计划人员与仓储、运输公司之间的业务协调

通过企业的内网，物料计划人员可以查看仓储情况，及时地安排物料的运输。库存管理人员根据原材料供应情况和产品销售情况及时更新数据库，以便有关人员查询。

3）促进销售机构与其产品批发商、零售商之间的协调

销售机构可以通过 Internet 进行产品宣传，与客户进行交流，并将信息反馈给生产计划部门，以帮助计划部门制订合理的生产计划。

4）使得公司中的日常活动及员工的交流等得以实现

通过 Intranet，公司中的各个部门可以进行即时信息交换，而不必通过烦琐的文书工作，从而实现"无纸化办公"，节省时间，同时也节省大量的开支。

5）提供客户服务

通过 Internet，可以方便地接收客户的反馈信息，为客户提供及时的服务，建立良好的信誉。

目前电子商务在我国还未得到普及，主要是由于相关的政策法规还不尽完善，还面临着诸如网络系统安全、数据安全等技术问题。但随着政府对信息产业的重视及人民生活水平的提高，电子商务将成为企业间及企业与消费者之间信息交流的桥梁。基于电子商务的供应链将成为未来供应链发展的主要方向。

评估练习题

1. 关键概念

（1）电子供应链管理的核心任务可以归纳为（　　）。

A. 动态联盟的系统化管理　　　　B. 生产两端的资源优化管理
C. 不确定性需求的信息共享管理　　D. 生产的敏捷化管理

（2）电子商务与供应链管理系统的整合，具体作用有（　　）。

A. 促进企业与其供应商采购事务的协调
B. 促进物料计划人员与仓储、运输公司之间的业务协调
C. 促进销售机构与其产品批发商、零售商之间的协调
D. 使得公司中的日常活动及员工的交流等得以实现
E. 提供客户服务

2. 实训题

试说明生产企业和销售企业如何进行电子供应链管理的对接与整合，举例并加以分析和说明。

第7章 电子商务与供应链

本章评估测试

1. 能力测验

完成本章学习之后,请根据对本章电子商务物流过程的理解回答下列问题,并将所得分数记录下来。

1=完全不理解;3=理解一些;5=深刻理解

如果你的分数为 42~50 分,则说明你可以继续参加接下来的评估测验;如果你的分数为 33~41 分,则说明你应该再复习一下得分为 1~3 的基本概念和内容;如果你的分数为 32 分及以下,则应重新认真学习本章内容,并与同学共同探讨不理解的地方。

你是否能够:

- 说明电子供应链管理的概念。
- 说明电子供应链管理的内容。
- 说明电子商务对供应链管理的影响。
- 举例说明我国电子供应链管理的特点。
- 说明电子商务化供应链管理的模式。
- 说明 QR 的概念和作用。
- 说明 ECR 的概念和实施领域。
- 说明 EOS 的概念和分类。
- 说明 EPR 的主要结构和功能。
- 说明物流供应链管理的对象和目标。

2. 关键术语回顾

电子供应链管理是指以电子商务等信息技术为手段,对企业的整个组织流程,诸如产品服务设计、销售预测、采购、库存管理、制造或生产、订单管理、物流、分销和客户满意度等进行管理和改进的思想和方法。本章探讨了电子供应链管理的概念、内容和模式,并针对其模式分别介绍了 QR、ECR、EOS、ERP 等常用的电子供应链管理模式和内容,在最后介绍了电子商务与物流供应链管理的整合方法和作用。

3. 关键概念回顾

(1)判断正误:电子供应链管理是指以电子商务等信息技术为手段,对企业的整个组织流程,诸如产品服务设计、销售预测、采购、库存管理、制造或生产、订单管理、物流、分销和客户满意度等进行管理和改进的思想和方法。( )

(2)判断正误:常见的电子商务化供应链管理的模式有:快速响应、有效客户反应、电子订货系统、企业资源规划等。( )

(3)判断正误:快速响应是指物流企业面对多品种、小批量的客户,不是储备产品,而是准备各种要素,在客户提出需求时,以最快的速度及时完成配送,提供所需服务或产品。( )

(4)判断正误:快速响应的目的是减少原材料到客户的时间和整个供应链的库存,最

大限度地提高供应链管理的运作效率。（　　）

（5）判断正误：有效客户反应是指以满足顾客要求和最大限度降低物流过程费用为原则，能及时做出准确反应，使提供的物品供应或服务流程最佳化的一种供应链管理战略。
（　　）

（6）判断正误：电子订货系统是指企业间利用通信网络和终端设备以在线连接方式进行订货作业和订货信息交换的系统。（　　）

（7）判断正误：ERP 即企业资源规划，是指建立在信息技术基础上，以系统化的管理思想，为企业决策层及员工提供决策运行手段的管理平台。（　　）

（8）判断正误：物流供应链管理的目标是根据物流在整个供应链体系中的重要性，降低整个物流成本和物流费用水平，降低库存，通过供应链中各种资源运作效率的提升，赋予经营者更大的能力来适应市场变化并做出及时反应，从而做到物尽其用，货畅其流。（　　）

（9）判断正误：供应链管理的核心任务可以归纳为：动态联盟的系统化管理、生产两端的资源优化管理、不确定性需求的信息共享管理、生产的敏捷化管理。（　　）

（10）EOS 按应用范围可分为（　　）。
A．企业内的 EOS 系统　　　　　B．零售商与批发商之间的 EOS 系统
C．零售商、批发商和生产者之间的 EOS 系统

4．练习题

调研一家已实现电子供应链管理的企业，分析其电子供应链的战略和实施情况，找出不足之处并通过你的设计加以改进。

网上冲浪

一家不具备先进 IT 信息化系统的物流企业，在将来很可能没有业务可做。企业要完成电子供应链系统的建设，可以参考 http://www.coscoshipping.com。中远集团是我国最大的物流企业，试了解这家公司的主要业务是什么，你认为中远集团的企业电子供应链系统的建设，对于中远集团的发展起到了怎样的作用？

案例讨论　　　　　　　　　　　　　　　　　　　　Case Discussion

屈臣氏的供应链发展之路

屈臣氏，全称是屈臣氏个人护理用品商店，是现阶段亚洲最大的个人护理用品连锁店，是全球最大的保健及美容产品零售商和香水及化妆品零售商之一。

屈臣氏于 1989 年进入内地市场，但直到近几年才开始快速扩张。当门店数量少时，信息系统的作用似乎并不明显；但当门店猛增到数百上千家时，屈臣氏传统的供应链存在的很多不足就开始显现。例如，在物流中心，一次拣货数量不能太多，而且当时没有手持终端，要依靠纸面单据拣货，整个仓库的运作效率比较低下，处理一张订单所需时间较长。

物流效率低阻碍了屈臣氏的扩张计划,所以必须引进成熟的供应链管理系统,才能支持屈臣氏的快速发展。并且,整套系统不仅要能够稳定地支持屈臣氏分布在全国几十个城市已开店铺的运营,同时还要提高供应链的效率,降低物流成本,以减轻迅速扩张给企业带来的财务压力。

2004年11月,屈臣氏引入电子供应链,将后勤作业电子化。新的电子供应链系统,可以使后勤单位与供应商之间的联结更有效率,这种即时的电子供应链,有助于即时回应消费者及市场的需求,建置与供应商间专属资讯交流平台,使后勤作业得以更经济、快速、及时,如此一来,可以更及时地为消费者提供服务,以及引进更多的新产品。

1. 自动补货与订货系统

屈臣氏供应链系统建设的前端是店铺自动补货系统。对零售企业来说,无论采购能力有多强,市场销售能力有多厉害,货物如果不能及时摆放在门店货架上,一切都没有用。尤其对于屈臣氏这种强调产品多样性与差异化的零售商而言,快速补货也是其核心竞争力之一。所以店铺自动补货系统极其重要,成为整个信息化建设的先导。

每天晚上闭店后,屈臣氏的POS系统会自动结算当天的销售情况,自动补货系统会根据门店卖出货物的情况自动生成补货订单发往物流中心。每一家门店的每个品类货物都有自己的补货标准,系统根据这些标准和结算前的已销数量确定补货数量。店铺自动补货系统使订货变得简单而准确。所有店铺按照实际的销售数据而不是凭经验订货,避免了不同店铺的不同人员使用不一样的订货方法所导致的库存不稳定,或是错误的销售预测。

前端店铺订货环节理顺后,下一步面临的是仓库的订货系统。补货系统通过分析所有店铺每天的销售情况和仓库的库存情况,对于缺货商品,通过与供应商的信息系统相连的B2B/EPI平台,自动将采购需求发送给供应商。

2. 仓库管理系统

仓库管理系统包括三大块:

库存管理——多单位测量、批次控制和弹性重量,改进库存准确性和可视性;货位优化——能够在一定范围的拣选面/位中合理地安排SKU,适应多变的需求;场地管理——协调场地移动与收货和订单履行,改进可视性、生产力和安全性。

屈臣氏仓库管理系统通过运用条形码自动识别技术和无线网络进行数据传输,记录并跟踪物料在企业内部物流仓库管理系统中的各个环节,帮助企业的物流管理人员对库存物品的入库、出库、移动、盘点、配料等操作进行全面的控制和管理,有效地利用仓储空间,提高仓库的仓储能力,使物料在使用上实现先进先出,最终提高企业仓库管理系统存储空间的利用率和企业物料管理的质量和效率,降低企业成本,提高企业市场竞争力。

仓库管理系统至今已成功运转一段时间,据运营初期评估,屈臣氏的库存准确率提高至99.9%以上,准时配送率提高了20%,仓库利用率提高了7%。

❓ 问题讨论

(1)分析屈臣氏实施电子供应链系统的优点。
(2)屈臣氏供应链系统实施对中小企业有哪些启示?

第 8 章

跨境电子商务物流管理

学习目标

- 了解跨境电子商务物流的概况
- 掌握跨境电子商务物流的模式
- 理解跨境电子商务物流系统

关键术语

跨境电子商务物流，海外仓，跨境专线物流，跨境电子商务物流系统

引导案例

"一带一路"倡议为跨境电商插上腾飞翅膀

近年来，我国经济增速放缓，经济发展步入新常态。跨境电商发展迅猛，逐步取代传统贸易，成为经济增长的新引擎。与此同时，"一带一路"倡议取得佳绩，在扩大消费需求、促进产业升级、转变贸易形式等方面作用明显，为跨境电商发展提供了前所未有的良好机遇。随着"一带一路"倡议的实施，我国跨境电商迎来新的发展机遇。艾瑞咨询数据显示，2018年跨境电商交易规模达到8.8万亿元，2020年有望达到12万亿元规模，未来的跨境电商将呈现高增长态势，预计年增长速率超过20%。"一带一路"倡议涉及国家数量众多，发展跨境电商有助于畅通我国与周边国家贸易渠道。借助"一带一路"倡议，中国企业通过电商平台将手机、配件、服饰远销俄罗斯，成为当地最受欢迎的产品。同时，受跨境电商影响，阿里巴巴、天猫、淘宝成为越南地区浏览量最大的交易网站，预计5年之内交易额将突破100亿美元，成为"一带一路"倡议下跨境电商发展的典范。

"一带一路"倡议下跨境电商迎来了机遇的原因有三点。其一，庞大的人口基数使消

费需求扩大。自"一带一路"倡议实施以来，覆盖沿线 60 余个国家，惠及人口超过 40 亿人，经济总量超过 20 万亿美元，占世界经济总量 30%以上。"一带一路"倡议密切了我国与沿线国家的经济合作，庞大的人口基数提供了充足的市场需求，帮助我国跨境电商开辟了更广阔的服务空间，让中国商品有机会更广泛地接触世界。其二，传统企业与跨境电商结合，促进了我国传统产业转型升级。一直以来，我国制造业都处于国际价值链底端，导致我国成为"制造大国"，而并非"制造强国"。但是，跨境电商的发展，已经开始倒逼我国制造业转型升级。其三，转变了贸易形式。在传统贸易模式下，企业为追逐高利润，往往选择以大订单为主，而忽视小订单，导致市场需求供给能力不足。在"一带一路"倡议下，跨境贸易均以小订单为主，导致企业必须提升对小订单的重视度，甚至将小订单设置为主要业务，围绕小订单的需求差异开展个性化服务，不断提升制造工艺，满足不同消费者的需求偏好。

综合来看，"一带一路"倡议为跨境电商的发展提供了充分的空间，跨境电商前景一片蔚蓝。我国跨境电商应充分把握机遇，借助"一带一路"倡议，不断扩大交易规模，开展与沿线国家更为广泛的贸易交流，这既有助于企业获取更高利润，也将助力我国经济实现新的增长。

❓ 辩证性思考

"一带一路"倡议为我国跨境电商提供了良好的发展机遇，跨境电商应积极利用扶持政策，完善顶层设计；抓住国家发展基础设施建设的机会，推进物流建设；抓住国家推进金融服务的时机，健全支付结汇。让跨境电商搭上"一带一路"的"高速列车"，迎来全新发展空间，带动我国经济迅速腾飞。

8.1 跨境电子商务物流的概况

20 世纪 80 年代至 90 年代，物流国际化趋势开始成为世界性的潮流，但只是局限在美国、日本和欧洲一些发达国家。从 20 世纪 90 年代初至今，跨境电子商务物流的概念及重要性已为各国政府和外贸部门所普遍接受，并且随着国际贸易和跨国经营的发展而迅速发展起来。贸易伙伴遍布全球，必然要求物流国际化，即物流设施国际化、物流技术国际化、物流服务国际化、货物运输国际化、包装国际化和流通加工国际化等。人们已经形成共识：只有广泛开展国际物流合作，才能促进世界经济繁荣发展。

8.1.1 跨境电子商务物流的含义

跨境电子商务物流是指货物（包括原材料、半成品和制成品等）及物品（包括邮品、展品、捐赠物资等）在不同国家之间的流动或转移。对此，广义的理解是货物在国际间的实体移动；狭义的理解是仅与另一国国际贸易相关的物流活动，如货物集运、分拨配送、货物包装、货物运输、申领许可文件、仓储、装卸、流通中的加工、报关、国际货运保险、单据制作等。

8.1.2 跨境电子商务物流的特征

在跨境电子商务开始发展起来时，电子商务商家主体已经自然而然地开始自主整合传统物流的服务资源。跨境电子商务的发展首先推动了跨境电子商务物流的产生，在传统物流的基础上，出现了属于跨境电子商务物流的一些新特征。

1. 服务功能多样化与目标的系统化

单一物流服务功能与单一物流环节最优化已不能满足现代物流需求，因此在进行物流作业时，除了需要考虑运输、仓储等环节的协调，还要考虑物流与供应链中的其他环节相互配合，不仅要实现单个物流环节最优化，而且要追求物流活动的整体最优化，从而保证物流需求方整体经营目标最优化。

2. 物流作业标准化与服务的个性化

一方面，标准化作业流程可以使复杂的作业变得简单化，有利于跨地区协同与沟通，也有利于操作过程监控与对操作结果的评价。另一方面，受经营产品、经营方式及自身能力的影响，物流需求方除了获得传统的物流服务，还希望针对自身经营产品的特点与要求获得量身定制的个性化服务与增值服务，如市场调查与预测、采购及订单处理、物流咨询、物流方案的选择与规划、库存控制策略建议，以及货款回收与结算等方面的服务，从而提高物流服务对决策的支持作用。

3. 以先进物流系统为基础的高效快速反应能力

根据哈佛大学教授钱德勒对速度经济的阐述，快速反应能力是指企业在竞争环境突变中能否迅速做出反应的能力，其重要性不亚于产品质量。当物流过程涉及的包装、装卸、运输、仓储和配送等系列环节出现不协调时，就可能导致全部或部分链条运转停滞，直接影响物流效率或造成巨大的损失。伴随市场范围空间延伸与产品生命周期的缩短，企业为了达到扩大市场份额和降低成本的双重目的，不仅需要建立完善的全球产供销经营体系，还需要提高及时供应、减少库存以降低成本等方面的能力，因此物流管理也就成为企业管理的重要环节。

4. 物流技术先进化

国际物流作业的各个环节广泛应用先进的物流技术，不仅提高了每个作业环节的效率，而且确保整个经营目标的实现。例如，根据电子商务服务平台指令，物流供应商按照运输计划，组织提货、仓储、包装、报关、国际运输和国外配送等。在整个物流链中，参与各方有效地利用了电子数据信息交换系统，实现了信息的即时交换和资源共享，使参与各方及时了解货物的流向与下一步操作，避免了由于信息滞后而造成操作环节的延误，从而确保整个物流链的顺畅。在跨境电子商务交易中，物流公司起到了一个桥梁的作用，它利用其丰富的物流管理技术和运作经验，促使交易顺利完成。

5．物流系统信息化与服务网络全球化

一方面，由于跨境交易范围是全球，所以物流服务网络覆盖范围越广，越有利于商家根据市场变化储存、调配商品，从而更能满足商家的物流需求。另一方面，先进的物流网络不仅能够做到网点间物流活动的一致性，使整个物流网络的库存总水平、库存分布、运输与配送最优化，同时适应经营的需求，而且可以通过物流信息系统加强供应与销售环节在组织物流过程中的协调和配合，以及加强对物流的控制。

8.1.3　我国跨境电子商务物流现状

1．跨境电商物流相关配套政策有待进一步完善

尽管我国政府在 2012 年跨境电商开始试点后，就陆续在海关、商检、税收、仓储、外汇等方面出台了一系列相关的指导意见和支持政策，这其中包括 2013 年国务院出台的《关于实施支持跨境电子商务零售出口有关政策的意见》，其中提及建立新型海关和检验监管模式并进行专项统计；2014 年 7 月，海关总署发布 56 号公告《关于跨境贸易电子商务进出境货物、物品有关监管事宜的公告》，从政策层面明确了对跨境电商的监管框架；2015 年 6 月，国务院发布的《国务院办公厅关于促进跨境电子商务健康快速发展的指导意见》，明确协同综合服务体系建设，优化海关及商检监管政策措施，规范进出口税收，完善电子商务支付结算管理，提供财政金融支持并且发挥行业组织作用；2016 年 3 月，财政部还出台了《关于跨境电子商务零售进口税收政策的通知》。然而，与发达国家相比，针对跨境电商物流的相关政策仍存在完善的空间，需要根据行业发展进行不断修正和补充，从而更好地发挥市场资源配置的决定性作用，体现政府的政策引导和扶持产业方面的价值，促进跨境电商物流行业的良性发展。

2．我国当前物流基础配套设施相对落后

截至 2015 年年初，我国在册的物流企业总数超过了一万家，这其中 A 级物流企业只有 301 家，而 5A 级物流企业仅有 21 家，超过 80%的物流公司是中小公司，仍采用传统的物流配送模式。规模小、数量多的物流企业难成气候，难以形成集约化的体系。同时信息化水平不高、智能化程度不足、高端物流设备普及率低成为制约产业发展的阻力。跨境电商物流环节相对传统物流环节多、耗时长，为了能够尽可能地缩短运送时长，必须有完善的物流基础设施，并且打造高度成熟的物流配送体系。

3．具有专业跨境电商物流配送能力的企业尚未成熟

目前，大部分的跨境电商物流配送都需要依赖国际快递公司。国内专门从事跨境电商物流或者全程提供跨境电商服务的物流企业数量还很有限，这些企业主要是参与跨境电商物流服务整体流程环节中的一部分，服务功能较为单一。国内的申通、圆通、韵达等快递企业主要是参与跨境电商活动的最终配送环节，服务性质实质上等同于国内普通快递物流；目前，能全程参与跨境电商物流活动的主要有我国邮政 EMS、顺丰速递及其他国际快递企业。在巨大的市场需求下，仅靠少量的参与者是远远不够的。遇到节假日、"双 11"等跨境购物订单爆发时期，货物积压、商品爆仓、快递件延误、损失和丢失等问题不断，限制了跨境电商产业进一步发展。物流应该建立起全流程覆盖体系，物流服务能力急需综合实力支撑。为了有效提高我国跨境电商及物流产业的整体发展水平，打造专业化的跨境电商物流企业至关重要。

4．退换货需求实现起来较为困难

跨境电商物流环节包括关境外的集货、运输、通关和国际物流，以及关境内的通关、分拣、配送等，本身耗费的时间周期较长，成本也比较高。当消费者出现退换货需求时，烦琐的退换货流程及高昂的退换货成本使得退换货需求满足起来较为困难。伴随着消费者消费水平的不断提升，其对于跨境消费品退换货的意识也将增强。跨境电商退换货管理制度应日趋完善，提升跨境电商逆向物流的便捷性，对于提升跨境电商物流服务质量和促进业务发展至关重要。

8.1.4 我国跨境电子商务物流发展

在国家政策支持、贸易自由化和便利化大趋势下，跨境电商的投资不断增长，网上跨境消费持续保持旺盛，种种利好因素驱动下，跨境电商物流的发展前景十分可观。虽然我国快递公司的全球网络暂时还无法撼动国际竞争对手的定价体系，但是国内的巨头们纷纷布局国际业务，希望借此向全球国际网络渗透。例如，顺丰开通了"全球顺"的国际快递服务，自营的跨境 B2C 电商网站"丰趣海淘"和携手俄罗斯本土电商 Ulmart 打造的"Rumall 丰卖网"先后于 2015 年和 2016 年上线；圆通快递 2015 年正式启动全球速递项目，发起"全球包裹联盟"，还计划于 2018 年引入大型宽体全货机，投入洲际航线运营，备战跨境物流；"申通国际"是申通快递的国际品牌，目前服务覆盖 60 多个国家和地区，还有 11 条专线；韵达快递开通了跨境直邮网站"UDA 优递爱"，整合全球跨境品牌零售的电商到自己的平台上。京东也与大型国际第三方物流企业合作，跨境电商业务涉及全球 50 多个国家和地区。此外，我国甘肃省兰州市也成立了"一带一路"跨境电商物流合作联盟，其目的是搭建多层次、多元化、高效率的对话、协商服务平台，将跨境电商物流产业发展成"一带一路"的关键技术基础，成为未来区域经济发展的重要媒介。

数据预测，到 2020 年，我国跨境电商交易规模将达到 12 万亿元，复合增长率将达到 20.11%，渗透率将达到 37.6%，其中跨境 B2C 占比将达到 30.5%。保守估计，以物流成本占货值的 20% 来估算，至 2020 年，跨境电商物流市场规模将超过 6 000 亿元。

在传统跨境电商物流服务过程中，还存在很多小型物流转运公司操作流程不规范、逃税等问题，这些问题也增加了物流配送过程中的不稳定性。同时，跨境电子商务网站及物流转运公司之间存在信息孤岛，导致无法实时和准确追踪商品的物流状态。因此，跨境物流公司需要进一步提高跨境物流的信息化程度，规范整体的业务操作流程，通过自身业务系统与电商网站之间的无缝对接，实现信息资源共享，让物流公司、商家、消费者三者都可以精准地掌握物品物流状态。在当今的大数据时代，借助生物识别、精准定位、云计算和云存储、物联网等信息技术的综合运用，可以同时提供用户需求分析与消费者偏好分析

等服务，为跨境电商物流企业发展提供更好的支持。在与国际不断接轨过程中，我国的跨境电商物流公司将迎来更多机会，应当在借鉴国际上大型企业的经验教训和发展脉络并取长补短的同时，在迅速拓展网络的过程中寻找适合的机会，缩小与竞争对手的差距，为自身优势扩张寻求动力。

评估练习题

1. 关键概念

（1）判断正误：跨境电子商务物流是指货物及物品在不同国家之间的流动或转移。
（　　）

（2）（　　）不属于我国跨境电子商务物流现状。
A. 相关政策不完善　　　　　B. 配套基础设施落后
C. 跨境电商物流企业专业化　　D. 退换货困难

2. 实训题

找出我国主要的跨境电商口岸，并分析其运输方式及路线选择的原因。

8.2 跨境电子商务物流的模式

我国正积极培育和推进跨境电子商务的发展，跨境电子商务已成为推动我国进出口贸易未来发展的新的增长点。跨境电子商务的快速发展，离不开跨境电子商务物流强有力的支撑。跨境电子商务物流是跨境电子商务发展的重要支点，选择合适的跨境电子商务物流模式，提高跨境电子商务物流运行效率，降低跨境电子商务物流成本，对促进跨境电子商务交易的发展具有重要的作用。

8.2.1 跨境电子商务物流一般模式

1. 邮政包裹模式

由于邮政网络遍布全球，物流渠道较为成熟，邮政包裹是跨境电子商务出口业务物流的主要方式，中国跨境电子商务出口业务约70%的包裹是通过邮政系统进行物流配送的。这主要得益于万国邮政联盟和卡哈拉邮政组织。邮政包裹主要分为邮政小包和邮政大包，其中，邮政小包是各个邮政网点开展的一项国际邮政小包业务，属于邮政航空小包的范畴，比较经济实惠，可寄达全球230多个国家和地区；而邮政大包主要是在邮寄重量限制上区别于邮政小包，通常邮寄重量在2kg以上的将纳入邮政大包业务。

2. 跨境专线物流模式

跨境专线物流是针对目的地国家的一种专线递送方式，一般是通过航空包舱方式运输到国外，再通过目的地国家合作公司进行该国物流配送的一种物流方式。跨境专线物流具有集货功能，它的优势主要在于能够集中大批量到某一特定国家或地区的货物，通过物流运输、仓储的规模效应有效降低跨境电子商务物流成本。目前，最普遍的专线物流是美国专线、欧洲专线、澳大利亚专线、俄罗斯专线等，也有不少物流公司推出了中东专线、南美专线、南非专线等。

3. 快递物流模式

跨境电子商务快递物流模式主要包括国际快递物流和国内快递物流。其中，国际快递物流主要包括UPS、Fedex、DHL和TNT这四大国际快递巨头，它们几乎占据了目前市场上80%的国际快递业务。国际快递公司通过自建的全球网络，利用强大的IT系统和遍布世界各地的本地化服务，为网购中国产品的海外用户带来极好的物流体验。例如，通过UPS寄送到美国的包裹，最快可在48小时内到达；通过TNT发往欧洲，一般3个工作日即可到达。然而，优质的服务伴随着昂贵的价格，一般中国商户只有在客户对时效性要求很强的情况下，才使用国际商业快递来派送商品。

如今，随着我国跨境电子商务业务的快速发展，国内快递公司也开始布局国际业务，如EMS、顺丰和"四通一达"，目前都已开始涉足跨境电子商务物流业务。在国内快递公司中，EMS的国际化业务是最完善的，EMS依托邮政渠道可以直达全球60多个国家，费用相对四大快递巨头要低；顺丰的国际化业务则相对要成熟些，目前已经开通到美国、澳大利亚、韩国、日本、新加坡、马来西亚、泰国和越南等国家的快递服务，发往亚洲国家的快件一般2~3天可以送达；"四通一达"中申通、圆通布局较早，而中通、汇通和韵达则是刚刚开始启动跨境电子商务物流业务。

4. 海外仓模式

海外仓储指的是在本国以外的其他国家建立仓库，海外仓储的设置不仅方便海外市场的拓展，而且能够降低物流成本。拥有海外仓储，能便捷地从买家所在国进行发货，使得订单的周期缩短，同时用户体验得以大幅度提升，也会促使用户重复购买，这样也有利于突破销售额的瓶颈，使得跨境电商企业在用户心目中的地位更上一个台阶。海外仓储既可以是自建也可以是租赁而来。

简单概括来说，海外仓储指的是在销售目的地为卖家提供的仓储、分拣、包装和派送的一站式服务。因此也可以将其划分为以下3个步骤。

头程运输：商家或跨境电子商务平台首先把商品运送至海外仓库。

仓储管理：通过物流信息系统，对海外仓储中的货物进行远程监控，对其库存实施管理以及控制。

本地配送：依照订单详细信息，由海外仓储中心发出指令，依靠当地邮政或者其他快递将商品配送给客户。

如今海外仓储得以迅速发展，主要原因有以下3点。

第一，海外仓储使得运输品类大大增加，同时降低了物流费用。根据前文可知，邮政小包在运输过程中，对物品的重量、体积和价值等方面具有一定限制，这也就导致许多大件或者贵重的物品无法采用邮政大小包运输，转而使用国际快递进行运送。而此时海外仓的出现，不仅能够突破物品重量、体积和价值等方面的限制，而且其费用要低于国际快递商。

第二，海外仓储能够直接本地发货，这样将可以大大缩短货物的配送时间。由于跨境运输的路程较长，其货物往往无法做到实时更新其物流动态，但使用海外仓库发货时，由于当地物流一般都具有十分透明的货物运输状态查询系统，也就可以实现对包裹进行全程跟踪。与此同时，海外仓的头程采用的是传统的外贸物流方式，也就是可以按照正常清关流程进行进口，这也大大减少了来自清关方面的障碍。

第三，海外仓储可以为卖家带来更高的价值。通过对大数据进行分析，卖家能够全程控制供应链，同时降低对海外仓储的使用成本，能够实现卖家对海外仓储内货物的控制，并不是单纯地去等待着物流公司进行配送。

5. 边境仓模式

边境仓与海外仓类似，区别在仓库的空间位置，海外仓的仓库存在于输入国，边境仓的仓库则处于输入国的邻国。边境仓模式具体指在输入国的邻国边境建设或租赁仓库，将商品预先送达该仓库，通过跨境电子商务实现销售，再从该仓库发货。根据所处地域的不同，边境仓分为绝对边境仓与相对边境仓。绝对边境仓指交易双方处于相邻的国家，仓库设在与输入国相邻的输出国城市，如我国在哈尔滨或中俄边境的城市设立仓库，以实现对俄罗斯的跨境电子商务交易；相对边境仓指交易双方处于不相邻的国家，仓库设在输入国相邻国家的边境城市，如我国对巴西的跨境电子商务交易，在与之相邻的阿根廷、巴拉圭、秘鲁、哥伦比亚或委内瑞拉等国家的临近边境城市设立仓库。相对边境仓对输入国而言属于边境仓，对输出国而言属于海外仓。

8.2.2 跨境电子商务物流模式比较分析

由于不同的跨境电子商务物流模式具有各自的优势和劣势，在进行具体的物流模式选择时，首先应了解各种物流模式的异同及适用条件，对不同跨境物流模式进行对比分析。

1. 邮政包裹物流模式

其优势首先表现在依靠邮政完善的物流网络布局和广阔的通邮范围，其客户营销区域扩大，有利于拓展国外市场；其次，邮政包裹可以免去各种繁杂的手续和单证，利用邮政海关清关，通关速度较快；再次，邮政包裹与万国邮政联盟和卡哈拉邮政组织合作，其价格比快递物流价格低廉很多；最后，邮政包裹可以在邮政官网实时查询包裹动态，实现全程物流跟踪功能。邮政包裹尽管具有以上优点，但相对于跨境快递物流来说，其速度相对较慢且丢失率相对较高。

2. 跨境专线物流模式

其优点主要表现在能集中大批量货物发往目的地，集货产生的规模经济效应能有效降低跨境专线物流成本，因此，在价格上与快递物流相比较为低廉，但相比邮政小包来说，运费成本还是高了不少；在时效上，专线物流运送的货物在送达境外之后，通常需要与境外邮政或快递合作进行物流配送，故在速度上不如快递物流模式，但相比邮政包裹物流模式还是快很多。然而，在覆盖面上，跨境物流专线模式在国内的集货揽收范围相对比较有限，这与邮政包裹网络是无法比拟的。

3．快递物流模式

借助第三方物流的专业化服务，其优势主要体现在速度快、服务好、丢包率低等几个方面，尤其是国际快递物流，其专业化服务优势更为明显。但相对于其他跨境电子商务物流模式而言，则价格较为昂贵，且价格变化较大。一般跨境电子商务卖家只有在客户强烈要求时效性的情况下才会采用该物流模式。

4．海外仓模式

海外仓模式的优势首先体现在运输时效性强。海外仓模式的仓库一般都设在需求地，也就是可以做到直接从本地发货。这能够在极大程度上减少货物配送所需的时间。同时也减少了货物在报关和清关等方面因烦琐的操作流程所耗费的时间，实现更快、更有效地发货，从而提升顾客的满意度。其次，物流成本较低。海外仓模式从海外直接发货给客户，相当于是境内的快递，其物流费用与向海外发货相比要减少很多。再次，海外仓模式能够在短时期内用最低的成本去获得海外市场，而且能够积累到更多的资源去开拓更有潜力的市场。最后，退换货便捷。如有特殊原因导致顾客需要进行退换货服务，只需将货物直接退至海外仓储的仓库，免去了国内外转运的运输成本，节约了时间，同时有助于提升顾客满意度，提升综合竞争力。

海外仓虽然具有以上优点，但是也存在以下缺点。第一，成本较高。海外仓系统，不管是选择租赁还是自建，其运营维护成本普遍较高。另外，也会遇到库存周转、库存消化，以及配送和售后等一系列问题。第二，存在货物滞销方面的风险。因为海外仓模式往往事先将货物运输至海外仓库，如果对海外需求没有做到十足的预测就把货物运往海外仓库，则很有可能出现货物滞销的情况。此时，滞销货物的运输费用和在仓库的保管费用均会给跨境电子商务企业带来很大的压力。第三，海外仓规模小。由于目前的电子商务市场规模正在急速扩大，海外物流仓储服务没有办法完全满足来自卖家订单配送量方面的需求。

5．边境仓模式

边境仓与海外仓在某种程度上相似，其也具有速度快、物流成本较低的优点，但是在实际运作中，边境仓还具有海外仓所不具有的优势，主要体现在可以有效规避商品目的国的政治、法律、税收等风险，同时设立边境仓还能够充分利用区域物流政策，如南美自由贸易协定、北美自由贸易区等，并且边境仓由于其仓储设立在国内，在仓储管理的投入和复杂性方面相对低于海外仓模式。但是其缺点与海外仓相似，建设边境仓前期成本较高。此外，相比较海外仓，边境仓由于地理位置具有更大的局限性，目前的使用率较低。

8.2.3 不同跨境电子商务物流模式的选择

由于不同的跨境电子商务物流具有各自的优缺点和使用条件，跨境电子商务交易方要根据自身交易方向、交易模式和交易品类的不同，选择合适的跨境电子商务物流模式。

1．不同交易方向下跨境电子商务物流模式的选择

跨境电子商务交易根据交易方向的不同，可分为跨境出口交易和跨境进口交易。这里所说的跨境出口和跨境进口，实际类似于传统国际贸易中的进出口业务，不同之处在于此时的进出口业务是通过电子商务交易平台实现的。对于跨境出口交易活动来说，由于需求发生在境外，因此邮政包裹、专线物流、快递物流和海外仓、边境仓物流模式都可以选择采用；而对于跨境进口交易来说，需求主要来自本国，可以采用邮政包裹、专线物流和快递物流等常用的跨境电子商务物流模式。

2．不同交易模式下的跨境电子商务物流模式的选择

跨境电子商务交易根据交易主体的不同，主要分为B2B、B2C两种交易模式。B2B跨境电子商务主要是指企业与企业之间的跨境电子商务，大多应用于企业之间的采购与进出口贸易，具有交易量相对较大的特点。由于该种交易发生的交易量大，一般不适合采用邮政小包的模式，而可选择采用邮政大包、跨境物流专线、海外仓、边境仓物流模式。B2C交易模式主要是指企业与消费者个人之间的跨境电子商务交易活动，其交易量呈碎片化特征，若没有严格的时间要求，邮政小包应该是最佳选择。当然，也可选择价格相对较高的快递物流模式。

3．不同交易品类下跨境电子商务物流模式的选择

相关机构研究表明，我国跨境电子商务品类主要是服装服饰、3C电子产品、家居园艺和汽车配件等。对于服装服饰、3C电子产品，由于这类产品体积较小，交易量分散，可以采用邮政小包、专线物流、快递物流和海外仓、边境仓等物流模式；而对于家居园艺、汽车配件等产品，则不建议采用邮政小包、快递物流的模式，专线物流、海外仓、边境仓物流模式是其较好的选择。

评估练习题

1．关键概念

（1）以下（　　）不属于邮政包裹的优点。
A．通关速度慢　　B．范围广　　　　C．丢失率高　　　D．价格低廉

（2）在跨境物流模式中，以下哪种物流模式的物流成本是最高的？（　　）
A．邮政包裹　　　B．跨境专线物流　C．海外仓　　　　D．快递物流

（3）专线物流具有的劣势为（　　）。
A．价格高　　　　B．揽件范围有限　C．丢包率高　　　D．效率差

（4）四大国际快递不包括（　　）。
A．EMS　　　　　B．TNT　　　　　C．DHL　　　　　D．UPS
（5）判断正误：专线物流之所以价格低廉，主要是因为其通过陆运运输。（　　）

2．实训题

请根据本章学习的内容，选择一个商品，分析不同物流模式下该商品的运费，并最终选择适合该商品的物流模式。

8.3 跨境电子商务物流系统

8.3.1 跨境电子商务物流技术

随着计算机网络技术的应用普及，物流技术中综合了许多现代技术，如 GIS、GPS、EDI、Barcode（条形码）等。高端电子商务技术可以在跨境电子商务物流各个子系统得到应用。

1．国际货物运输子系统

GIS 是以地理空间数据为基础，采用地理模型分析的方法，适时地提供多种空间和动态的地理信息的计算机技术系统。GIS 可以比较直观地显示销售情况、运输路线等，从而使跨境电子商务物流运输更加高效。

2．国际商品存储、装卸、搬运子系统

在物流技术中，条形码技术提供了对物品进行标识和描述的方法，与自动识别技术、POS 系统、EDI 等现代科学技术手段相结合，可以随时了解有关产品在供应链上的位置，为商品监管、储藏、搬运提供了便利。

3．国际商品流通加工与检验子系统

射频技术适用于产品加工检验中物料跟踪、运载工具和货架识别等要求非接触数据采集、交换的场合。操作时先扫描位置标签，货架号码、产品数量就都输入 PDT 存储器，再通过射频技术把这些数据传送到计算机管理系统，从而得到产品清单、发运标签、产品代码和数量等信息，方便了商品调运与管理。

4．跨境电子商务物流信息子系统

EDI 是一种信息管理或处理的有效手段。EDI 的目的是充分利用现有的计算机及通信网络资源，提高贸易伙伴间通信的效益，降低成本。它按照统一规定的标准格式，将经济信息通过通信网络传输，在贸易各方的计算机系统之间进行数据交换和自动处理，取代了贸易过程中的纸面单证，能高效率地传输发票和订单，从而使交易信息瞬间送达，因而空前地提高了商流和物流的速度。

8.3.2 现代电子商务技术在跨境电子商务物流系统中的应用

现代电子商务技术在跨境电子商务物流中的应用越来越广泛，其中电子数据交换、条形码及全球定位系统被称为跨境电子商务物流系统的三大现代信息技术。

1. 电子数据交换在跨境电子商务物流系统中的应用

在跨境电子商务物流系统中，电子数据交换的应用十分广泛。EDI 以电子化传输的报文取代纸面单证，被人们认为是自集装箱发明以来最具有意义的便利贸易和物流技术。目前国际上主要有以下较先进的应用系统。

（1）美国新奥尔良港的 CRECSCENT（全港业务集成）系统。

（2）美国西雅图港的 LINX（货物信息交换）系统。

（3）法国勒阿弗尔港的 ADEMAR+（货物快速自动结关）系统。

（4）荷兰鹿特丹港的 INTIS（国际运输信息）系统等。

2. 条形码技术在跨境电子商务物流中的应用

条形码技术是使用最为广泛的自动识别技术之一，也是物流行业公认的物流系统中重要的组成部分，几乎在所有类型的有包装的消费物品上都能见到条形码。一般条形码通常被放置在物品、包装箱、集装箱、托盘上使用。它在国际贸易、跨境电子商务物流中的应用主要包括以下几个方面。

（1）进出口商品的订货业务。进出口商品进入仓库的检查验收处理、外发，商品在库内的保存等，均采用条形码技术进行识别、标签、定位入格等。

（2）大型国际配送、加工中心的货物分拣。采用条形码技术进行识别、分拣、贴签、存放、再出库等。

（3）外贸商品检验。采用条形码技术对拣货单进行扫描，再进行检验。

（4）海关、银行等系统都可以运用条形码技术，加速通关、结算业务的速度。

（5）国际出口单证业务处理采用条形码技术进行操作会更加高速化、准确化。条形码技术在跨境电子商务物流领域的应用将不断地向标准化、通用化、准确化方向发展。

3. 全球定位系统在跨境电子商务物流中的应用

20 世纪 90 年代以来，GPS 在物流领域得到越来越广泛的应用，主要用于汽车自定位、跟踪调度、陆地救援，还用于内河及远洋船队最佳航程和安全航线的测定，航向的实时调度、监测及水上救援。例如，采用 GPS 技术的货物跟踪管理系统，物流企业可以利用现代信息技术及时获取有关货物运输状态的信息，包括货物品种、数量、在途状况、交货期限、始发地、目的地、货主信息及运送车辆和人员等。

网上冲浪

随着中国加入 WTO，我国物流企业既有前所未有的机遇，也面临残酷的市场竞争，你可以通过登录 http://www.airchinacargo.com/（中国国际货运航空网）了解我国物流企业如何利用电子商务进军国际化市场。

评估练习题

1. 关键概念
判断正误：GIS 技术是构筑物流信息系统的最底层支撑技术。　　　　　　　（　　）

2. 实训题
分析如何构建跨境电子商务物流系统。

本章评估测试

1. 能力测验
完成本章学习之后，请根据对本章跨境电子商务物流的理解回答下列问题，并将所得分数记录下来。
1=完全不理解；3=理解一些；5=深刻理解
如果你的分数为 32~40 分，则说明你可以继续参加接下来的评估测验；如果你的分数为 23~31 分，则说明你应该再复习一下得分为 1~3 分的基本概念和内容；如果你的分数为 23 分及以下，则应重新认真学习本章内容，并与同学共同探讨不理解的地方。
你是否能够：

- 从广义和狭义角度说出什么是跨境电子商务物流。
- 举出一个跨境电子商务物流公司的例子。
- 说明跨境电子商务物流有哪些特点。
- 说明跨境电子商务物流中应用到哪些电子商务技术。
- 举例说明一种电子商务技术在跨境电商物流中的应用。
- 说明跨境电子商务物流有哪些模式。
- 举例说明各种跨境物流适合什么样的模式。
- 阐述我国电子商务物流的发展现状。

2. 关键术语回顾
跨境电子商务物流是指货物（包括原材料、半成品和制成品等）及物品（包括邮品、展品、捐赠物资等）在不同国家之间的流动或转移。对此，广义的理解是货物在国际间的实体移动；狭义的理解是仅与另一国国际贸易相关的物流活动。
本章探讨了电子商务物流的发展趋势、电子商务物流的发展对策及跨境电子商务物流的含义、特征和相关技术应用等问题。

3. 关键概念回顾
（1）跨境电子商务物流是指货物及物品在（　　　　）之间的流动或转移。
　　A. 不同地区　　　　　　　　　　B. 不同国家

C. 不同城市　　　　　　　　　D. 同一国家不同城市或不同国家
（2）跨境电子商务交易根据交易方向的不同，可分为（　　）和（　　）。
A. 跨境出口交易　　　　　　　B. 跨境进口交易
C. 边境仓储模式　　　　　　　D. 海外仓模式
（3）判断正误：一般条形码通常被放置在物品、包装箱、集装箱、托盘上使用。（　　）

4．练习题

尝试通过跨境电商进行商品的购买，熟悉在这个过程中的物流运作全部流程和物流保障体系，分析其存在的问题，并提出改进建议。

案例讨论　Case Discussion

考拉海购的成功做法

网易考拉，是阿里旗下以跨境业务为主的综合型电商。于2015年1月9日公测，2019年9月6日被阿里收购，正式更名为考拉海购。销售品类涵盖母婴、美容彩妆、家居生活、营养保健、环球美食、服饰箱包、数码家电等。考拉海购以100%正品，天天低价，30天无忧退货，快捷配送打造自身特色，提供给消费者海量海外商品购买渠道，希望帮助用户"用更少的钱，过更好的生活"，助推消费和生活的双重升级。考拉海购主打自营直采的理念，在美国、德国、意大利、日本、韩国、澳大利亚、我国香港和台湾地区都设有分公司或办事处，深入产品原产地直采高品质、适合中国市场的商品，从源头杜绝假货，保障商品品质的同时省去诸多中间环节，直接从原产地运抵国内，在海关和国检的监控下，储存在保税区仓库。除此之外，考拉海购还与海关联合开发二维码溯源系统，严格把控产品质量。

作为一家媒体驱动型电商，考拉海购是网易集团投入大量优质资源打造的战略级产品，良好地解决了商家和消费者之间信息不对等的问题，并凭借自营模式、定价优势、全球布点、仓储优势、海外物流、充沛资金和保姆式服务七大优势，仅用一年时间就跻身跨境电商第一梯队，并成为增长速度最快的电商企业之一。

一、媒体型电商

全球各个地区天然存在语言、地理、信息隔阂，消费者在购买商品的时候会陷入难以抉择的境地。比如要买什么，哪些是好产品，如何理解商品背后所代表的生活方式等。商品信息对于消费者来说太复杂、太陌生。

跨境电商除了要解决传统电商的供应链、平台销量问题，用户端的沟通也非常重要，商品信息需要被传递给消费者，考拉海购作为一个媒体型电商可以良好地解决信息不对等的现状。"可以用丰富的媒体手段，比如文本、视频甚至网络红人来更好阐述这个商品究竟对消费者有怎么样的好。"

目前，考拉海购已实践出从销售商品到推广生活方式的路径："第一步，让消费者知道买什么；第二步，让消费者买到对的商品；第三步，让消费者感受到，每一次购买行为都与生活密不可分，购买就是改变生活，购买就是生活。"考拉海购媒体型电商的媒体基因、与网易大平台共通的海量用户，以及包括资金、资产和资本市场资源在内的资本优势，成为了考拉海购区别于其他电商平台的持续核心优势。

二、七大竞争优势

1. 自营模式

考拉海购主打自营直采，成立专业采购团队深入产品原产地，并对所有供应商的资质进行严格审核，设置了严密的复核机制，从源头上杜绝假货，进一步保证了商品的高品质和安全性。过去的一年里，考拉海购已与全球数百个优质供应商和一线品牌达成战略合作。

2. 定价优势

考拉海购主打的自营模式拥有自主定价权，可以通过整体协调供应链及仓储、物流、运营的各个环节，根据市场环境和竞争节点调整定价策略。考拉海购不仅可以通过降低采购成本控制定价，还可以通过控制利润率来控制定价，做到不仅尊重品牌方的价格策略，更重视中国消费者对价格的敏感和喜好。

3. 全球布点

考拉海购坚持自营直采和精品化运作的理念，在旧金山、东京、首尔、悉尼、我国香港等近10个国家和地区成立了分公司和办事处，深入商品原产地精选全球优质尖货，规避了代理商、经销商等多层环节，直接对接品牌商和工厂，省去中间环节及费用，还采用了大批量规模化集采的模式，实现更低的进价，甚至做到"海外批发价"。

4. 仓储优势

通过保税仓的模式，既合法合规，又能降低成本，实现快速发货，所以能够给跨境电商用的保税仓是稀缺资源。考拉海购在杭州、郑州、宁波、重庆4个保税区拥有超过15万平方米的保税仓储面积，为行业第一。同时，位于宁波的25万平方米现代化、智能化保税仓已经破土动工，不久后也将投入使用。目前，考拉海购已经成为国内跨境电商中拥有保税仓规模最大的企业。未来，考拉海购还将陆续开通华南、华北、西南保税物流中心。在海外，考拉海购初步在美国和我国香港地区建成两大国际物流仓储中心，并将开通韩国、日本、澳大利亚、欧洲等国家和地区的国际物流仓储中心。

5. 海外物流

虽说没有自建物流，但在物流的选择上，考拉海购把物流配送交给了中国外运、顺丰等合作伙伴，还采用了更好的定制包装箱，让用户享受相对标准化的物流服务。考拉海购已建立一套完善的标准，通过与中国外运合作整合海外货源、国际运输、海关国检、保税园区、国内派送等多个环节，打通整条产业链。

6. 充沛资金

丁磊曾在内部表示，"在考拉海购上的资金投入没有上限"。考拉海购借助网易集团的雄厚资本，可以在供应链、物流链等基础条件上投入建设，同时也能持续采用低价策略。虽然考拉海购有网易的雄厚资金做后盾，但其一开始并没有"大动作"，反而花了大半年的时间，主要集中精力做基础准备工作，如拿地建仓、外出招商、梳理供应链等。

7. 保姆式服务

对于海外厂商，考拉海购能够提供从跨国物流仓储、跨境支付、供应链金融，到线上运营、品牌推广等一整套完整的保姆式服务，解决了海外商家进入中国的障碍，省去了他们独自开拓中国市场面临的语言、文化差异，以及运输等问题。考拉海购的目标就是让海外商家节约成本，让中国消费者享受低价。

问题讨论

（1）结合案例分析考拉海购的模式及其成功的经验，并对其未来发展提出建议。

（2）分析考拉海购对跨境电商进口零售市场其他企业的启示。

第 9 章

电子商务物流的发展

学习目标

- 了解电子商务物流的发展趋势
- 掌握电子商务物流的发展对策

关键术语

电子商务物流的发展趋势

引导案例

2019年12月27日,菜鸟发布全球运年度报告,报告显示,一年来中国制造被送达全球超200个国家和地区,全球有近80个国家和地区的好货被运抵中国。菜鸟数智技术也让进口当日达和出口当日达成为现实。

报告显示,俄罗斯、马来西亚、法国、西班牙、新加坡、荷兰、波兰、以色列、美国和澳大利亚是最喜欢中国制造的十大国家。菜鸟向俄罗斯运去了大量的电子手环,向马来西亚运去了批量的增高跑步鞋,向法国运去了成批的防犬吠训练器。此外,蓝牙耳机、假睫毛、铝箔生日气球也成为多个国家的最爱。

报告显示,外国人看中的不仅是物美价廉的中国制造,一些昂贵的中国创造也颇受外国人欢迎。如菜鸟就往以色列、俄罗斯和法国等运输了昂贵的智能平衡车、创意首饰和豪车配饰等。

中国制造不仅受到欧美主要国家的欢迎,一些偏僻的岛屿也不时有人在阿里巴巴平台上网购中国商品。这一年,菜鸟为太平洋岛国托克劳送去了防冻手套,给人烟稀少的岛屿——英属印度洋领地送去了一张2018年830合一游戏卡,给仅有不足50位常住民的皮特开恩群岛送去了战地靴,还给全岛93%的面积被冰川覆盖,无固定人口的布维岛送去了一箱中国读卡器。甚至还给南极洲的两个外国科考站送去了中国制造的手机壳和激光舞台灯等。

进口方面，菜鸟全球供应链为海外品牌进入中国提供了一站式解决方案。菜鸟直接从海外港口提货，将全球近 80 个国家和地区的好货运抵中国。其中，天猫国际和考拉海购上的西班牙、英国、日本和韩国等国家的进口化妆品成为中国人的最爱。

菜鸟国际介绍，2019 年菜鸟通过数智技术，连接全球海关、物流资源，开通了洲际航线菜鸟号、中欧班列菜鸟号和欧洲卡班网络，在全球部署数百个仓库，持续完善全球第三张包裹网络和全球供应链平台，助力全球中小商家"卖全球"，让全球消费者均能享受海淘当日达。

除此之外，菜鸟官方直送服务，则为在天猫海外上网购的华人提供一站式的集运、转运服务，全线上操作，首创晚到包赔等全新服务理念，让海外华人也能愉快地逛淘宝。

资料来源：中国国家邮政局，http://www.spb.gov.cn/xw/xydt/202001/t20200103_1999184.html

❓ 辩证性思考

菜鸟网络的这份报告反映出我国电子商务物流发展的什么趋势？

9.1 电子商务物流的发展趋势

21 世纪以来，全球经济一体化进程日益加快，资源在全球范围内的流动和配置的程度愈发深入，各个国家和地区间贸易的交互及市场的扩大给企业带来机遇的同时，也使得企业间的竞争变得更加激烈。而 Internet 的普及，以及网络基础设施的建设和完善使得电子商务在这一过程中迅速发展，电子商务物流作为电子商务发展的重要环节，尤其在用户体验成为电子商务企业价值创造的重要关注点的今天，已成为电子商务企业经营成败的关键一环。

随着网络经济的繁荣发展，电子商务物流也一步步发展成熟。电子商务物流发展至今，其发展过程呈现出物流与信息流、资金流、商流不断融合，社会化分工与专业化程度逐步提高，新技术持续投入，模式不断创新，与产业融合发展，资源不断整合，与电子商务协同发展等趋势。

1. 信息化

商品交易的过程是信息流、商流、资金流和物流的流动过程。在电子商务模式下，信息流、商流、资金流的处理在网络上利用计算机和通信设备就可以完成，效率极大提高，而物流作为商品交易中不可缺少的一环却由于其属性，仍必须以商品的实体转移来实现，只有通过物流配送，将商品真正转移到消费者手中，交易才能完成。物流也因此成为电子商务交易过程中影响消费者评价及整个系统效率的关键因素。

因此，为提高电子商务的效率，优化消费者的消费体验，电子商务物流不断优化，加快与信息流、资金流及商流的融合。融合的主要途径就是电子商务物流不断信息化，以与信息流，商流及资金流协同，不断提高物流的速度和精准度。

信息化首先表现在建立完善良好的信息处理系统。在电子商务时代，要提供最佳的服务，物流系统必须有良好的信息处理和传输系统。实现从下单开始，客户便可以知道订单的时刻状态，商品一开始起运，客户就可以获知到达的时间、到达的准确位置，使收货人与各仓储、运输公司等做好准备，使商品在几乎不停留的情况下，快速流动，直达目的地。使得商流、信息流与物流实时互通，提高了物流的效率，进而使得电子商务的整个过程更加流畅。

其次有效客户反应和准时制生产等系统的投入使得物流不再单纯是流通商品的过程，而成为精确生产，控制库存及供应链柔性的重要一环。信息化的物流经由 ECR 系统、JIT 系统等的处理，可以帮助企业实现客户需要什么就生产什么，大大提高仓库商品的周转次数，减少过量生产及货品积压。

电子数据交换技术的应用，使物流效率的提高更多地取决于信息管理技术。电子计算机的普遍应用提供了更多的需求和库存信息，提高了信息管理科学化水平，使产品流动更加容易和迅速。物流信息化，包括商品代码和数据库的建立、运输网络合理化、销售网络系统化和物流中心管理电子化建设等，目前还有很多工作有待实施。一系列技术如条形码技术、数据库技术、GIS、GPS、EDI、XML、EPC、快速响应、有效客户反馈及企业资源计划的应用，都使得电子商务物流的信息化水平一步步提高。可以说，没有现代化的信息管理，就没有现代化的物流。

2. 自动化

在电子商务物流的发展过程中，技术的进步，人力成本的增加，以及对物流服务要求的提高都在促进电子商务物流向着自动化的方向发展。自动化也是在物流信息化的基础上发展的，其核心是机电一体化，外在表现是无纸化，效果是省力化。自动化可以扩大物流作业能力，提高劳动生产率，减少物流作业的差错。物流自动化的设施非常多，如条形码/语音/射频自动识别系统、自动分拣系统、自动存取系统、自动导向车及货物自动跟踪系统等。近两年电子面单技术的使用，进一步提升了电子商务物流的自动化水平及效率。目前自动化技术在我国的电子物流行业已经得到很大的发展，正在逐步赶超发达国家的物流作业系统。自动化的水平与物流服务的效率密切相关，因此，物流企业都在采纳自动化的技术提升自身竞争力及服务水平。

3. 网络化

电子商务物流依托于电子商务，而电子商务是网络经济时代的产物，电子商务对于效率和信息化的要求，使得电子商务物流的网络化成为一种必然。这里的网络化有两层含义：一是物流系统的计算机通信网络，包括物流中心与供应商或制造商的联系及与下游客户之间的联系。商品或服务的流动信息在网络技术下实现互联共享，使供需双方对物流信息了如指掌。二是组织的网络化，即 Intranet。通过组织的 Intranet 将信息和订单很好地进行分配，进行分布式的生产和加工；并在 Intranet 的支持下完成集结和运输。这一过程需要高效物流网络的支持。

4. 智能化

智能化是物流自动化和信息化的更高层次的应用。物流作业过程中大量的运筹和决策，如物流网络的设计与优化、库存水平的确定、运输（搬运）路径的选择、每次运输装载量的选择、多种货物的拼装优化、运输工具的排班和调度、有限资源的调配、自动导向车的运行轨迹和作业控制、自动分拣机的运行、补货及配送策略的选择等问题都需要大量的计算，是人力无法高效快速完成的。现代物流对效率的要求，以及智能技术的进步与发展，使得智能化成为物流发展的必然趋势。现在无人配送车、无人机、AGV 机器人、码垛机器人、分拣机器人等已在电子商务物流中发挥重要作用，极大提高了物流的速度和准确度。此外，物流中心经营决策支持等问题也都需要管理者借助智能工具和现代物流知识来解决。因此，物流的智能化已经成为物流发展的新趋势和不可回避的技术要塞。

5. 柔性化

柔性化最初是为实现"以客户为中心"的理念而在生产领域提出的。要真正做到柔性化，即能真正根据消费者的需求变化来灵活调节生产工艺，没有配套的柔性化的物流系统是难以实现目标的。弹性制造系统、计算机集成制造系统、MRP、ERP 及供应链管理的技术和概念的实质是要集成生产和流通，根据需求端的需求组织生产，安排物流活动。因此，柔性化的物流正是为适应生产、流通与消费的需求而发展起来的一种新型物流模式。它要求物流中心根据消费者需求"多品种、小批量、多批次、短周期"的特色，灵活地组织和实施物流作业。

6. 电子化

电子化指商业过程实现电子化，即电子商务。它同样是以信息化和网络化为基础的。电子化具体表现为：业务流程实现的每步骤的电子化和无纸化；商务涉及的货币实现数字化和电子化；交易商品实现符号化、数字化；业务处理过程实现全程自动化和透明化；交易场所和市场空间实现虚拟化；消费行为实现个性化；企业之间或供应链之间实现无边界化；市场结构实现网络化和全球化等。

7. 共享化

供应链管理强调链上成员的协作和社会整体资源的合理高效利用，以最少的资源来最大化地满足市场的需求。而供应链上的企业只有建立在互惠互利的共赢伙伴关系的基础上，才能实现业务过程中的高度协作和资源的高效利用，只有共享资源、信息、技术、知识及业务流程等要素，才可能实现更合理高效的社会资源优化配置和供应链上物流业务的优势互补，并更快地对终端市场和整个供应链上的需求做出响应。

8. 标准化

标准化也是现代物流技术的一项显著特征和发展趋势，同时也是现代物流技术实现的根本保障。货物的运输配送、存储保管、装卸搬运、包装分类、流通加工等环节中信息技术的应用，都必须有一套科学的作业标准。只有实现了物流系统各个环节的标准化，才能真正实现物流技术的信息化、自动化、网络化及智能化。特别是在经济一体化和贸易全球化的今天，标准化的欠缺将阻碍这一发展进程。

9．协同化

瞬息万变的市场需求、日益激烈的竞争环境都要求企业和整个供应链具有更快的响应速度和更强的协同运作能力。供应商和客户的实时沟通与协同，一方面，能使企业帮助供应商对企业自身的需求具有准确的可预见能力，以便提供更好的价格和服务，同时企业也能对其供应能力有较好的预见性，以保障企业长期、充足的供给业务；另一方面，也能使企业及时了解客户的需求信息，在多变的市场环境中保持更快的响应能力，跟踪和监控需求满足的过程，准确、及时、优质地将产品和服务送达客户。为了实现物流作业的协同预测、规划和供应，快速响应和供应链上总库存的最佳配置等目标，需要与客户和合作伙伴间业务流程的紧密集成，达到零阻力、无时差的协作，共同分享业务数据、联合进行预测、计划、管理实施及控制评估等作业。只有企业间真正实现充分协同，才能使物流作业的响应速度更快、更具有前向预见性、更好地共同抵御各种风险、降低成本和提高产出，更好地满足客户的需求。

10．集成化

供应链物流业务由多个成员、多个环节组成，全球化和协同化的物流运作方式要求物流业务整个流程中的所有成员和环节的业务运作衔接得更加紧密，因此，必须高度集成这些成员和环节的业务及业务处理过程中的信息，缩短供应链的相对长度，实现供应链的整体化和集成化运作，促使供应链上的物流业务更流畅，产出率更高，响应速度更快，各环节的业务更加接近客户和客户需求。这种集成的基础是业务过程的优化和管理信息系统的集成，两者都需要完善的信息系统解决方案，通过决策、优化、计划、执行等方法和功能实现所有成员的信息系统无缝连接，最终实现系统、信息、业务、流程及资源的集成。同时，集成化也是共享化和协同化的基础，如果不首先实现集成，就难以实现共享化和协同化。

11．社会化

物流的社会化也是今后物流发展的主要方向。最明显的表现形式就是物流业中出现的"第三方物流"和"第四方物流"。物流社会化也是物流合理化的一个重要方面，物流社会化一方面是为了满足企业物流活动社会化要求，另一方面也为企业的物流活动提供了社会保障。而第三方、第四方乃至未来发展形成的第 N 方物流是物流业发展到一定阶段的必然产物。在某种意义上说，它是物流过程产业化和专业化的一种形式。因此，学术界预测未来的物流将向虚拟物流和第 N 方物流发展。此外，物流管理也将逐渐被外包。这将促使企业逐步告别"小而全、大而全"的纵向一体化运作模式，转向横向一体化的运作模式，集中精力处理自己最擅长的业务，增强自己的核心竞争力。

12．全球化

为了实现资源和商品在国际间的高效流动与交换，促进区域经济的发展和全球资源的优化配置，物流运作必须向全球化的方向发展。在全球化的趋势下，物流的目标是为国际贸易和跨国经营提供服务，选择最佳的方式与路径，以最低的费用和最小的风险，保质、保量、准时地将货物从某国的供方运到另一国的需方，使各国物流系统相互"接轨"。它代表了物流发展的更高阶段。

中国加入WTO后，资源在全球范围内流动和配置的领域大大增加，企业面临的国内、国际市场的竞争更加激烈，越来越多的跨国公司正在加快对中国的投资速度，纷纷到中国设立或扩大加工基地与研发基地，一大批中国企业也正在真正融入全球产业链，有些还直接成为国际跨国公司的配套企业，这些都将大大加快中国经济与世界经济接轨的步伐，加剧中国企业在本土和国际范围内与外商的竞争，这对我国物流企业的发展提出了更高的要求。在这种新环境下，我国的物流企业必须把握好现代物流的发展趋势，运用先进的管理技术和信息技术，提升自己的竞争力和整体优势，提高物流作业的管理能力和创新能力，努力走我国新型工业化的道路。

评估练习题

1. 关键概念

（1）柔性化是为实现（　　）的理念而在生产领域提出的。

A. 增加企业利润　　　　　　B. 以客户为中心

C. 增加顾客数量　　　　　　D. 标准化程度高

（2）物流社会化最明显的表现形式就是物流业中出现的（　　）。

A. 第三方物流　　　　　　　B. 第四方物流

C. 第三方物流和第四方物流　D. 逆向物流

（3）判断正误：物流信息化是社会信息化的必然要求和重要组成部分。　（　　）

2. 实训题

调查几个具有一定规模的物流企业，了解其发展概况。

9.2 电子商务下物流的发展对策

1. 积极扩大物流市场需求

进一步深化推广现代物流管理，扩大物流服务市场需求。运用供应链管理与现代物流管理理念、技术与方法，使物流一体化协作。鼓励生产企业改造物流流程，提高对市场的响应速度，降低库存，加速周转。合理布局城乡商业设施，完善流通网络，促进流通企业的现代化。在农村广泛应用现代物流管理技术，发展农产品从产地到销地的直销和配送，以及农资和农村日用消费品的统一配送。

2. 大力推进物流服务的社会化和专业化

鼓励生产和商贸企业按照分工协作的原则，剥离或外包物流功能，整合物流资源，促进企业内部物流社会化。随着市场经济的发展，专业化分工越来越细，一个生产企业生产某种产品，除一些主要部件自己生产，其余大多外购。生产企业与零售商所需的原材料、中间产品、最终产品大部分由专门的物流中心提供，以实现少库存或零库存。这种物流中心不仅可以进行集约化物流，在一定半径之内实现合理化物流，从而大量节约物流费用，而且可以节约大量的社会流动资金，实现资金流动的合理化，既提高经济效益，又提高社会效益。推动物流企业与生产、商贸企业互动发展，促进供应链各环节有机结合。鼓励现有运输、仓储、货代、联运、快递企业的功能整合和服务延伸，加快向现代物流企业转型。积极发展多式联运、集装箱、特种货物、厢式货车运输及重点物资的散装运输等现代运输方式，加强各种运输方式运输企业的相互协调，建立高效、安全、低成本的运输系统。加强运输与物流服务的融合，为物流一体化运作与管理提供条件。鼓励邮政企业深化改革，做大做强快递物流业务。大力发展第三方物流，提高企业的竞争力。

3. 加快物流企业兼并重组

鼓励中小物流企业加强信息沟通，创新物流服务模式，加强资源整合，满足多样性的物流需要。加大国家对物流企业兼并重组的政策支持力度，缓解当前物流企业面临的困难，鼓励物流企业通过参股、控股、兼并、联合、合资、合作等形式进行资产重组，培育一批服务水平高、国际竞争力强的大型现代物流企业。

4. 配送中心的功能应有所变化

在电子商务环境下，建设配送中心的根本目的在于通过配送中心运作的高度信息化和机械化，充分对接客户的各种需求，并在满足客户需求的基础上缩短产品的流动时间，有效降低物流成本。

在电子商务环境下，新型物流配送中心应具备以下功能以更好地实现物流整体功能：反应速度快、功能集成化、服务系列化、作业规范化、目标系统化、手段现代化、组织网络化及经营市场化。

5. 加快国际物流和保税物流发展

加强主要港口、国际海运陆运集装箱中转站、多功能国际货运站、国际机场等物流节点的多式联运物流设施建设，加快发展铁海联运，提高国际货物的中转能力，加快发展适应国际中转、国际采购、国际配送、国际转口贸易业务要求的国际物流，逐步建成一批适应国际贸易发展需要的大型国际物流港，并不断增强其配套功能。在有效监管的前提下，各有关部门要简化审批手续，优化口岸通关作业流程，实行申办手续电子化和"一站式"服务，提高通关效率。充分发挥口岸联络协调机制的作用，加快"电子口岸"建设，积极推进大通关信息资源整合。统筹规划、合理布局，积极推进海关特殊监管区域整合发展和保税监管场所建设，建立既适应跨国公司全球化运作又适应加工制造业多元化发展需求的新型保税物流监管体系。积极促进口岸物流向内地物流节点城市顺畅延伸，促进内地现代物流业的发展。

进一步深化国际物流合作，提升物流全球配送能力。积极响应"一带一路"倡议，结合国际产业合作与产能转移，加强与沿线国家和地区的物流合作，深化国际物流合作，依托境外合作物流园、重要交通枢纽、重要港口城市等，建设一批为产业配套服务的物流园区、仓储中心等，建立协调联动机制，打造国际物流合作平台。加快物流企业"走出去"，通过投资、并购、合资合作等方式开展国际化经营，推进沿海物流设施建设，优化国际物流服务网络布局，构建服务全球的物流支撑体系，提升物流全球配送能力。总之，电子商务与物流发展相辅相成、互为支撑，要突破制约电子商务发展的物流瓶颈，大力发展现代物流，积极探索更低成本、更高效率、更加便捷的物流配送方式，推动物流发展与电子商务同频共振，实现电子商务模式持续稳健发展，为国民经济高质量发展提供新动能。

6. 优化物流业发展的区域布局

根据市场需求、产业布局、商品流向、资源环境、交通条件、区域规划等因素，重点发展九大物流区域，优化物流业的区域布局。九大物流区域分布为：以北京、天津为中心的华北物流区域，以沈阳、大连为中心的东北物流区域，以青岛为中心的山东半岛物流区域，以上海、南京、宁波为中心的长江三角洲物流区域，以厦门为中心的东南沿海物流区域，以广州、深圳为中心的珠江三角洲物流区域，以武汉、郑州为中心的中部物流区域，以西安、兰州、乌鲁木齐为中心的西北物流区域，以重庆、成都、南宁为中心的西南物流区域。要打破行政区划的界限，按照经济区划和物流业发展的客观规律，促进物流区域发展。积极推进和加深不同地区之间物流领域的合作，引导物流资源的跨区域整合，逐步形成区域一体化的物流服务格局。物流节点城市要根据本地的产业特点、发展水平、设施状况、市场需求、功能定位等，完善城市物流设施，加强物流园区规划布局，有针对性地建设货运服务型、生产服务型、商业服务型、国际贸易服务型和综合服务型的物流园区，优化城市交通、生态环境，促进产业集聚，努力提高城市的物流服务水平，带动周边所辐射区域物流业的发展，形成全国性、区域性和地区性物流中心和三级物流节点城市网络，促进大中小城市物流业的协调发展。

7. 加强物流基础设施建设的衔接与协调

根据全国货物的主要流向及物流发展的需要，加强交通运输设施建设，完善综合运输网络布局，促进各种运输方式的衔接和配套，提高资源使用效率和物流运行效率。发展多式联运，加强集疏运体系建设，使铁路、港口码头、机场及公路实现"无缝对接"，着力提高物流设施的系统性、兼容性。充分发挥市场机制的作用，整合现有运输、仓储等物流基础设施，加快盘活存量资产，通过资源的整合、功能的拓展和服务的提升，满足物流组织与管理服务的需要。加强新建铁路、港口、公路和机场转运设施的统一规划和建设，合理布局物流园区，完善中转联运设施，防止产生新的分割和不衔接。加强仓储设施建设，在大中城市周边和制造业基地附近合理规划、改造和建设一批现代化的配送中心。

8. 提高物流信息化和标准化水平，完善物流标准化体系

积极推进企业物流管理信息化，促进信息技术的广泛应用。尽快制定物流信息技术标准和信息资源标准，建立物流信息采集、处理和服务的交换共享机制。加快行业物流公共信息平台建设，建立全国性公路运输信息网络和航空货运公共信息系统，以及其他运输与服务方式的信息网络。推动区域物流信息平台建设，鼓励城市间物流平台的信息共享。

根据物流标准编制规划，加快制定、修订物流通用基础类、物流技术类、物流信息类、物流管理类、物流服务类等标准，完善物流标准化体系。密切关注国际发展趋势，加强重大基础标准研究。要对标准制定实施改革，加强物流标准工作的协调配合，充分发挥企业在制定物流标准中的主体作用。加快物流管理、技术和服务标准的推广，鼓励企业和有关方面采用标准化的物流计量、货物分类、物品标识、物流装备设施、工具器具、信息系统和作业流程等，提高物流的标准化程度。

9. 加强物流新技术的开发和应用

加强物流技术装备的研发与生产，鼓励企业在仓储运输、装卸搬运、分拣包装、条形码印刷等流程中使用专用物流技术装备。积极应用新技术、新方法和新手段，有效引入全球定位系统、自动分拣系统、自动化立体系统等先进设备，推动物流配送向网络化、信息化、自动化方向发展，实现订货、包装、运输、保管、查询、接收全过程一体化，快速响应客户需求，实时查询跟踪反馈，不断提高服务质量和服务水平，提升客户满意度。加大网络基础设施建设，积极推动交通网、信息网、用户网融合发展，保证交通流、信息流、物流畅通，降低物流成本，构建现代物流发展体系，为电子商务物流发展奠定更加坚实的基础。

10. 创新物流管理模式

进一步创新物流管理模式，构建现代化物流发展体系。创新是引领发展的第一动力，物流企业要积极学习借鉴国外物流企业先进的管理理念和经验，创新物流管理模式。打破"条块分割、各自为战"的传统管控模式，加快建立协调联动机制，逐步建立统一规划的社会化物流管理体系。树立现代物流发展理念，探索新的商业运营模式，按照塑造竞争优势、培育增长动能、打造一流企业的战略方向，彻底改变重电子商务、轻物流发展的状况，形成物流运营管理新模式，推动电子商务物流管理规范化、科学化、现代化。

11. 寻求政府支持

建立并发展适应电子商务环境的物流业，是一项大的社会工程，特别需要得到政府的支持，政府应当出面组织相关的总体策划和实施。

其主要任务包括提高全社会对电子商务物流的认识，加强物流基础设施建设，协助企业提高认识明确现代化物流的思想与目标，以及健全法规并实行物流统一标准等方面。

网上冲浪

电子商务的推广，加快了世界经济的一体化，使国际物流在整个商务活动中占有举足轻重的地位，你可以通过亿邦动力网网（http:// www.ebrun.com/intl/）了解国际电子商务的发展动态。

评估练习题

1. 关键概念

（1）判断正误：连锁经营是物流发展的一种有效的模式。（   ）

（2）判断正误：在电子商务环境下，建设配送中心的根本目的在于有效降低物流成本。

（   ）

2. 实训题

分析电子商务环境下物流的发展对策。

本章评估测试

1. 能力测验

完成本章学习之后，请根据对本章跨境电子商务物流的理解回答下列问题，并将所得分数记录下来。

1=完全不理解；3=理解一些；5=深刻理解

如果你的分数为 9~15 分，则说明你可以继续参加接下来的评估测验；如果你的分数为 5~8 分，则说明你应该再复习一下得分为 1~3 分的基本概念和内容；如果你的分数为 5 分及以下，则应重新认真学习本章内容，并与同学共同探讨不理解的地方。

你是否能够：

- 说出你对电子商务物流的理解。
- 说明电子商务物流的发展趋势。
- 说明电子商务物流未来的发展对策。

2. 简答题

（1）简述电子商务物流的发展趋势。

（2）说明电子商务物流的发展对策。

3. 练习题

调研一家电子商务物流企业，分析其所采用的解决电商物流发展瓶颈的对策。

案例讨论 Case Discussion

菜鸟网络发展史

菜鸟网络是一家互联网科技公司，专注于搭建四通八达的物流网络，打通物流骨干网和毛细血管，提供智慧供应链服务，目标是与物流合作伙伴一道，加快实现"全国24小时，全球72小时必达"的物流网络。

阿里巴巴董事局主席张勇强调，菜鸟一定是做物流网络，不是做物流公司，技术是菜鸟的核心，菜鸟要做其他公司不能做、做不了的事。

1. 初期战略："天网""地网""人网"

菜鸟成立初期的战略是构建3张网络："天网""地网"和"人网"，希望通过3张网络加强物流行业效率和质量。

"菜鸟天网"主要指通过数据信息构建的网络。"菜鸟天网"负责构建联通商家、电商平台、物流公司和消费者的物流数据分享平台，利用数据赋能物流行业，提升行业效率，主要产品包括物流预警雷达、菜鸟天地、大数据路由分单、菜鸟鹰眼、大数据反炒信系统等。

"菜鸟地网"主要指通过综合各类物流基础设置构建的网络。"菜鸟地网"负责联通全国仓储网络、配送网络和末端驿站等节点，打造菜鸟网络的物流基础设施，有效调配社会物流资源。

"菜鸟人网"主要指构建快递员和消费者两张服务网络。"菜鸟人网"一方面负责构建帮助快递员提升工作效率的服务网络，另一方面负责构建直面消费者的线下实体服务网络。

2. 中期战略：全链条网络，包括快递、仓配、末端、国际、农村

菜鸟中期战略细化至物流全链条，其中快递、仓配和末端延续至"天网""地网"和"人网"。为了更好地为行业赋能，2016年前后菜鸟调整了发展战略，将战略细化至物流全链条，包括快递、仓配、末端、国际和农村5个方面，其中快递、仓配、末端网络主要延续自"天网""地网""人网"。

在快递领域，菜鸟与快递公司合作打造配送网络，自身主要利用数据赋能。在仓配领域，菜鸟联合合作伙伴，构建全国范围的仓配网络，提升物流效率。在末端领域，基于菜鸟驿站等终端，菜鸟构建直接面对消费者的服务网络。

国际网络建设迎合跨境电商趋势，目标是全球72小时达。随着跨境电商市场的壮大，阿里积极进行国际化，2015年是阿里巴巴的国际化元年。菜鸟也与海外物流企业积极合作，大力发展跨境物流业务，目标是全球72小时达。

目前菜鸟网络的跨境物流合作伙伴已经有89家，覆盖全球224个国家/地区，跨境仓库231个，搭建起一张真正具有全球配送能力的跨境物流骨干网。

农村网络建设迎合市场下沉趋势，2016年覆盖超过2万个村。农村人口数量大，优质农产品数量多，受地域和基础设施等问题，消费市场发展滞后。随着经济发展，农村市场逐步发力，拼多多的成功是明显的实例。

在此背景下，菜鸟联合合作伙伴，将物流网络深入到农村，截至2018年年底，菜鸟乡村物流覆盖29个省份、900个县、3万多个村级服务站，上到高山，远到边境。

3. 最新战略：第二个五年战略，聚焦"一横两纵"

第二个五年发展战略聚焦"一横两纵"，突出数智化趋势。2018年5月，在2018全球智慧物流峰会上，马云表示将再投资1 000亿元建设国家智能物流骨干网，同时菜鸟发布第二个五年发展战略——"一横两纵"。

"一横"指行业数字化升级，主要利用物联网（Internet of Things，IoT）、智能分单等数字化技术，推动行业数智化转型，持续为各个节点赋能，提升行业效率。从菜鸟2019年提出的3年数字化目标来看，"一横"主要针对快递行业：其一，将和快递行业一起每年为超过10亿人次提供全新寄件服务；其二，菜鸟驿站方面，将和快递行业共建10万个社区级站点；其三，菜鸟IoT技术方面，将和快递行业共同连接智能物流终端1亿个。

"两纵"指围绕新零售的智慧供应链能力（包括供应链服务、仓配网络和零售通等）和全球化的供应链能力（包括国际小包裹、国际供应链、国际末端网络等），即对应菜鸟"全国24小时，全球72小时必达"的目标。

2019年在"一横两纵"战略下提出数字化加速计划和数智化趋势逐步落地。2019年5月，在2019全球智慧物流峰会上，菜鸟宣布启动智能物流骨干网数字化加速计划，未来3年通过数字化和模式创新、服务创新、IoT技术创新，为行业创造500亿元新价值。同时，菜鸟发布物流IoT开放平台，目标是打造"每家公司用得起的普惠物联网"，并发布"丹鸟"物流品牌，致力于数智化打造本地生活物流体验。

资料来源：物流报，http://www.56tim.com/avchives/

❓ 问题讨论

（1）结合本章内容，你认为菜鸟网络的发展史体现出电子商务物流的哪些发展趋势？

（2）菜鸟网络的迅速发展及取得的成就对我国电子商务物流的发展有何启示？

参考文献

[1] 蒋长兵. 现代物流管理案例集[M]. 北京: 中国物资出版社, 2005.

[2] 李苏剑, 游战清. 物流管理信息系统理论与案例[M]. 北京: 电子工业出版社, 2005.

[3] 郑玲. 配送中心管理与运作[M]. 北京: 机械工业出版社, 2004.

[4] 陈修齐. 物流配送管理[M]. 北京: 电子工业出版社, 2004.

[5] 陈畴镛, 于俭, 曹为国, 等. 电子商务供应链管理[M]. 大连: 东北财经大学出版社, 2002.

[6] 丁溪. 物流管理[M]. 北京: 中国商务出版社, 2008.

[7] 刘萍. 电子商务概论[M]. 北京: 科学出版社, 2007.

[8] 谢红燕, 陈宇. 物流管理信息系统[M]. 北京: 化学工业出版社, 2009.

[9] 林立千. 设施规划与物流中心设计[M]. 北京: 清华大学出版社, 2003.

[10] 刁柏青, 李学军, 王建. 物流与供应链系统规划与设计[M]. 北京: 清华大学出版社, 2003.

[11] 刘伟, 王文, 赵刚. 供应链管理教程[M]. 上海: 上海人民出版社, 2008.

[12] 蒋长兵. 国际物流实务[M]. 北京: 中国物资出版社, 2008.

[13] 陈心德, 姚红光, 李程. 集装箱运输与国际多式联运管理[M]. 北京: 清华大学出版社, 2008.

[14] 李芏巍. 电商大时代[M]. 北京: 社会科学文献出版社, 2014.

[15] 方磊. 电子商务物流管理[M]. 北京: 清华大学出版社, 2011.

[16] 马宁. 电子商务物流管理[M]. 北京: 人民邮电出版社, 2013.

[17] 兰宜生, 等. 电子商务物流管理[M]. 北京: 中国财政经济出版社, 2001.

[18] 祝凌曦, 汪晓霞. 电子商务物流管理[M]. 北京: 人民邮电出版社, 2008.

[19] 谢红艳, 辛海涛. 电子商务物流[M]. 北京: 中国物资出版社, 2010.

[20] 甘卫华. 逆向物流[M]. 北京: 北京大学出版社, 2012.

[21] 李向文. 电子商务物流及其信息化[M]. 北京: 清华大学出版社, 2014.

[22] 王小宁. 电子商务物流管理[M]. 北京: 北京大学出版社, 2012.

[23] 胡荣. 智慧物流与电子商务[M]. 北京: 电子工业出版社, 2016.

[24] 张华. 电子商务与物流管理[M]. 武汉: 华中科技大学出版社, 2014.

[25] 唐红涛, 谭颖. 跨境电子商务理论与实务[M]. 北京: 对外经济贸易大学出版社, 2019.

[26] 朱长征. 电子商务物流[M]. 北京: 北京理工大学出版社, 2016.

[27] 刘萍. 我国物流业现存的问题及对策探讨[J]. 东北农业大学学报（社科版）, 2003.

[28] 刘萍. 我国中小企业物流战略[J]. 黑龙江畜牧兽医, 2005(5): 4-5.

[29] 姚万华. 关于物联网的概念及基本内涵[J]. 中国信息界, 2010(5): 22-23.

[30] 薛洁, 赵志飞. 物联网产业的统计界定及其分类研究[J]. 统计研究, 2014, 29(4):16-19.

[31] 刘彩波. 物联网技术在电子商务物流中的应用[J]. 物流工程与管理, 2015, 37(2):45-46.

[32] 胡燕祝. 吕宏义, 物流配送中心的规划与管理[J]. 包装管理, 2007, 28(5):24-27.

[33] 梁淑慧, 荣聚岭, 周永圣. 电子商务物流发展现状与对策研究[J]. 中国市场, 2015(12): 164-168.

[34] 毋庆刚. 我国冷链物流发展现状与对策研究[J]. 中国流通经济, 2011(2): 24-28.

[35] 张玉凤. 我国电子商务物流发展分析[J]. 物流工程与管理, 2015, 37(7):153-155.

[36] 周志胜, 李彬. 电子商务中物流发展的瓶颈问题及对策[J]. 物流管理, 2018, 20:87-89.

[37] 董惠梅. "一带一路"为跨境电商插上腾飞翅膀[J]. 人民论坛, 2019(16):84-85.

[38] 周康. 京东向右, 阿里向左——电子商务模式下 企业物流模式选择研究[J]. 物流科技, 2019(1): 92-94.

[39] 魏洁, 魏航. 跨境电子商务物流模式选择研究[J]. 科技管理研究, 2017(21):182-186.

[40] 范乔艺. 我国跨境电子商务的物流模式与发展状况[J]. 商业经济研究, 2017(22): 101-103.

[41] 魏巍. 区域电子商务的物流配送路径优化问题研究[D]. 武汉：武汉科技大学, 2014.

[42] 凯乐士完美适配跨境电商智能物流仓储解决方案[EB/OL]. http://www.materialflow.com.cn/anli/2019/1111/1480.html. 2019-11-11.

[43] 小周伯通. 京东物流发展的 12 年[EB/OL]. 物流沙龙微信公众号. 2019-11-01.

[44] Alen. 2019 快递行业的那些事[EB/OL]. 物流报 http://www.56tim.com/archives/129521. 2019-11-01.

[45] 电商诸侯的厮杀,物流该怎么办？[EB/OL]. http://www.materialflow.com.cn/pindao/2019/1104/1453.html. 2019-11-04.

[46] 日日顺创新统仓统配模式 构建城乡高效无差异配送体系[EB/OL]. http://www.chinawuliu.com.cn/zixun/ 201907/09/341944.shtml. 2019-07-09.

[47] alen. 大数据技术已成为物流市场新"蓝海", 如何助力人效突破天花板[EB/OL]. http://www.56tim.com/archives/116253. 2019-10-25.

[48] alen. 人机互协, 快递物流行业里的智慧变革[EB/OL]. http://www.56tim.com/archives/114804. 2019-11.

[49] 菜鸟全球运年度报告发布 将全球近 80 个国家和地区好货运抵中国[EB/OL]. http://www.spb.gov.cn/xw/xydt/202001/t20200103_1999184.html. 2019-11-04.

[50] alen 一文回顾菜鸟网络发展史,拼多多能复制吗? [EB/OL]. http://www.56tim.com/archives/123322. 2019-11-27.

[51] alen. 智慧物流的发展趋势:物联网技术构筑新一代智能物流系统[EB/OL]. http://www.56tim.com/archives/103159. 2019-08-28.